U0578094

Marx's Thought on Shared Development and Contemporary Practice Research

马克思共享发展思想与当代实践研究

孙东山

著

辽宁人民出版社

© 孙东山　2024

图书在版编目（ＣＩＰ）数据

马克思共享发展思想与当代实践研究 / 孙东山著 .
沈阳 : 辽宁人民出版社 , 2024. 5. — ISBN 978-7-205
-11197-7

Ⅰ . D61
中国国家版本馆 CIP 数据核字第 2024ZC4229 号

出版发行：辽宁人民出版社
　　　　　地址：沈阳市和平区十一纬路 25 号　邮编：110003
　　　　　电话：024-23284325（邮　购）　024-23284300（发行部）
　　　　　http://www.lnpph.com.cn
印　　　刷：辽宁新华印务有限公司
幅面尺寸：170mm×240mm
印　　张：15.75
字　　数：230 千字
出版时间：2024 年 5 月第 1 版
印刷时间：2024 年 5 月第 1 次印刷
责任编辑：王晓筱
封面设计：G-Design
版式设计：新华印务
责任校对：吴艳杰
书　　号：ISBN 978-7-205-11197-7

定　　价：78.00 元

序 言

　　《马克思共享发展思想与当代实践研究》是孙东山博士多年来教学与科研互动相长的结晶。孙东山博士刻苦钻研，笔耕不辍，对科学研究充满热爱和激情，始终保持旺盛的好奇心、求知欲和探索精神。对科学研究从热爱到痴迷，是孙东山博士在科研道路上不断进取创新的动力。我们俩志趣相投，爱好科研是我们共同的兴趣，虽然我们见面不多，但是实际交道却不少，甚至可以用神交已久来形容。

　　共享发展泛指人类社会发展中形成的围绕"发展为了人民、发展依靠人民、发展成果由人民共享"的发展思想。共享发展思想是马克思批判资本主义社会发展不公平、非正义形成的发展思想，旨在解决社会的公平正义问题。公平正义是马克思共享发展思想的价值内核，也是马克思共享发展思想的重要内容。马克思共享发展思想还集中体现在马克思的人学理论中。马克思的人学理论指明了发展要以人为中心，这是马克思共享发展思想的核心要义，也是马克思共享发展思想的重要内容。马克思强调指出，共享发展具有渐进性，并不是一蹴而就的，要正确看待共享发展过程中遇到的挫折和挑战。马克思共享发展思想是马克思发展思想的重要内容，马克思共享发展思想在当代具有重要意义和价值。在理论层面，马克思共享发展思想批判了盲目追求经济数值增长的片面发展思想，强调解决社会发展的公平正义问题；在实践层面，马克思共享发展思想对于当代中国贯彻落实共享发展理念、世界各国解决贫富分化问题和构建人类命运共同体等都具有重要的理论借鉴与指导作用。研究马克思共享发展思想有利于更好地理解和把握马克思的发展思想，夯实新时代美好生活实现的物质基础，创造新时代美好生活实现的共享成果，促使改革发展成果更多地惠及全体人民。

孙东山博士的《马克思共享发展思想与当代实践研究》以马克思共享发展思想为研究对象，从厘定马克思共享发展思想的概念入手，指出马克思共享发展思想形成的思想渊源和现实基础，阐释了马克思共享发展思想的具体生成及发展历程；同时从共享发展的主体思想逻辑、共享发展的主题思想和基础思想、共享发展目标的终极指向等层面，建构马克思共享发展思想的逻辑结构；并基于马克思共享发展思想的主体对象、共享发展的客体内容、共享发展的实现目的、共享发展的遵循原则以及共享发展的具体领域，对马克思主义共享发展思想的内容进行全面阐释。关于何为马克思共享发展思想，孙东山博士基于实质要务、本质特征以及体现环节等层面，对马克思共享发展思想进行了要义论析。在实践上，推进马克思共享发展思想，要以坚持生产资料公有制为前提，同时以提升生产力为条件，建构以经济制度、分配制度为主要内容的制度体系，多措并举推进马克思共享发展思想的实施。通过对马克思共享发展思想进行理论定位，指出马克思共享发展思想的理论意义和现实意义，维护社会的公平正义，共享改革成果，实现全民共享、全面共享、共建共享以及渐进共享，实现全体人民共同富裕的目标。

新时代赋予马克思共享发展思想新的内涵。习近平共享发展理念是对马克思共享发展思想的继承和发展，植根于中国特色社会主义的伟大实践，回答了在新时代实现什么样的共享发展以及如何实现共享发展等重大问题。共享发展注重解决社会公平正义问题。习近平总书记多次强调，"使发展成果更多更公平惠及全体人民，朝着共同富裕方向稳步前进"。习近平共享发展理念为实现经济社会高质量发展提出了目标要求和行动准则，也为实现第二个百年奋斗目标和中华民族伟大复兴凝聚了深厚的思想伟力。

李新仓

2023 年 11 月 28 日

目 录

第一章 马克思共享发展思想的生成与发展

任何思想都绝非一蹴而就，都展现其历史继承性与所处时代的现实发展性及创新性这三重维度，更离不开在实践中对该理论的探索与修正。因此，我们说的马克思共享发展思想也与催生这一理论的特定历史时代密不可分，而且也与该时代的众多因素紧密相连。任何理论都与其时代的社会、环境、文化及思想的发展紧密相扣。所以说，任何思想的发展都是有源之水和有本之木。同理，马克思共享发展思想同样也是在马克思所处的时代和社会背景之下产生的，有着深厚的思想源泉和其独有的形成脉络，并逐渐向前上升发展而来的，而且该思想也在社会发展中起着决定性作用，因此，深挖其独有的形成依据，也利于理解马克思共享发展思想何以形成，明晰马克思共享发展思想的逻辑机理。

一、马克思共享发展思想的概念厘定及生成基础

在批判资本主义罪恶的生产关系本质的过程中，马克思共享发展思想也凝结提炼出来，并逐渐衍生和发展。那么，深入了解和把握马克思共享发展的概念、生成的基础条件及形成依据等，首先应回到文本中，爬梳出马克思共享发展思想的相关踪影，而思考与追问该理论内涵应将其内置于特定的时间与空间的领域与维度中，回溯到马克思所处的时代对其经济、政治、社会制度等条件和因素进行深刻的剖析与研判，只有这样我们才能理解马克思的共享发展思想，全面准确地掌握生产环境和前提条件。

（一）马克思共享发展思想的相关概念厘定

1835 年，马克思的共享发展思想崭露头角，可以说任何事物的由破土而出至劈波斩浪并一路向前不断完善，都经历了艰难的过程。在马克思的观点中，资产阶级对广大劳动人民的强制剥削、压制和奴役行为是他所严厉批评和谴责的。此外，还揭示了因资本主义私有制所导致的人与人的不平等发展关系的本质。对具有科学思想认识的马克思来说，他的共享发展思想的形成、发展和完善是受时势与实践的驱使，在解决现实的问题之时，它一定会得到检验和改进。因此，要尝试对马克思共享发展思想进行分析，使人们树立正确的共享发展理念，必须对"共享""共享发展"这些概念在理论上进行严谨的定义和厘清，只有在基本概念上达成共识，才能为后续的马克思共享发展思想研究打下坚实的基础。

第一，"共享"这一词语近年来出现的频率较高，而它真正成为政治词汇出现在大众视野是在党的十五大报告中。但是"共享"一词在我国的历史上早就有出现过。西汉戴圣《礼记·礼运篇》中记载："大道之行也，天下为公……是谓大同。"① 很明显，古代先民最向往的社会形态正是"大同社会"。在古代提倡人人平等的社会里，反对个人为私利而采用不当手段，提倡人与人互相帮助，保护全体人民的利益，为弱势群体提供相应的社会保障。大同社会是一种崇高的政治理想，体现了社会大众追求平等、和谐的社会环境。如《论语》中所说："丘也闻有国有家者，不患寡而患不均。"② 由此可见孔子的政治理念中所蕴含的思想。一个民族的稳定与和谐并非取决于该民族的贫困与富裕，而是取决于它财富的分配。习近平总书记在党的十八届五中全会第二次全体会议上的讲话中曾引用《吕氏春秋》中的话："治天下也，必先公。"③ 这句话蕴含着公平与正义的丰富内涵。《说文解字》

---

① 孙希旦. 礼记集解 [M]. 北京：中华书局，1989：582.

② 杨伯峻. 论语 [M]. 北京：中华书局，2009：170.

③ 习近平谈治国理政：第二卷 [M]. 北京：外文出版社，2017：199—200.

中也有"共"一词，共也为"共享"之义，"乐"也为"敬"。"共同享有；共同享用。"① 而尽管中西方表述"共享"这一概念的语种有差异，但其内涵都是与他人共享或共同分配各种社会资源与利益。因此，可以说共享既是基于现有的基础上发展的、进行的，又是一个社会的发展状态，它的发展离不开特定的发展阶段的各种因素的影响。此外，不同的时代社会发展的程度会有差异，共享发展的内容、层次、领域之间也存在差别，可见不同社会的历史发展阶段之间的共享差异性也很大。

共享在《现代汉语词典》中的意思是"共同享有；共同享用"。因此，在新时代的中国特色社会主义背景下，共享的意义在于确保所有人民都能共同受益。马克思在《共产主义原理》中对共享的主体、客体对象和实现方式进行了论述："由社会全体成员组成的共同联合体，共同地有计划地利用生产力……所有人共同享受大家创造出来的福利，使社会全体成员的才能得到全面发展。"② 通过团结协作，使生产力得到持续发展，消灭剥削并使人人都能享有社会的资源，而且也会让每个人都能充分地实现个人的自由全面发展。此外马克思还提出了协同共建在共享中的核心地位有着重要的意义，阐明了共享和共建之间的密切关联，即共建是共享的先决条件。

另外，从《牛津高阶英汉双解词典》中"共享"一词的解释来看，"共享"指的是两个或更多人共同分配物品和资源的行为，因此，"共享"的概念将在未来得到更广泛的解读。

那么，马克思共享思想与其有何区别呢？有学者认为，马克思共建共享思想应看作在社会的基础架构中反映出人们的社会关系的变迁③。共享包括共享的对象——双方的共享内容和共享方法等。共享的内容包括人、社会、国家、大自然等对物或信息的使用或知情的权利，体现在共享的主体与共享的各种因素之间的关联上，所以共享也可以视为人们的一种社会交往的

① 中国社会科学院语言研究所词典编辑室. 现代汉语词典 [M]. 北京：商务印书馆，2005：457.
② 马克思恩格斯文集：第 1 卷 [M]. 北京：人民出版社，2009：689.
③ 郝孚逸. 马克思、恩格斯关于共建、共享思想的早期特征 [J]. 湖北社会科学，2007(1).

方式。

　　西方国家与社会中关于"共享"概念的研究多是围绕共享经济这一范畴而进行的,共享经济也是国外讨论共享时最重要的话题之一。有学者认为,国外关于共享的研究,首先是业务模型革新的需要。"共享经济"这一概念最早是由美国社会学教授马科斯·费尔逊和琼·斯潘思(1978)在一篇文章中提出来的[①]。定义共享是一种分配的行为或是一种由共享而引起的发展过程,究其根由是因需要而产生的。反观我国对共享经济的研究和实践,对世界的发展作出了巨大的贡献,也对世界和全球的发展有重大意义。我国共享经济既要以达到经济效益为旨向,同时也要考虑到一定的社会价值。共享是依据社会规则来进行的资源上的共享。

　　综上所述,关于共享的定义,尽管历来众说纷纭,但在基本概念上来看是有着相同的认识的。即共享是一个涉及面广泛、内容丰富的概念,生产力发展到不同程度,共享的内容和层次也会不同,个体的参与度得到了极大的提高。因此,从经济学角度分析,共享可以理解为一种经济现象。每个人都有可能通过分享个人的资源和技巧来实现收入和价值的增长。这种去中心化的特点使得社会更加平等和包容,促进了社会的发展和进步。其一,理解共享必须对它的主体(社会成员)进行清晰的界定。共享并非独享,这是因为它的主体是生活在其中的人。只要有劳动就一定会有为社会发展作贡献的人,才会使社会发展和进步,才能使我们受益于社会的进步所带来的益处。其二,共享是建立在物质丰富的资源基础上进行的。可以说丰富的资源是共享主体进行共享的强大的基础和保障,因此充足的资源能为共享过程的实践高质量完成起推波助澜的作用。而共享程度应以社会生产力的程度来评价。譬如:原始社会的生产力水平很低,为了生存每个人的劳动成果都是平等进行分配的。如果社会中的生产力水平能够大幅度获得提高,所生产出的劳动产品也会随之增加,如此大家便可以共同分

① 魏志奇.社会主要矛盾变化新要求下共享发展研究[M].北京:人民出版社,2021:14.

享更多的劳动产品，否则将会是一场虚幻的空想。其三，探讨共享，搞清共享是否能够实现要依赖社会的制度与规则。制度如果有利于共享的实现必将推动其向前正向发展。反之，社会制度不合理则会阻碍共享的发展。其四，共享是一个持续发展和变化的过程。社会向前发展，共享的内容和条件也在不断改变，从初级阶段向高级阶段、由简到繁，是一个逐步进阶的发展趋势。

第二，共享发展。"发展"这个术语源于生物学，在自然界里也只是一个中性的词汇，用以描述事物运动和演化的动态过程。而在马克思的哲学解释框架里，"发展"被定义为以新事物代替旧事物，一种前进的上升的运动。"发展是事物的一种运动状态和变化形式，但又不是事物的一般的运动状态和变化形式，而是特指事物向前的、上升的运动。"[①] 共享发展是指在社会资源共享的基础上着重于特定的资源的共享和共享的模式，放置在该解释框架之内的社会，被定义为是在共享的基础上向前发展的社会。可见共享发展强调的是社会是以共享为基础的，同时它也是一个动态的变迁与发展的过程，既是对共享的进一步深化，又是由基础的共享逐渐走向高层次的共享的一个持续深化。

"共享"和"发展"构成了共享发展的核心思想的两大元素，而"发展"这个术语是对"共享"进行阐述和描绘。《现代汉语词典》把"共"理解为共有或共同承受，而在《古汉语字典》中则是共同享有或共同占有，"享"则是"享用""享有"之义，所以共享就应该是共同享有、共同承受的意思，而与之相反的恰恰是独享。那么发展在此是指社会的发展，是以人的实践为基础的，它的前提条件是基于社会有机体之上进行的。由此我们也可以得出结论，即共享发展不可能独奏，必须与所处社会共融来琴瑟和鸣，而且它还遵循着一定的客观规律从破土而出至逐步发展及最终结果，相互之间各环节与步骤逐步推动并促进人类社会的前进和发展，体现了社会运

---

① 孙海洋. 坚持辩证思维 [M]. 北京：人民出版社，2022：87.

行模式是人与社会二者之间的协同进步所构建的。"共享发展"是指以发展为核心、以共享为目的的一种理念，那么，把目标设立在共享这一科学基础上的有益追求，其发展既注重本体实施的程度和层次，又重视以共享为平台的发展维度，是人与社会间相互交融促进发展的一个有序推进的过程。党和国家相关的政策和文件之中，"共享发展"这个词语常常被提及，对其阐述也较多。但都是以人为本，落脚于以人民为中心，并以最大限度地让人民能够共享整个社会发展的成果为基点。广义上说，"共享"与"共享发展"相比而言，"共享"的含义应该更广泛，共享中包含着共享发展，而共享发展的范围要小得多。习近平总书记指出："共享发展理念的内涵主要有四个方面，即全民共享、全面共享、共建共享、渐进共享。"[①] 那么，就这四个维度而言，应该是无法分离与割裂的，并且它们之间还是相互作用的一个整体。此外，不难发现共享发展和共享虽然紧密相关，但二者在定义上存在着根本的差异，共享更侧重于对现有成果的合理配置。共享发展并不只是强调要实现什么样的资源、实现什么样的程度，而是更多地关注建立在共享之上的发展问题。因此"共享发展"一词的含义可以被定义为是对"共享"一词的延伸和深化，指在特定的社会历史环境中所有人都能享受到的社会的发展及人的自由全面发展。因此我们要对共享发展有一个正确的理解。其一，共建是共享的先决条件。共享和共建具有统一性，可以说没有共建也就谈不上共享。如果没有共享也就没有了动力、没有了目标。因此要实现共享一定是建立在共建的基础上的，只有所有的社会成员都参加到生产活动中，才可以为社会创造更多的财富，让社会拥有更多的资源。其二，发展的成果让所有人都能共享。共享发展理念的核心内容是让所有人都能参与和获得共享。其目的是使全体人民都能享受到社会进步的果实，而非少数人享有。那么所谓社会的进步我们又可以从两个维度对其进行解析。世界可分为物质与精神，同样也适用于社会发展之中思考，

---

① 习近平新时代中国特色社会主义思想学习论丛：第三辑 [M]. 北京：中央文献出版社，2020：87.

物质与精神二者会随社会发展的步伐紧随其后获得提升。其三，社会的发展与人的发展合二为一共同发展这种情况，也被称为"共享发展"。那么细致分析与理解其意，使生产资料、各种成果以及为社会发展所提供的资源得以共享，能使社会成员在共享的社会发展过程中不断提高自己的获得感和各方面的能力。其四，要实现人与人之间的共同发展。人的发展与社会的发展是分不开的，这两个方面也是密切相关的，人的价值取向也应是人与社会同时发展带来的结果。人是一种社会性的个体，在人类共享发展的过程中，人的发展也应该是必然的。人与社会相互协调发展并不断地激发人自身所蕴藏的多种能力，使社会得到高速发展，这种情况无疑与马克思共享发展思想相互契合。此外，共享发展范围很广，而实践这一过程也绝非易事，难以一蹴而就实现理想与目标，所以必须让所有人通过共同的生产活动和不断的努力才能逐步达到。有学者认为，"共享发展，在共同参与中满足人民群众的物质需要"[①]。可以说共享不会凭空出现，也非一蹴而就所形成的。那么，要想实现共享发展，必须要有广大的人民群众作为坚实的后盾，因为只有让广大的人民群众一起来参与、一起来建设，才能更好地维护大家的根本利益。对以人为本的理念进行剖析，以人的自由全面发展为本是社会彰显平等的基础，它也强有力地展现出该理念的睿智与深邃。

第三，在马克思看来，共享发展理念有两个阶段，即动态性阶段和静态性阶段。从动态性上讲，共享发展可视为一种持续的社会进步与提高的过程，它包含了人的自我发展和人的自由与解放。那么，立足于静态的发展过程来考察，共享发展可以让所有的社会成员都可以在某个发展阶段对社会资源进行合理的分配与共享。

马克思不仅对私有制的本质进行了揭示，也对异化劳动进行了剖析。而后马克思提出了无产阶级对资产阶级的反抗是实现自由解放的必要条

①王治东,陈学明.美好生活论[M].北京：人民出版社，2020：219.

件的结论。那么，我们再看马克思共享发展思想是在资本主义社会发展的上升阶段产生并发展起来的，在资本主义的大工业生产方式逐步走向成熟的时候，马克思对资产阶级和工人阶级之间的财富两极分化的事实展开了强烈的批判，也对资产阶级剥削和压迫无产阶级发出了强烈的谴责，可见，这为未来的社会中实现共享发展提供了铺垫。有学者认为，"共享发展理念的提出，其理论依据就是马克思'共同体'思想"①。马克思基于唯物史观和政治经济学的基础上提出了一种对人类社会发展方式和未来走向的远景描绘，它既区别于原始社会的"均享"，又区别于资本主义私人所有制的"独享"，它对人类社会发展的目标和本质作出了清晰的界定。

唯物史观认为，人自身的发展脱离不开人类社会的发展，因此人自身的发展需要通过人类社会的交流才能得以实现。资本主义社会中只有所有者才能"享有"，可以说是一种"私享"。马克思在其论著中描写了资本主义社会中处于底层的无产阶级民众的境遇，无产阶级拥有从被压迫和被奴役的状态中解脱出来的强烈愿望，他们也对自由与解放怀着憧憬和向往。因此，马克思通过对"独享"的批判揭示了资本主义社会中"独享"私有制的虚假面目，所以马克思认为，只有在公有制的前提下才能实现合理、公正的分配。古代实行公与私并立的制度，以"共享"为其主要特点，马克思认为，"公社是真正的实际所有者"②。此时私人所有制尚未显示出其独立的性质，它还被集体所有制所束缚着。"消除了国家对所有制发展的任何影响的纯粹私有制。"③在资本主义社会私有制中所指的共享实质是一种资产阶级的独享。而马克思共享发展思想是一种基于对资本主义私有制的严厉谴责基础上所提出的新型的发展模式，这种模式把社会中的所有人都考虑在社会发展的场景之中。除此之外，关于社会各方面的发展成果与

① 刘卓红，关锋. 历史唯物主义创新与当代中国 [M]. 北京：人民出版社，2017：231.
② 马克思格斯文集：第 3 卷 [M]. 北京：人民出版社，2009：132.
③ 马克思恩格斯文集：第 1 卷 [M]. 北京：人民出版社，2009：583.

机会也都被马克思放置在该场域中进行参考，可见其与其他的理论与意识形态都有不同。因此，我们可以通过对马克思共享发展思想的层层梳理，准确地把握马克思共享发展思想的深刻内涵和时代价值。

（二）马克思共享发展思想形成的思想渊源

西方思想史上关于共享发展的理论有相关记载，从古希腊的城邦民主制到现代的文艺复兴、启蒙运动，再到空想社会主义，可以说都有大量的论述与记录。马克思共享发展思想是对前辈学者的批判性继承，对其进行扬弃的同时又对共享思想进行了补充和完善。

第一，古希腊和古罗马时代的共享发展理念是"公平、公正、发展"。古希腊、古罗马这两个西方文化的发祥地同样蕴含着对共享理念的诠释与追寻。柏拉图、亚里士多德和西塞罗都是著名的思想家，他们的思想对后世有着极其深刻的影响，都是以公正与善良为目标，而公正与善良则正是共享发展的良法社会所追求的价值旨归。因此在探究马克思共享发展思想的理论来源之时，必须追溯到古希腊和古罗马时代，古希腊与古罗马时代的公平与正义理念具有十分鲜明的共享发展理念色彩。

古希腊的文化中是以人为起点与目标、以人的需求为出发点并关注人的福利与发展，从公正、善良、财富、利益等方面都注重平等开始思考"共享"问题的。古希腊哲学家苏格拉底将公正视为一种道德，将它与知识、智慧等因素联系在一起。苏格拉底认为，正义的堕落是由于人们对正义的贪婪。可见，苏格拉底提倡的人人平等突出了公平和正义的重要意义，而对公平和正义的追求也是共享理念的具体表现。

柏拉图是古希腊时期对公平问题进行系统探讨的西方思想家，他的思想具有重要的理论和现实意义。柏拉图在《理想国》一书中以公正为依据，向世人展示了一个和睦、美好的城邦社会。柏拉图指出："尽管城邦中的所有人彼此都是兄弟，但是造物主用黄金制造了一部分人，这部分人代表尊贵，具备治理国家的才干；用白银制造了'辅助者'；用铜铁制作的人包括农民、手工业者。这三种人按其品质被安置到各自的应处位置。"① 在柏拉图的理论中，城邦的公平正义可以说是城邦总体利益中每一个市民都应该共同共享的。当然，为了达到这一目的性，柏拉图认为必须将城市划分为三个等级，即卫士、士兵和平民，在每个等级中都有特定的职责，各自负责相应的职责，公正的社会秩序才能使这个社会持续向前良性发展，否则就会引起人们的怨恨与纷争，甚至是一场内战。在柏拉图的思想中，城邦的建设不仅要提高某一阶级的收益，更要提高城市中所有人的福祉。在城邦的总体利益共享中，人民享有一切生产资料，也共享一切社会财富。从这一点上可以清楚地看到，柏拉图认为国家中每个人都有自己的职责，在这个国家中每一个人都要做好自己分内的事情，每一个阶层都要恪尽职守各尽其能，各阶层之间不会互相干涉，它们只会各自选择最适合的工作，这样就可以将每个人的能力都发挥到最大，才可以最大限度地提高人民的总体利益，体现出社会的公平正义。柏拉图的国家公正理论着重于统治阶层的总体利益，它是一种带有等级差异的公正与共享。

身为柏拉图的学生，亚里士多德扬弃了他老师的公正观，而是把公正划分为一般公正与特定公正，这两种公正所指的公正的客体与需求不同，前者的客体与需求主要是以人民与社会整体的关系为核心，要求人民的行为必须符合法律。后者的目标所指的是人与人之间的关系，要求人与人之间的公平正义。然而正义此时被理解为分配与矫正两个方面的公正。恰恰在亚里士多德看来，他试图通过"分配公正"与"矫正公正"两种方法，以"公平"为基础，将"平等"与"公平"相结合，实现"平等"与"公正"的统一，使城市中的每个人都能平等地享受到自己的各种基本权利。可见亚里士多德所追求的是一种公平的分配公正，相对于柏拉图而言亚里士多德更加关注和维护城市居民的权利，充分反映了城市居民的共同发展理念。

西塞罗与柏拉图和亚里士多德等人之间的观点也存在较大差异与不同，

① ［古希腊］柏拉图 . 理想国 [M]. 王扬译 . 北京：华夏出版社，2012：126.

西塞罗把国家看作是一种"法律"的联盟，国家之内的人民具有共同的利益和法律认可，而且是有自觉、有目的的人。同时西塞罗还提出，一个民族中为了维护民族的和谐，人们必须抛开自己的私利，绝不能为了一己私利而伤害公众，人类应当遵循大自然的规律，履行自己的职责，互相爱护，建立一个和谐的社会。西塞罗认为，个人没有权利拥有国家的公用财物，公用财物应该归全体公民所有，只有这样公共部门才能对国有财物进行合理的分配与使用。但他还认为，私有财产是客观存在的，是合理的，而且两者并不矛盾。可见他提倡共享的同时也提倡对私有财产的保护。

这一时期的柏拉图、亚里士多德和西塞罗以及诸如此类的哲学家对于公平与正义的思想中都带有鲜明的发展与共享的色彩，他们也将发展和共享看作是一种公正的方式用以维持城市的稳定。而城市本身也存在一定的局限性，如市民在城市中所占比例较小这一事实也使得柏拉图与亚里士多德关于城市共同发展的观念具有强烈的阶级色彩，所以说它具有一定的局限性。因此马克思通过对它的批判与继承也进行了超越，树立了共享发展的目标是整个社会的共同发展。

亚里士多德关于公平的定义是平等的人应该付出同样的代价。在他看来正义就是能够对社会不同阶层之间的利益通过分配与矫正这两种正义有效地进行调节，社会成员都能充分享受到个人付出所应得的回报。那么，所谓的公平，就是作为城市中的每个人都应该享有荣誉、权利、财政和其他一切，也应该是所有人共同享有。马克思的分配正义理论中含有按照功绩进行分配的思想成分。那么，纠正的正义指的是在资源配置中对不平等、不公正的现象进行补救。亚里士多德的思想中也蕴含着对公平、正义的追求，反映了一个社会的财富、利益都是由全体人民共同享有的本质。

第二，共享发展理念早在文艺复兴时期就已经萌生。14—16世纪欧洲的文艺复兴催生了以"人权"抗争"神权"、追求人的自由的人文主义思想。它强调每个人都是生来自由与平等的，而且生来都具有一定的身份与权利。其中对人的公平和共享有着比较系统与深刻的认识。那么，最具有代表性意义的著作，如《乌托邦》是英国小说家托马斯·莫尔所著，《太阳城》是意大利小说家康帕内拉写的。英格兰政治家、作家、哲学家托马斯·莫尔和康帕内拉均为空想社会主义的奠基人，他们通过自己的作品，用纪实的笔触与手法把资本主义的神秘面纱揭掉，用自由、平等、公有、共同劳动、按需分配等描绘了一个没有私有制、不存在剥削和压迫，而是按需分配的社会。德意志平民宗教改革家闵采尔提倡用武力来约束和制造一个没有私有制和阶级之分的人人平等的"千年王国"。可见，这也为后人提供了一个关于如何建立人人包容和共享的理想社会的问题，并给予了思考，也播撒下了丰富的思想之种。

17—18 世纪的启蒙时代，众多的思想家举起了理性的大旗，纷纷反对独裁的封建制度和权力的束缚，极大地促进了人权平等和自由等价值观念的发展。该阶段的思想家们在探索与寻找共享发展之路时多把社会契约作为理论起点。如英国哲学家霍布斯对人与人之间生来就是平等的思想进行了阐释和反思。"正义的性质在于遵守有效的契约，而信约的有效性则要在足以强制人们守约的社会权力建立以后才会开始。"① 没有相关的保障体系，个人的自由、个人的平等权利都无法得到实现，如果要实现这些可以说必须要以契约为基础。在契约约束之下的所有人都应遵守契约的规定才可以使人与人之间变得公平和正义。英国哲学家约翰·洛克和霍布斯他们一样都认为在自然的状态下每个人都享有自由、平等和私有制的权利。谁也不能拥有比其他人更多的权利，一个公正的、共同享有的社会就是所有人都能享受自由、平等和权利的共和政体。在法国思想家、法学家孟德斯鸠看来，为了捍卫人民的平等和自由，国家的权力不可仅集中在小部分人身上或者由一个部门负责，霍布斯·利维坦由此提出三权分立与制衡学说，期望以权力的相互制衡来保证人民的自由和社会的公平。法国政治家、哲学家、文学家卢梭将人与自然的权利视为天然的与生俱来的权利。在卢梭

---

① [英]霍布斯·利维坦 [M]. 黎思复，黎廷弼译. 北京：商务印书馆，1985：109.

看来，统治者的权力来自于人民。国家是公共意志的一种表现，而且也是属于人民的，政府只是负责执法和保障人民的自由的部门而已。总之，围绕以上这些哲学家关于共享发展的思想来看，主要表现为国家是以人民的共同意志为基础而建立起来的一种有效的契约形式，人民都应享受到同等的自由和权利，它是应该为所有人民的利益而服务的。

第三，传统政治经济中的共享发展理念。18 世纪欧洲正处在启蒙和经济转轨的双重阶段之下，该时期也涌现出了众多著名的政治经济学家，这些人也被称为"经典"，其中最具代表性的有苏格兰哲学家、经济学家、西方经济学之父亚当·斯密，英国经济学家、政治家李嘉图，英国法理学家、哲学家、经济学家边沁，英国哲学家、经济学家穆勒等，他们都对如何使经济利益最大化做过探讨。

亚当·斯密是古典政治经济学派的重要代表，他主张在市场经济的自由竞争下个体能够在价值法则的指引下获得最大的利益。为了保证整个社会的稳定与繁荣，必须要建立起一套有效的机制来确保全体人民都有平等参与公共生活的权利。这样既能使个体的自我利益达到最大化，又能通过一种看不见的锐不可当的力量促使集体为公益事业的实现作出贡献，最大限度地提高社会整体的福祉，为所有人提供共享发展成果的机会。亚当·斯密指出："在市场'这只看不见的手'的指引下，虽然看似每个人都是自利的，不停地在追求自己的个人利益，但是从长期发展来看，个人的这种自利行为却可以实现公共利益的最大化，从而让社会上的广大民众都能享有经济发展所带来的福利。"① 市场能使个人收益最大化，又可以把利己的欲望引向全社会，市场经济的目的是让全社会的福利达到最大化，使社会大部分人享有经济发展的惠益。

边沁曾说过，要想判断一个人在社会上的各项准则和行为标准，以及社会的需求，最重要的是要看他的行为对他的幸福有没有影响。此时他可

① ［英］亚当·斯密. 国富论 [M]. 郭大力，王亚楠译. 北京：商务印书馆，2015：287.

以是一个个体的人，也可以是一个集体的人，但有必要说明的是，此时每一个人都是一个单独的个体处在社会的整体当中。在认定一方的行为是否符合法律规定时，应从其是否有利于整个社会的利益出发。这就不可避免地会有个人利益与团体利益的冲突，然而，冲突的时候该怎样有效地保护集体的利益？边沁认为要遵循"最大多数人的最大幸福原则"[①]。由此可知，在边沁的最大幸福原则中显然包含了一种共享发展的观念。

穆勒主张在个人利益和大众利益两者之间大众利益应该优先于个体利益。穆勒也强调了人类是具有社会性的，也就是说人类是无法脱离社会而独立生存的。人类是一个互相依赖的群体，人们不仅要共享别人的劳动，还要为别人提供自己的劳动。人与人之间也要互相帮助，人不仅要为自己谋福利，还要为别人谋福利。穆勒认为判断一个人的行为合乎规范的标准就是"对社会有益，对个人有益"。穆勒的理论中包括了共享发展的思想，这也是马克思共享发展理念产生的根本原因之一。

在资本主义私有制的发展过程中，以亚当·斯密、边沁、穆勒为首的古典政治经济学家都非常渴望共享社会发展带来的好处，但他们的局限之处是只注重社会福利和总体福祉的提高，忽视了社会公平和正义的分配，不能从根本上来实现社会发展给每个人带来的益处。那么，只有马克思关于共享发展的理念，可以说既是对人们幸福的追求，又是对社会公正的关注。马克思认为，只有通过合理的分配，才能使所有人都主动投入到社会建设中去，才可以使整个社会的生产力得到提升，也会使人们的幸福感得到提升，进而推动共享发展的实现。

第四，英、法两国在 19 世纪的空想社会主义思想中有共享发展的思想踪迹。大航海时代的到来，迅速打开了工业化时代的闸门，使资本主义工业发展突飞猛进，剥削与压迫的强度在资本家与工人之间可以说是愈演愈烈，非常严重，工人阶级的生活条件也变得越来越差，工人阶级为生存而

---

① [英] 边沁.道德与立法原理导论 [M].时殷弘译.北京：商务印书馆，2000：123-124.

奋斗，渴望脱离剥削与压迫，共享社会发展的成果。正是在这样一种现实性的呼唤下，空想社会主义思想才得以产生和发展。空想社会主义者从民众的现实要求出发，勾画出了一个没有阶级差异、没有剥削，所有人都能分享发展成果、实现自由平等的美好社会。

16 世纪以来西欧兴起了一大批追求个人自由与平等的人本主义学者，如莫尔、康帕内拉、闵采尔等人。在《乌托邦》一书中，莫尔通过对资本主义制度的批判，描述了一个没有剥削、没有差别，以公有制取代现存的私有制、社会进步带来的社会财富和成果都为人们所共享的未来社会^①。康帕内拉在《太阳城》中还描绘了一个完美的社会，在那里所有的工人都可以按照自己的需求与想法去工作，只要个人有需求与意愿就可以得到想要的东西。而闵采尔在《论据充分的辩护词》中提出了一个"千年王国"，他认为国家之内没有阶级之分，而且所有人都是平等的，都可以共享社会发展的果实。早期空想社会主义的代表们，都揭露并阐释了资本主义制度下的种种弊端，他们都清晰地描绘与勾勒出了一个美好的未来，表达了对自由、平等共享社会发展成果的渴望，尽管他们的渴望很强烈，但仍未能找到一个好的办法来改变现实的社会制度，使它成为一个理想的社会。

19 世纪以来资本主义的社会矛盾与问题日益凸现。在对资本主义强烈批判与怨恨和极端的绝望之中，人们不免会憧憬人与人平等、没有剥削与压迫的社会的横空出现。对空想社会出现了诸如实行公有制、消除阶级差异等一系列的想法，直接反映了人们对共享发展的期望。对空想社会主义的设想在圣西门、傅里叶和欧文等人的作品中得到了反映，将空想社会主义的发展推到了顶点。

19 世纪初叶法国杰出的空想社会主义思想家圣西门提倡"实业制度"，他认为这种实业制度应是对人类而言有益的一种社会制度，可以使人享受到最大限度的自由，并能够确保社会的公平与正义。他还建议实业制度首

①［英］托马斯·莫尔.乌托邦[M].戴镏龄译.北京：商务印书馆，2006：68.

先是要确立公有制以提高民众福祉，以全面发展为核心目标。

19世纪上半叶法国著名哲学家、经济学家、空想社会主义者傅立叶在他的著作《全世界和谐》一书中，以翔实的事实揭示了英、法两个资本主义国家劳动人民被压迫、被剥削的悲惨现实，他谴责了资本家阶级并批判了资本主义私有制的罪恶，还提出了建立"和谐制度"的构想。在他看来，和谐制度是指一个能够保证每个人都能得到充分发展的社会制度。一方面，在分配体制方面，傅立叶认为应该根据劳动的才能来对社会商品进行合理的分配。另一方面，他还提出了一套有助于实现社会共享的理论。在该理论中他也关注城市与乡村之间的差别，意图构建一个人与人之间平等互助的良序社会，打破对妇女的奴役，实现男女之间相互平等的关系，这些都是傅立叶所构想的空想社会主义图景。

19世纪英国伟大的空想社会主义者欧文强烈推崇"共和体制"，那么，欧文所设想的理想社会首先也是要确立生产资料的公有制，要消除阶级、消除特权、消除贫富悬殊。他主张用平等原则来解决社会成员之间的不平等待遇问题。欧文认为私有制是导致隔阂、仇恨、欺诈、勒索等一切不良行为的根源。因此，他主张实行社会主义制度，即建立一个以国家为基础的全民所有制和集体所有制相结合的新社会，实现每个公民平等地享有劳动的机会和成果。在分配方面因为它生产的产品十分丰富与充足，所以它采取了按需分配的办法，每一位社员都可以在公社的仓库里任意取用自己需要的东西。这样就使每个人都能得到充分利用从而实现共同富裕。每一位社员都有共享的权利，关系到社员们切身利益的大事都要经过社员们的集体决定。欧文主张消除城乡差别和实现男女平等。总之，每个人都能在公社里有吃有穿，都坚守相应的道德，并有相应的福利保障。

由此可知，各个时代的空想社会主义者虽然对资本主义的丑陋与罪恶进行了批判与揭示，但并未能发现其本质上的缺陷。因为他们还没有找到可以将这个理想的社会变成现实的方法与途径，是受当时的社会历史条件所限。但也不能否认，他们所描绘的理想社会的美丽图景是实现人类共同发展的一次初步的构想与探索。虽然受其所处时代环境的限制，他们未能找到一条切实可行的道路，但这种努力与探索使马克思共享发展思想的科学化得以产生。马克思指出："虽然这三个人的学说含有十分虚幻和空想的性质，但他们终究是属于一切时代最伟大的智士之列的，他们天才地预示了我们现在已经科学地证明了其正确性的无数真理。"[①] 从中我们可以分析得出，对于怎样建设一个共同共享的理想社会的问题，在这一时期的理论上可以说达到了一个崭新的高度。

马克思也在很大程度上批判了蒲鲁东主义等同时代的思想。马克思洞察到了蒲鲁东学派的缺陷与不足，蒲鲁东学派对资本主义制度进行了道德上的批评，尽管他们思想中包含着共享发展的思想，但他们的思想主要集中在保护小资产阶级，而不是对资本主义的种种不公平现象进行理解与探讨。然而，马克思对资本主义制度的缺陷有着清醒的认识，他从全人类的角度出发为使所有人都能享受到社会进步带来的裨益进行了大量思考，可以说马克思对前人思想进行了扬弃，进行了创造性的发展，形成了一种全新的具有普遍性的共享发展理念。

（三）马克思共享发展思想形成的现实基础

理论的产生绝非凭空而出，都会显现出该理论在所处的特定的时代的历史印记与气息，它并不是无源之水、无本之木，而是有很深的理论依据和现实基础的。英国在18世纪60年代首先进行了工业革命，这也将欧洲带入了工业化时期，在此期间，马克思的共享发展思想也随之产生，马克思的共享发展思想是在特殊的历史条件下产生、形成、发展和成熟的，这一时期可以说为马克思的共享发展思想提供了充足的给养，马克思以资本主义经济发展的现实为基础、以无产阶级社会运动发展的实践为依据来讨论共享发展理论。

---

① 马克思恩格斯文集：第 2 卷 [M]. 北京：人民出版社，2009：218.

迅速发展和提升了资本主义社会的生产力。人类历史发展中可见，自15—16世纪之时，大航海时代的到来、新航线的开辟为货物的出口与销售提供了广阔的市场环境。发展到16—18世纪中叶之时，资本主义的生产关系还处在萌芽阶段，过去以家庭手工业生产为主的生产方式此时明显处于落伍之势并难以维持，而当时在生产过程中扮演主角的却是机械化生产占据了主场。当资本主义社会发展到18世纪后半叶至19世纪40年代的时候，欧洲几个大国都已启动了产业革命，而这一时期可以说是一个资本主义快速发展崛起的阶段，也是一个真正意义上的资本主义新纪元。马克思共享发展思想正是产生于这个特殊的时代，资本主义不断发展壮大和经济迅速发展，促使生产资料与资本逐步集中和扩大，形成了一种规模效应。随着生产资料的社会化程度不断提高，生产力的发展水平也进入了一个惊人的飞跃提速阶段。"资产阶级在它的不到一百年的阶级统治中所创造的生产力，比过去一切世代创造的全部生产力还要多，还要大。"[①] 马克思充分肯定了由于资本主义社会生产力迅速发展，也为资本主义社会创造出巨大财富。然而，迅速发展的生产力与不断积累的社会财富是否有机会为社会全体成员所共享呢？结果一定是与之相反的，是少数人独自享有整个社会发展所带来的成果与资源。所以说大部分人都被排斥在了共享发展的门外。由于私有制的特殊原因，致使资本家占有了社会上绝大部分财富，而社会底层贫困的体力劳动者则处于物质极度匮乏的状态。所以，马克思在探讨资本主义生产方式的时候，直接阐述了共享发展理念，也正是基于这种现实的基础，他才开始并一生都在研究资本主义剥削现象的根源，深恶痛绝地揭示资本主义的罪恶事实和本质。此外，马克思也努力在革命斗争的实践中，尝试打破当时不能共享发展的社会制度。

可以说马克思共享发展思想的萌芽、形成、发展与完善，和逐步发展出的一套完整的、具有科学性的、系统化的思想体系，与快速发展的资本

---

① 马克思恩格斯文集：第2卷[M].北京：人民出版社，2009：36.

主义生产力是分不开的，可以说正是资本主义生产力的快速发展为马克思共享发展思想创造了先决条件和基础。

资本主义的两极分化的情况表现出了较大的阶级性差异。有学者认为，"资本主义社会里，资本主义使阶级构成两极化和简单化"[1]。17—19世纪之时英、法两国先后出现了多次资产阶级革命，这些革命极大地促使整个欧洲的生产力有了很大的提升，迫使传统的手工业作坊被排挤到只能改造与合并为机械化的大规模化的生产部门，助推了整个资本主义的生产力获得了较大的发展，加速了社会的进步。然而在资本主义社会化大生产的加快发展过程中，资本主义的基本矛盾包括所有的与现代冲突的种子正在不断激化，从阶级关系这一视角来看，无产阶级与资产阶级两大阵营相互对立，深究其根源不外乎是资本主义中的社会化大生产与私人占有间不可摆脱的尖锐矛盾所致，它也正是矛盾的主要根源。尽管资本主义的生产方式超越了封建制度中的人身依赖关系，但是，生产资料还是掌握在资本家的手里。资产阶级占有了全部的生产资料，并享有全部的生活资料，而工人阶级却除了人身自由之外，没有任何可以依赖的东西。一方面，因为资本主义私有制和它所确定的资本雇佣劳动制度的原因，所以资产阶级在经济和政治上占据着绝对的优势，此时的工人阶级却没有得到任何让生活富足和获得发展的本钱，处境可谓困苦不堪，甚至有相当多一部分工人没有食物和衣服，他们连最基本的生存需求都难以保证。资本主义环境下的工人阶级也彻底成为一种只为实现资本家阶级的私利而存在的工具。另一方面，工人阶级也难以摆脱资本家的魔掌，他们要想使自己的生命得到延续，只能是在资本家手中获取最低限度的生活资料，那么他们就逃脱不了在资本家的统治下进行劳动的命运。所以就使得资本家这一群体获得了巨额财富积累，而无产者却只能是贫困、痛苦，由此可见无产阶级与资产阶级之间两级分化贫富差距骤然拉大，两大阶级阵营也会因此产生强大的敌对情

[1] 王刚.马克思主义中国化的初始形态研究[M].北京：人民出版社，2015：11.

绪。另外，马克思也通过资本主义社会中的经济危机及其所引起的各种社会矛盾来透视出资本主义社会的内部矛盾，而且马克思所关注的社会发展中阐发的客观规律性总结也都给后人以启迪。资本主义丑陋的面目本质被马克思一针见血地戳破，除此之外，他还努力想着建设人人都能够自由、全面、共享发展的美好社会。

19世纪，随着工业革命的不断发展与深化，工场手工业基本上都被各类机器大工业生产所替代，也使生产力有了巨大的进步和提升，这为迅速发展的资本主义社会打下了坚实的物质基础。"资产阶级在它不到一百年的阶级统治中所创造的生产力，比过去一切世代创造的全部生产力还要多，还要大。"[1] 在工业革命中，资本主义国家的财富迅速增加。但因资本家的贪欲造成了他们不满足于现有的状况，为了获取更多的巨大利益而愈加强烈地压迫工人阶级。所以他们疯狂、盲目地进行商品的扩大再生产，导致大量的商品积压而无法销售出去。工人为了生存只有将自己的劳动卖给资本家而受他们的剥削和压迫。这种背景下的资本家不但未能给工人涨薪，反倒还减少了工人的收入，迫使工人阶级愈来愈贫穷，日子不好过，甚至无法负担他们自己生活所必需的用品。如此直接导致了工厂里生产出来的商品销售不出去，也引发出一场经济危机，迅速蔓延到世界各地。大量工人失去工作，致使他们连生存都成了问题，这就使工人阶级对资本主义制度更加不满，两大阶级的矛盾也非常激烈。

资本家拥有绝对的生产资料，他们不仅压迫和剥削劳动者，而且在政治上也拥有着绝对的权力，经济与政治的双重优势促进资本家发展迅速壮大。"经济基础不仅推动了上层建筑的发展变化，而且决定着上层建筑发展变化的方向。"[2] 长此以往，使工人阶级产生了严重的不满情绪。资本家为了能够维持生产不得不改变原有的生产方式，即生产方式上他们采取生产资料社会化的方法推进生产，依然维护了整个资产阶级的利益。此外，

---

[1] 马克思恩格斯文集：第2卷 [M]. 北京：人民出版社，2009：36.
[2] 肖前. 历史唯物主义原理：修订本 [M]. 北京：人民出版社，1991：160.

资本主义国家中一套披着保护民众最大利益外衣的民主政治体制诞生了，但它的本质仍是为了保护资产阶级的利益的统治工具而已。资产阶级在拥有了大量的社会财富和政治权力的同时，还在文化、社会福利等领域中享受着一系列的特权。社会发展迅速和不断进步使人民对自由和正义的追求也越来越强烈，导致资产阶级与无产阶级两大阵营处于对立状态并且矛盾日益突出。可以说马克思正是基于此种社会环境开始深刻地批评和揭露资本主义的罪恶本质。

在以自由、平等为旗帜的资产阶级革命斗争中，实际上仅是一种形式上的平等。而无产阶级为了争取解放的运动和革命需要也并非与生俱来的，只因资产阶级与无产阶级在政治、文化及社会权利等方面存在着不平等，使无产阶级受到了很大的剥削，并且出现了越来越多的两极分化现象，这必然导致无产阶级的反抗行为。如西方的几次大规模的劳工运动都反映了无产阶级对公平与正义的执着追求，体现的是为无产阶级的解放而发出的嘹亮的呼声。那么，无论是在经济上还是政治上，无产阶级工人的要求都反映出了这一阶级群体希望共享自己的劳动成果。可见无产阶级对资产阶级的反抗是从无产阶级的基本立场出发的，如马克思所说："它反对资产阶级的斗争是和它的存在同时开始的。"① 强烈的批判之意与拒斥之词的矛头都指向了资本主义的私有制。

随着生产力的迅速发展和工业体系的逐步完善，与资产阶级相对的无产阶级的人数也变得多了起来。此时的无产阶级群体也从自己被压迫和被剥削的现实中觉醒，发现了资本主义社会的不公平、不公正和不自由的本质，这种意识也激发了无产阶级工人群体对资产阶级的斗争与反抗。最初工人阶级采取的仅是以零星的破坏机器和焚毁工厂的方式来进行反抗和斗争，但在这场自发的战斗中工人阶级以失败而告终。尽管斗争失败了，但也让工人们意识到，没有任何组织的战斗是不能改变他们被剥削和压迫的现状

---

① 马克思恩格斯文集：第 2 卷 [M]. 北京：人民出版社，2009：39.

的。同时，为了反对资产阶级的统治，无产阶级也逐步认识到团结起来的必要性，这也使无产阶级人与人之间的团结扩大起来，形成了一股强有力的政治力量，一同为了无产阶级的共同利益而强烈反对资产阶级。工人阶级的运动变成了从工人个体发展到某个工厂的工人，通过一系列的连锁反应直至蔓延到全国各地，而且这一运动的目的也由早期的单向度的经济性诉求演变为后期多维的政治性运动。包括工作环境的改善、薪酬的提高等。如法国里昂工人起义、英国宪章运动、德国的西里西亚纺织业工人运动。可见，工人阶级运动是他们对实现共享发展的强烈愿望的体现，直接反馈出了马克思实现共享发展思想产生的现实依据。1871 年 3 月 18 日，在法国巴黎爆发的革命推翻了资产阶级，并成立了工人阶级领导的无产阶级政权，尽管这场革命仅持续了 72 天，但它的出现和失败为马克思关于创建无产阶级政权的探索提供了价值巨大的资料。

工业革命结束后，西方的资本主义国家之中常见的机器生产与雇佣劳动力等为基础的资本家和工厂主，他们在社会生产与分工中占据了主导地位，由此引发了资本主义工厂的出现和劳动力的集聚，便也产生了工业城市，从根本上实现了西方资本主义社会生产力的飞跃。此外，生产力的提高也导致了整个社会的生产关系发生了变化。资产阶级为了追求更多的利润也致使资本主义生产方式的内在矛盾无法化解。工人变成了机械的附庸品，彻底沦为资本家的奴隶。资本家向他们的工人们支付的薪水也是微乎其微，仅能维持工人存活下去而已。机器大生产所带来的劳动分工细化和对工人阶级的野蛮残酷的粗暴剥削，逼迫工人阶级不得不为了自身的权益而上街游行。初期因为工厂的规模都还很小，相对来说也比较分散，导致工人阶级运动呈现出的是一种自发、分散性的特征。当时工人的斗争目的也仅是为了满足诸如提高工资、改善劳动条件之类的经济需求，并未见有何具体的政治需求，所采用的手段多是以捣毁机器、破坏资本家的工厂的行为，可见此种情况下的工人阶级运动影响力不大。随着资本主义生产关系的矛盾不断深化，工人阶级的组织、觉悟、斗争能力不断增强，先后在法国、德国和英国这三个西方发达的资本主义国家中发生了工人运动，而且规模都非常庞大。尤其是 1831 年 11 月—1834 年 4 月这一时间段中所发生的法国里昂工人运动，以及随后在德国 1844 年爆发的西里西亚纺织业工人运动，都将矛盾的焦点集中在私有制上面，都是反抗资本家对工人阶级的剥削和压迫。这一系列工人运动也为马克思系统地、全面地、深刻地揭示资本主义罪恶的本质和丑陋的面孔提供了非常重要的土壤。

1871 年 3 月 18 日，马克思共享发展思想在法国的巴黎公社运动中得到了初步尝试，尽管巴黎公社仅维持了 72 天，但也为马克思关于无产阶级政权的探索提供了经验。从资本主义到社会主义的转变是一个长期的历史过程，依据马克思所说："工人阶级知道，他们必须经历阶级斗争的几个不同阶段。他们知道……需要在全国范围内和国际范围内进行协调的合作。"① 法国巴黎公社的失败经验，给马克思关于由资本主义到社会主义转变的思想以及马克思提出共享发展这一理念提供了可能性。

理论是从实践中产生的，而产生的根源可以说是对一个真实、自由、平等、共享发展的社会的实际描绘与追求。虽然在那个时期工人阶级的一些大大小小的革命都以失败而告终，但无产阶级的实际要求都给马克思关于社会进步、人类解放的理论带来了难能可贵的实践经验，才使得马克思日后逐步建立起共享发展理念。对资本主义的批判在马克思那里从未间断，就像他关于共产主义社会的描绘与勾勒一样。

二、马克思共享发展思想的具体生成及发展历程

"共享发展"这一词语虽然未被马克思在论著中直接表述，但他对资本主义制度的批评与对未来社会的描绘都蕴含着丰富的共享发展思想，在各个时期的相关著作中也都有体现。对马克思共享发展思想的发展历程作

---

① 庄福龄 . 简明马克思主义史 [M]. 北京：人民出版社，2004：87.

了系统的梳理，从马克思各个发展阶段相互联系的角度来考察，有利于思考马克思共享发展思想的精髓之处。

（一）马克思共享发展思想的萌芽阶段

马克思共享发展思想萌芽于何时在学界一直存在着分歧与争议。其中，有人把马克思初中时期的思想看作他共享发展理念的萌芽时期，也有人把马克思从学校走进社会时期看作共享发展理念的萌芽时期。那么，回归到文本来分析，回溯到马克思关于社会主义思想早在他初中阶段就已经萌芽。尽管马克思初中时期的思想程度、理论高度及对社会实际的分析程度有限，但马克思出身于良好的家庭环境之中，以及学校的教育和自身出色且超凡的逻辑思维，都为他的共享发展理念打下了坚实的多维之基。

第一，马克思在关于探索青年职业选择论著中产生了共享发展思想。1835 年是马克思共享发展思想的初步形成时期。在 19 世纪三四十年代，资本主义国家的经济发展获得一定成效，尤其在德国体现得最为明显，因此，德国涌现出一股资本主义发展的潮流。马克思出生于德国的莱茵省，而那里是当时德国最发达的地区。此外，马克思出身于法律世家，他读初中时就受到了良好的教育，这种情况对马克思的初中生涯有很大的影响。马克思在中学时代写的《青年在选择职业时的考虑》一文中，把"共享发展"这一概念提高到了一个新的层次。也指出了"在选择职业时，我们应该遵循的主要指针是人类的幸福和我们自身的完美……人只有为同时代人的完美、为他们的幸福而工作，自己才能达到完美"①。人的自由全面发展被马克思视为付出毕生心血也要追求的终极目标，这其中也包含着以人自身的幸福为核心，可见，这正是马克思共享发展思想的价值目的，也是相互契合，也就是采用共享发展的方式与途径来实现人类的发展与幸福的实现。基于这些背景，马克思产生了共享发展的理念，由此也使马克思对共享发展有

---

① 马克思恩格斯全集：第 1 卷 [M]. 北京：人民出版社，1995：459.

了更多的信心，至此马克思更加关注与重视阻碍幸福实现的非共享发展的一些声音，并努力推动共享发展的实现进程。

马克思时代，德国的经济、政治以及文化等都对他起到了潜移默化的影响，而且马克思所处的家庭环境也直接影响了他的思想。那么，马克思的共享发展思想同样是在这样的环境之中孕育而来，并且加持了他在中学时代的学习，也拓宽了马克思的知识面和提高了他的理论水平，因此使马克思对世界的看法也更加透彻了。尽管此时马克思对共享发展的认识还较为抽象，还带着一种理想主义的意味和色彩，但他对人类幸福的认识却称为一个奇妙的天才的构想。马克思把人的自由而全面发展作为崇高的追求，而且共享发展思想也是以人的自由全面的发展为核心，该阶段马克思的著作也都是紧紧围绕人的自由全面发展而展开讨论。尤其是马克思的《青年在选择职业时的考虑》一文，也被定义为他首次关于共享发展性思想的具有代表性意义的著作。

第二，对社会正义和物质欲望的追求的两难抉择问题进行了初步的思考。马克思把他的研究重心从以前的哲学上的抽象沉思转移到了对社会现实的考察与思考，1835年10月—1843年3月，马克思探寻共享发展思想之时，到19世纪40年代以后，资本主义继续扩大，同时其内部的各种矛盾也逐步暴露出来。1841年4月，马克思从德国柏林大学的学习生涯中走出来。马克思本来可以拿到德国波恩大学的博士学位，但因当时的政治环境及他不愿与那些保守的教授共事，所以他选择离开，转身将自己的批判热情投入到新闻媒体上，借此来批判资本主义社会的现状。1842年10月—1843年3月马克思在《莱茵报》工作这段时间，是他对社会实践问题认识的关键起点，此时他对社会、经济、政治等方面的问题进行了强烈的批评。在《摩泽尔记者的辩护》一书中马克思对国家贫民进行了深入的考察，依据马克思所说："谁要是明白葡萄酒酿造者目前的悲惨境况已经在他们的家庭生活中、在他们的业务活动中甚至在他的精神状态上引起了怎样的（愈来愈厉害的）变化，那么，当他想到这种贫困状态将继续保持下去，甚至还会变本加厉时，他一定会大吃一惊。"①马克思清晰地认识到了这个时代的真实情况，致使他的关注点和批评方向都发生了转变，尤其是他在思考到社会正义之时意识到普鲁士政府损害了农民的正当权利，但他们都一致在保护着自己的特权阶层。因此马克思为了保护那些在政治上和社会上什么都没有的穷人的各种利益而大声疾呼，也正是在这一时期，马克思对共享发展思想进行了反思。不仅表现为他对共享发展的关注，同时也表现为对共享发展的理性批评与学习。正是马克思对现实进行了关注，在关注的过程中他洞悉到了阶级与阶层相互差异较大的群体间生存环境竟然天差地别，而且他还发现所谓的人与人平等更可谓无稽之谈。致使在财富拥有和人的发展条件上不同阶级之间存有差异，所以使他萌发出为贫困群众发声，力争实现人人共享发展的构想。但这一过程既表现为对特权阶级理性的批判和拒斥，也表现出了他对贫困穷苦人民的同情。所以，马克思从心底发出的声音是要维护社会的公平与正义，尤其体现在物质利益问题等方面。马克思认为它应是社会中的每一个人都可以享受到的，而绝非某一特定阶层的专属权利。由此可见，在此期间马克思关于共享发展的理念在逐渐萌芽和开花。

对私有制进行了初步的批判，并论述了人性的解放。自 1844 年初到 1853 年 10 月，马克思与工人阶级进行了深入的交流，也使他展开了对私有制的理性批判和斥责，并对人的解放进行了第一次论述，由此也被视为马克思共享发展思想的雏形阶段。19 世纪三四十年代法国发生了一场工业革命，当时的工厂生产力可以说获得了快速的发展，致使大量的现代劳工涌现出来，工人与资本家两大阶级之间的矛盾也是愈演愈烈的激化状态。马克思此时与法国的工人阶级进行了深入的交流，他深刻地感受到了资本主义社会中的矛盾非常尖锐。在交流的过程中，工人们把自身所受的压迫和剥削等全部情况都如实地反馈给了他。马克思也逐步认识到了在私有制的基础之上，资本主义社会应是必须被社会的发展所取代和打破的。因此

---

① 马克思恩格斯全集：第 1 卷 [M]. 北京：人民出版社，1956：221.

他同恩格斯一道加入了"正义者同盟"并将其改组为"共产主义者同盟"，而当时他们的目的是及时准确地了解工人阶级的生活和思想状况，以便于领导工人阶级运动向前发展。当马克思转战到法国之时，他解开了在《莱茵报》工作时所产生并困扰他的一个问题，便是终究要依靠什么样的一种阶级的力量才能够改变社会的不公平和不正义。显然，他对工人阶级的理解经历了一个渐进的过程，早期马克思对工人阶级的理解更多地表现为对被压迫和被剥削方面，与在社会发展过程中所处于不利位置。而且马克思也意识到在该时期工人阶级才是改变不平等的社会发展状况的最为重要的倚重力量。在这一过程中他还意识到无产阶级实现人类社会共享发展之源，由此他对共享发展的实质问题有了更深刻分析，这也进一步加深了他对共享发展问题的理解。此外，马克思渐渐清晰地认识到存在于资产阶级与无产阶级两大阵营的冲突与矛盾难以愈合和缓解，对他而言更是需要身处理论的高地上对资本主义的私有制进行批评和揭示。正如马克思所言："国家还是让私有财产、文化程度、职业以它们固有的方式，即作为私有财产、作为文化程度、作为职业来发挥作用并表现出它们的特殊本质。"[①]可见，马克思对私有制作为经济上的不公平，和使无产阶级无法共享发展成果等，及其罪恶的根源都作了深入的探索与揭示。

马克思对工人阶级的不幸生活境遇的了解，使他能通过外在的现象来透视到资本主义社会私有制背后的肮脏嘴脸，资本家残酷且贪婪的本性只有被无产阶级这一力量所推倒才能把劳苦大众唤醒起来，人民才能实现自身的解放、摆脱资本家的盘剥和控制，也只有这样才有机会实现共享发展。而马克思所探讨的关于共享发展的思想，它的内容核心要旨也正是要取消私有制。取消私有制可以说是实现共享发展的最为基本的保证因素，此外应依靠工人阶级来实现，因为只有工人阶级才是实现共享发展的强有力的钥匙，那么关于共享发展的最终目的与价值却正是人的解放和自由全面发

---

① 马克思恩格斯文集：第 1 卷 [M]. 北京：人民出版社，2009：30.

展。马克思在此浓墨重彩地用更清晰的语言来勾勒和表达了他关于共享发展的观点，是他共享发展思想最初阶段的序章。

（二）马克思共享发展思想的形成阶段

德国著名哲学家黑格尔的唯心主义辩证法被马克思批判与继承，对马克思思想体系的发展与成熟都起到了强大的助推作用，有助于马克思探讨和建构自己看待世界的规律与体系。那么，放置在马克思的理论体系中，思考共享发展的主体又是如何在社会中生存与发展的，一个"现实的人"是否能共享人类的发展成果等，针对这些内容马克思都进行了思考与探讨，也都从根本上有效地推动了他的共享发展思想的形成。马克思的《关于费尔巴哈的提纲》围绕他提出的人的"主体性"展开讨论，由此延展到对共享发展的主体又如何在社会中生存等进行了明确的阐述和分析，直至发展到《共产党宣言》的发表，也标志着这一时期的结束。此时的马克思以唯物史观的分析方法作为理论武器对共享发展进行了系统化论述。

第一，确立了人的主体性，加深对共享发展的深层次理解。1844年夏至1845年春，西方工业革命不断加速发展，在这种背景之下，马克思勇挑重担创立出新的理论，目的是揭示资产阶级的剥削本质。另外，马克思也在思想上对工人阶级进行指导，为他后期指导工人运动起到了预制作用。其一，共享发展理念的建立，在很大程度上决定了工人阶级的价值追求与价值取向。一方面，从"主体性"原则的确立来看，不仅可以突出"现实的人"的社会主体性，而且还清楚地表明了"感性的人"对社会生活也有较大的影响。可见，在马克思的共享发展思想中所谓共享发展的对象是整个社会的人，并且可以对这个世界进行更多的规范与改造，他认为这也是所有人都可以参加到自己的劳动生产中来的实践活动，如果不是这样的规则，那么所讨论的共享发展就只是一种空洞的幻想和虚幻的泡沫。另一方面，"主体性"的建立表明在人们面对教育和所处的外在环境等问题之时，并非如费尔巴哈所讲的那样是一种被动的、被支配的生命，而是可以通过教育和所处的外在环境来主动改变自己的思想观念与实践活动，如果每个人都可以公平地享受到教育的权利，如果每个人都有公平的机遇，并在改造的客观环境中共享到改造世界所带来的利好结果，也会体现出"主体性"的建立原则所显示出的人自身的价值与尊严。马克思所唤起的工人阶级对自身求生的警觉并不意味着只有顺应资本主义制度，被盘剥和压迫的份儿，相反，工人阶级同样也可以站起来，把自己从资本主义的压迫中解放出来，用自己的双手去改变资本主义万恶的旧有世界，同样能够创造出一个美好的、人人都有尊严的社会。其二，在马克思看来，人是一切社会关系的总和，人的本质是人自身的一种规定性。马克思认为："全部社会生活在本质上是实践的。"[①]公平、正义的责任感笼罩在马克思的心中，他认为社会中所有人都应共享社会发展所带来的红利，由此可见这种思想早已深埋在马克思心底。作为人来说既有自然的属性，也有社会性。如果个人想共享社会发展所带来的益处，首先这个人也必须要成为一个社会性的人，如果这个人只是一个自然性上来看的人，那么这个人也一定会被拒之门外，难以共享社会的发展。在马克思的思想体系之中，人是由多种错综复杂的社会关系所构成的，而且还是处于动态变化的状态之中。基于这一观点能够看出，人与人之间是相互协作、共同发展的关系。只有与他人合作，发挥出自己所拥有的本领与天赋，才能够充分享受到在合作过程中他人所带来的而自己无法拥有的能力，只有这样才可以在社会中共享社会发展所带来的结果。这就构成了马克思共享发展的理论基础。而且，马克思怀着更好地、更有效地指导资本主义社会里工人阶级开展革命运动的思想，而这也成为马克思共享发展思想的前置条件。在该阶段中，马克思共享发展思想无论是在理论层面，抑或是实践层面，他都提出了基本的问题与论点。在马克思的大脑中也一直环绕着在社会发展的过程

---

① 马克思恩格斯文集：第 1 卷 [M]. 北京：人民出版社，2009：501.

中共享发展的主体应是以怎样的方式生存的问题。另外，人处于社会发展的进程中，人自身能否共享到社会发展所带来的好处，可以说这些都是马克思共享发展思想产生之前思索的重要问题，而这些前期的积淀也都为马克思共享发展思想起到了预制作用，为后续的思想发展与成熟打下了前站。

第二，共享发展思想在自由人联盟中逐渐形成。1845 年秋至 1846 年夏这一期间，马克思与恩格斯共同创作了《德意志意识形态》，此时应该说是马克思共享发展思想的雏形阶段。马克思阐述了人的生产劳动的重要意义，论述了生产力与生产关系之间的矛盾与冲突，发掘了无产阶级掌握权力的根源。因此，马克思提出建立一个以自由人联盟为基础并具有共同发展意义的社会思想，恰恰是对马克思共享发展思想的又一次科学的丰富和发展。随着欧洲无产阶级革命局势的不断变化与发展，马克思通过同德国工人阶级的接触，他看到了鲍威尔、施蒂纳等以及德国的大、小资产阶级的思想对工人阶级思想上的捆绑与裹挟。正是这些原因的推动使马克思在心中下定决心，他要彻底地与资产阶级斗争到底，要批判资产阶级给无产阶级灌输的不合理的思想。其一，马克思指出了人生存的基本条件是离不开人的生产活动的。另外，现实生活中人类离不开衣食住行，这是人类共享发展的基本需求。"我们首先应当确定一切人类生存的第一个前提，也就是一切历史的第一个前提……首先就需要吃喝住穿以及其他一些东西。"[1] 在对生产力与生产关系之间的矛盾关系进行论述时，马克思认为在人与人之间的交往形式上，原本传统的交流与联系的方式和途径已跟不上时代的步伐，会随着时代的发展给人与人之间的交流带来局限性。而新的交往方式会被适合于社会发展的更为先进的方式所取代。个体自主活动的这种方式此时显示出它的适应性，旧有的交流方式便成为一种束缚。由此可见，原有的资本主义私有制不能随社会生产力发展而作出改变，因此，

---

① 马克思恩格斯文集：第 1 卷 [M]. 北京：人民出版社，2009：531.

必须将生产资料的私有制改为公共制，即生产资料为大多数人所共有。其二，马克思也曾一针见血地指出，无产阶级必须用武力打破资产阶级统治国家，而且还要建立新的政权。"每一个力图取得统治的阶级，即使它的统治要求消灭整个旧的社会形式和一切统治，就像无产阶级那样，都必须首先夺取政权。"[①] 马克思对新政府的期待是新政府应当实现共享发展。其三，马克思在对自由人联合体进行构想之时，他同时也对未来社会加以勾勒，在此过程中马克思提出了资产阶级的生产资料私有制将被公有制所代替，剥削阶级将被无产阶级推翻并不复存在，每个人都可以在人类的本质力量——生产劳动实践中获得发展，使所有人都可以共享人自身的发展和社会的进步所带来的社会发展红利，进而逐渐朝向人的自由全面发展的方向前进。可见，马克思在该阶段对共享发展的思想进行了更为细致的思考和理解，他不仅将人类的生产实践视为共享发展的一个重要先决条件，而且还揭示出生产资料私有制是造成大多数人无法共享社会发展的根本原因。由此可见，无产阶级夺取政权是实现所有人共享发展的一个关键步骤，最终，在"自由人联合体"的社会中，对所有人都可以实现共享发展的状况进行了初步的描述。从这一点可以看出，《德意志意识形态》是马克思共享发展理念逐渐成型的一个标志。

第三，较详细地阐述了共享发展思想的基本内涵。在马克思那里，他的共享发展思想是自 1847 年 6 月至 1848 年 2 月《共产党宣言》的出版才得以发展的，可以说这是马克思共享发展思想产生的最后一个时间段。由此可见，《共产党宣言》的发表是马克思对共享发展思想的一次独立宣告，也可以体现出是对该思想的一个肯定。当无产阶级与资产阶级的斗争愈演愈烈之时，各种不同类型的错误的社会思潮都想要在思想领域中占据高地和支配地位，也都想在思想的天空里对工人阶级能够产生较强的影响，甚至拥有把工人阶级都掌握在自己手里的欲望，目的是达到自己阶级所设定

---

① 马克思恩格斯文集：第 1 卷 [M]. 北京：人民出版社，2009：536.

的目标。基于这种现象的频繁发生，许多冒牌的社会主义也破土而出。在这种环境之下，马克思下定了为无产阶级利益而斗争的决心，与虚假的社会主义在意识形态上展开了激烈的斗争，从而阐释出科学社会主义理论的真谛与鲜亮底色。所以，可以说《共产党宣言》是马克思意识形态理论中的重要组成部分。此外，以《关于费尔巴哈的提纲》和《德意志意识形态》这两部经典之作为马克思共享发展思想作了铺垫，使其成为一个完整的整体。马克思在《共产党宣言》中对"共享发展"这一概念的基本内涵进行了较为系统的阐释。其一，阐述了"绝大多数人"是实现共享发展的主要对象。《共产党宣言》清楚地表明："过去的一切运动都是少数人的，或者为少数人谋利益的运动。无产阶级的运动是绝大多数人的，为绝大多数人谋利益的独立的运动。"① 所以说既然社会财富是由无产者创造的，就应当由无产者享受。其二，在理论上，明确指出了"以人为本，以社会为本"是"以物易物""以物为本"的基本思想。要使"大多数人"真正分享发展成果，就必须使无产阶级能够通过其政治统治逐步吸收资产阶级的全部资本，使所有的生产都归国有，把生产资料分配给社会的所有成员，从而重新开始生产并使社会发展的果实为全体人民所共享。其三，生产力的发展是共享发展的根本动力。马克思历来对生产力问题给予极大的关注，而生产力的发展在任何一个社会中都占有举足轻重的位置。在未来的共产主义社会里，为了使所有人都能得到共同的发展，除满足物质方面的需求之外，还有政治上的需要、文化上的需要、科技上的需要，要实现从低级到高级的跨越，其基础就是生产力的高度发展。其四，马克思把人的自由全面发展作为自己一生的价值追求，曾说在未来社会中"代替那存在着阶级和阶级对立的资产阶级旧社会的，将是这样一个联合体，在那里，每个人的自由发展是一切人的自由发展的条件"②。马克思之所以能形成共享发展思想，都是缘于马克思为工人阶级找到一个正确的目标和方向所付出的探索与思

① 马克思恩格斯文集：第 2 卷 [M]. 北京：人民出版社，2009：42.
② 马克思恩格斯文集：第 2 卷 [M]. 北京：人民出版社，2009：53.

考，这样就可以防止那些扭曲的社会思潮对他们的影响，最终让他们能够用科学的理论来武装自己的大脑，为实现一个共享发展的社会而努力。《共产党宣言》的出版标志着马克思共享发展理念的"独立宣言"的诞生，也标志着马克思共享发展思想的最终成型。

（三）马克思共享发展思想的发展阶段

马克思关于共享发展的探索，是以历史唯物主义和辩证唯物主义为依据而开启的。尽管《1844 年经济学哲学手稿》中对共享发展有过探索，但未能形成一套较为完整的理论体系，因此，共享发展的生产力和生产关系之间的矛盾运动以及如何达到共享发展问题，也就不能很好地进行分析和阐释。此外，马克思在《1857—1858 年经济学手稿》中对人类生活与自由状况的反差进行了深入的论述，并由此指出了人类在理想状态下的共享发展。以《资本论》为其重要代表性著作，探究资本主义生产的秘密，并将其不共享发展的实质公之于众，从而证实共享发展的必要性和科学性。

第一，对"三形态说"中的共享发展理念进行了阐释。从 1848 年到 1858 年，马克思参加了一场工人阶级的革命，在经历了一场工人阶级的革命之后，马克思虽然回到了自己的书斋，但却仍和工人阶级保持着紧密的联系，此时马克思的思想之中已经深埋下了共享发展思想的种子。继 1848 年之后，法国大革命以失败而告终，马克思也由当时他所居住的德国搬家去往了法国的巴黎生活。马克思根据自己的经历，开始了更深层次的政治、经济、文化等方面的研究。特别是 1857—1863 年，马克思收集、整理了 1843 年以后的政治经济学理论，形成的《1857—1858 年经济学手稿》一书就是他在这方面的著作。马克思在《1857—1858 年经济学手稿》中，大致阐述了它与人的解放的关系，即著名的"社会三形态理论"："人的依赖关系阶段、以物的依赖性为基础的人的独立性阶段和人的自由个性阶段。"[①] 其并不以

---

① 复旦大学当代国外马克思主义研究中心 . 当代国外马克思主义评论：15[M]. 北京：人民出版社，2017：159.

生产关系的本质为依据，而以人的发展程度为依据，把人的社会分为三个不同的时期：人的依存、物的依存、人的自由人格。它适合于自然经济和商品经济。依据马克思的看法，可以分为三个阶段。其一，自然经济所表现出来的人与人之间的相互依存，以原始社会为典型，表现为部族"均享"。在人类刚刚开始发展的时候，因为生产力的限制，所有的族人都会聚集在一起进行集体劳动，获得的战利品也会被平分。在原始公社中，社员控制着生活资料，公共产品满足了公社社员和生产者的生活需要，而这种产品的社会性质正好是它的共性。在奴隶社会中，奴隶与奴隶主之间的关系特点体现的是作为奴隶依附于奴隶主，就它的特点来说是人的依附性。其二，商品表现为人与物质的相互依存，并以资本主义为特征，从某种意义上来说，这是一种"独享"，也仅是属于少部分人。随着生产力的不断发展，就出现了社会分工，社会就被分成了不同的阶层，人与人的依赖状态也开始分化，私有制在整个社会中占据主导地位，在私有制笼罩下的社会中共享的模式已经被少数人独享的模式所代替。在这个时代，人们产生了等级的差别，无产阶级群体在社会上受到了极大的歧视。在资本主义的私人财产制度下，人们不能公平地参加劳动，不能公平地共享一切权利和财富。其三，"商品经济"是社会主义进步时期的一个精辟概括的名词，它表现出了生产资料回归到所有人的手中，表现出了人人都能获得自由，人人都能得到解放，共享发展将惠及所有人的前景。马克思对共享发展理念的实践充满了激情，他将目光投向了"政治经济"，从共享发展的本质动因入手，对共享发展"三形态"进行了反思和比较，从而为共享发展找到了一条发展之路。在这个阶段他对共享发展思想的探索主要表现为对人的发展程度上的思考，对各种社会形态中人民共享发展的状况进行了对比。其中包含着非常丰富的共享发展思想，这体现出马克思对于人的共享发展的高度关注，以及对于社会建设的重要性等，都是他关于共享与发展的理论与实践探讨的科学依据。

第二，针对资本主义生产的奥秘，马克思对资本主义社会不共享发展

的本质进行了探索。1867 年 9 月，马克思写完 3 篇手稿，并进行了大量的
材料收集与研究，他倾注了毕生心血，被誉为"工人阶级的圣经"的《资
本论》第一卷正式发表，也宣告了马克思共享发展思想的成熟时代的到来。
随着欧洲资本主义的发展，其内部矛盾也逐渐凸现出来，这两个主要阶级
之间的斗争愈演愈烈，并表现出一种曲折复杂的特征。为了在理论上将无
产阶级武装起来，马克思用了大约 17 年的时间对其进行了一系列的政治经
济研究，以探索掩蔽在资本主义生产中的奥秘，并将其不共享发展的本质
公之于众。在《资本论》中，马克思对不共享发展的本质作了详尽的论述。
其一，从资本主义的生产前提出发，资产阶级从市场中买来的劳动产品包
含了无产阶级工人所出售的劳动力。实际上工人阶级要想活下去不得不出
售劳动力，而对于没有生产资料所有权的工人来说，为了一家老小的生活
需要不得不依靠把自己的劳动力出卖给刻薄的资本家来换取聊以糊口的生
活资料，否则他们将难以生存下去，填饱肚子都会是他们最大的奢望。其
二，在资本主义的生产过程中，资本只有一个目标，那就是追求利润，资
本家用它来创造无限的剩余价值，而无产者受到了很大的压迫，他们想要
共享自己所创造出来的财富，那是不可能的。马克思对资本主义的生产进
行了分析，剖析出资本主义的生产目的是获得更大的利润，马克思的这句
话把生产过程嵌入到资本追逐利润的整体性讨论之中，而"生产过程只是
为了赚钱而不可缺少的中间环节，只是为了赚钱而必须干的倒霉事"①。
可见马克思的思想是深邃和高远的。其三，在资本主义生产关系中，收入
分配的不均是一种难以避免的现象。因为资本主义的生产方式是基于私有
制基础上的，所以为了保护资本家的利益而损害劳动者的利益是不可避免
的。马克思坚定地认为，资产阶级的压迫无法阻止无产阶级建立一个更好
的社会，这个社会是由自由的人组成的，他们共同享有生产资料和社会发
展成果。所以马克思说："消费资料的任何一种分配，都不过是生产条件

① 马克思恩格斯文集：第 6 卷 [M]. 北京：人民出版社，2009：67.

本身分配的结果，而生产条件的分配，则表现生产方式本身的性质。"①
马克思在这个阶段推进了共享发展理念，其动机是对资本主义社会及其功能的分析与理解，为受压迫和剥削的无产者找到经济资源，此时，无产阶级阵营看到了解锁压在自己身上封印的密码，翻身转化了原有的身份与处境，重新扬起了自己的头颅，朝着崭新的目标挥舞双拳向前出发，他们扛着"遵循社会发展规律"这面大旗，从心底里憧憬着能建立一个公序良法的共享发展的社会，进而尽快实现全体人民的共享发展。在这个阶段，马克思关于共享发展的思想既有无产阶级取消生产资料的私有制、彻底粉碎旧的国家机器的思想，又有经济运行方式在人类社会发展中所起的作用与影响，还有工人阶级在创建新的社会之后应该怎样来实现共享发展的思想。

　　第三，直接把共享发展理念贯彻到无产阶级革命的实践中去。1868—1871 年是马克思共享发展理念形成和成熟的萌芽阶段。19 世纪 60—80 年代是无产阶级斗争最活跃的时期，这一阶段广大劳动人民进行了大量的斗争。1869 年，法国各工会与工人阶级的劳工团体，经国际无产者的主动号召，联合起来成立了劳工联盟，这使工人阶级的凝聚力大大加强。1870 年 7 月 19 日，法国政府向普鲁士发动战争，但最终以失败告终。这一事件使普鲁士政权和工人阶级之间的冲突进一步加剧，在各个工人阶级领袖的带领下，在法国巴黎于 1871 年 3 月 18 日获得了对该城的控制权。这是国际工人阶级在革命实践中第一次取得成功，它的意义是重大的。马克思对巴黎公社的革命进程十分重视，对其进行了第一时间的关怀和指导，对其进行了细致的收集和学习。他花了 70 多天，对巴黎公社运动的重要性、经验和教训进行了详细的剖析和解构，并撰写了一本《法兰西内战》。在《纪念巴黎公社十五周年》中"高度评价巴黎公社的伟大历史意义，总结了巴黎公社失败后国际工人运动的新成就和新经验，充分肯定了革命的社会主

---

① 马克思恩格斯文集：第 3 卷 [M]. 北京：人民出版社，2009：436.

义工人党在法国议会中进行的卓有成效的活动"①。巴黎工人阶级在这一阶段的革命，是"新社会"的一次巨大的探索，它可以保证共享的发展，这一点也说明了"所有人都可以共享"。巴黎公社的革命，其目标就是要为所有不依靠别人而生存的阶级所进行的人民公社的革命。在《法兰西内战》中，马克思指出了彻底粉碎旧有的国家机构，以无产阶级为主的政权作为"以人为本"的"共同发展"的政治先决条件和宗旨。唯有打破旧的体制，创建一个可以保障全体劳动人民自由、平等、公正的新体制，才能为实现共享发展奠定坚实的基础。因此，不能因为有一个现成的国家机器，就可以为自己所用。公社可以通过选举和监督的方式，在任何情况下都可以更换其为人民服务的工作人员，这就充分显示了人民当家作主的主体地位，同时也反映了公社的每一个成员都能够平等地享受到的民主权利，在农村，要进行一次重大的教育改革，使之实现平等、无偿。从无产阶级的角度出发，人民党提出了"教育免费"，这是自从有了阶级社会以后，最早的一项关于教育平等的政策，采取了一系列的措施，如：没收资本主义者的工厂，让他们自己经营，让他们自己当老板。在资本主义者的工厂，资本家对工人进行残酷的压榨和剥削，对工人的身体和精神的伤害极大。公社会让工人们来管理这些被剥夺来的工厂，这意味着它们将为更多的人提供服务，而不是为少数人提供服务。总而言之，在这个阶段，特别是巴黎公社的成立，是无产阶级在建设共同发展的社会过程中运用了科学社会主义的理念所进行的有益探索。同时，它的成功经验对今后建设无产阶级政权、实现共同发展具有重要的指导意义。虽然文章中没有用到"共享发展"这一用语，但马克思关于共享发展的理念，却包含在了巴黎公社所制定的有关政策之中，体现了一种大胆的探索与尝试。

第四，对未来社会中与共享发展相关联的经济体制进行了较为系统的探讨。从 1872 年至 1875 年间，马克思的共享发展思想在实践中有其深刻

① 马克思恩格斯全集：第 28 卷 [M]. 北京：人民出版社，2018：12.

的内涵，并在实践中不断丰富和发展，直到 1875 年《哥达纲领批判》的出版，才宣告了马克思共享发展思想的成熟。马克思对德国劳工运动的状况非常关心，并尽可能地给予了正确的指引。1863 年，德国建立了"全德劳工联盟"，拉萨尔（Lassale）被推举为联盟会长，但《德国工人党纲领》中拉萨尔所表现出来的"机会主义"倾向也引起了马克思的重点关注。1869 年，在马克思主义的指引下，德国（爱森纳赫派）的社会民主党（Social Democratic Party）在此基础上建立起来。《哥达纲领批判》是马克思对拉萨尔所提出的"机会主义"的批判。它所蕴含的与未来社会共享发展有关的经济体制方面的更丰富的内容，显示了马克思共享发展思想日趋完善与成熟。马克思在这一阶段的共享发展思想之所以趋于成熟，是因为他认为，唯有对拉萨尔的"机会主义"的谬误进行理论上的全面批评，才能为工人阶级提供正确的行动指南，以免偏离了"共享发展"的理念。《哥达纲领批判》中对共享发展理念作出了进一步反思，具体表现为：其一，提出未来社会发展的阶段，并以科学的方式说明共享发展的实现是一个漫长的、分阶段的过程。马克思在晚年最主要的一项理论成就就是把未来社会分为三个时期，跨步在社会主义社会发展较高的水平上共享发展机会最大。"在共产主义社会高级阶段，在迫使个人奴隶般地服从分工的情形已经消失……社会才能在自己的旗帜上写上：各尽所能，按需分配。"①其二，通过对"劳动为所有财富之源"的批评，对生产资料的所有权进行了阐述。资本主义的特征就是私有财产，越是工作，越是被剥削，越是被异化，最终依旧是资本家的财富积累工具，只有资本家才能"独享"这些劳动成果，这也是导致劳动者无法共享财富的根本原因。马克思认为，所有的人都是生产资料的共有人，工人和生产资料的有机结合联姻，没有资本家起到中间人的作用，这就是它和资本主义的根本不同之处。其三，以建立公有制为前提对"按劳分配"进行系统阐述。在马克思众多论著中有很多关于"以劳动

---

① 马克思恩格斯全集：第 25 卷 [M]. 北京：人民出版社，2001：20.

报酬"的论述，而《哥达纲领批判》则是对这一观点进行了比较系统的阐述。总之，马克思在这段时间里对生产资料所有制、生产资料分配体制和对以后社会发展阶段的思想进行了反思，也成为对共享发展思想这一问题的铺陈性的前提条件，因此，马克思的共享发展思想也得到了进一步的丰富和发展。

第二章　马克思共享发展思想的逻辑结构

　　"共享发展"这一词语并没有直接体现在马克思的著作中，但是，我们不可否认他对资本主义社会所进行的揭露与批判、对未来的理想社会形态的美好憧憬，并将共享发展这一核心价值观贯穿其中，包含了许多共享发展的核心理念和根本主张，这是马克思共享发展理念在理论上的阐述。整体而言，马克思共享发展思想的内容框架，就是共享发展的主体、共享发展的主题、共享发展的方法路径、共享发展的价值旨归，这是马克思共享发展思想的逻辑框架，也是其核心内容。马克思的共享发展思想是正确理解科学社会主义的理论基础，所以必须从马克思的经典论著中对其进行系统的归纳和提炼，科学地掌握其核心内容和精神本质。

一、共享发展的主体思想逻辑

　　马克思在对资本主义社会的批判和拒斥以及对未来社会的描绘中，他立足现实，以历史的维度和从人类社会发展的过程角度，对关于共享发展这一思想中我们所谈到的共享发展是谁来主导的问题进行了科学的阐述。马克思在关于"由谁来共享发展"这一问题上，总是从全人类的角度来论述，因此，必须首先指出的是，"全体人员"是共享发展的主体；马克思所说的共享发展，并不意味着不劳而获，而是要求所有人都积极地投入到自己的劳动生产实践中，发挥个人的最大潜能，创造出最大的社会价值；把"个体"和"群体"看作共享发展的主体，把被统治的阶级从统治阶层下解放出来，才能使得该阶级共享发展。

（一）全体成员是共享发展的主导者

第一，在马克思的唯物史观的理论体系中，现实的人是人类社会发展过程中的一个重要组成部分，为实现人与人之间的共同发展奠定了基础。马克思"主体性"理论的建立，既是对"现实的人"的社会主体性地位的肯定，又是对感性的实践活动的肯定。现实主体应该是既能认识世界，又能对世界进行改造，而且在对客观世界进行改造的过程中，还可以享受到改造的结果，这是一种积极主动的行动，而非被动的适应。"现实的人"就是那些生活在真实世界里的人，通过社会实践建立起错综复杂的社会关系，从而能够通过共享别人的才能而提升自己，进而实现社会发展的共享，这就是理解共享发展的根本前提。《关于费尔巴哈的提纲》指出，以能动的人的实际行动为认识和实现共享的根本要求与基础条件。"这种活动、这种连续不断的感性劳动和创造、这种生产，正是整个现存的感性世界的基础，它哪怕只中断一年，费尔巴哈就会看到，不仅在自然界将发生巨大的变化，而且整个人类世界以及他自己的直观能力，甚至他本身的存在也会很快就没有了。"[①] 作为一种能动的实践主体，在一种社会生活中起着决定性的作用，一旦这种实践活动被打断，就会给社会的发展带来灾难。"主体性"的建立，肯定了人的根本力量，并进一步肯定了共享发展这一主体地位，并解答了"作为主体的人，通过其自身的实践，能否为共享发展提供一种社会性的资源"等有关问题。

第二，"现实的人"是劳动阶级。共享发展的主体是指在特定的社会体制与生产关系中占绝对多数的人群。这是由于在资本主义社会里，由于私人财产的本质，劳动人民不能共享生产资料，而必须依靠机器来生产。这就造成了两个相互对立的阶层之间的差别，例如在地位和机遇上的差别。然而，马克思却认为在社会生产过程中劳动者必须拥有一定的地位和生产

---

① 马克思恩格斯文集：第 1 卷 [M]. 北京：人民出版社，2009：529.

资料的所有权，除此之外关于共同劳动所创造的社会财富劳动者必须拥有共享的权利，以及能够获得教育、投票等发展权利。而且，在这一运动中，一切会员都能达到他们的理想，达到他们的目的。所以说要实现经济的共同发展，既要废除资本主义的私有制，又要确立社会主义的公有制，而要完成这个制度的改革，应以工人阶级为主体。可以说是武器，用以改造资本主义的旧有世界；也可以说是力量，用以建立社会主义的新世界。而所依靠的却是他们自己。

第三，马克思的理想是在未来社会所有的人都可以共享发展。在《哥达纲领批判》中，马克思认为，尽管各阶段共同发展的完成程度有所差别，但是完成的主体依然是所有的人。在社会发展的各个时期，因为社会生产力的发展水平不同，社会成员对社会发展成果的共享和机会的共享也存在着很大的差别。在社会主义的更高层次上，共同发展才能达到最大化，就像马克思曾经说过的那样："在共产主义社会高级阶段上，在迫使人们奴隶般地服从分工的情形已经消失……社会才能在自己的旗帜上写上：各尽所能，按需分配。"[1] 可见，关于大部分人的真正需求与利益马克思尤为关注与重视，而且他还用大篇幅对此进行了叙事与言说，马克思认为在资本主义社会中创造出了社会财富，应当公平地享受财富的分配。然而，事实却并非如此，在实际的社会中，对于工人阶级而言，性别、年龄的差异已经不再具有任何的社会意义。他们都是苦力，只是根据年纪和男女的不同，付出的代价也不一样而已。马克思非常同情资产阶级统治下工人阶级这一群体，并对资本主义剥削制度进行了严厉的批判。依据马克思的理论来看，要使工人阶级认识到自己的不幸，倡导要奋起反抗，以改变工人阶级所受的不公正待遇，这样就可以享有其应得的社会财富和自己的劳动果实。

---

① 马克思恩格斯全集：第 19 卷 [M]. 北京：人民出版社，1963：22.

（二）全体成员是共享发展的见证者

马克思在探索人的共享发展与人的自由解放的实践过程中，对"怎样认识人"这个问题作出了明确的回答与解释。他认为，真实的个体并非单纯的数量的叠加，而是人类在社会实践过程中各个方面的关系和能力的总和。在《关于费尔巴哈的提纲》中马克思对费尔巴哈作了批判，对费尔巴哈关于人的生物学评价嗤之以鼻，可见费尔巴哈的观点显然早已失去了作为人的主体性，忽视了"现实的人"对社会的积极作用与价值。"现实的人"必须是能够在社会上从事物质生产性活动，能够为自己的生活提供生活必需品的人，而且能够在实践中共享人的发展，共享社会的进步，进而达到人的全面发展。他们不但从事物质生产的实践，而且也从事着其他的生产活动，这是一个相互影响、相互促进的动态过程。在社交关系中的人可以说是既共享又参与。

第一，所有的人都应该积极地参加社会实践，共同创造出一种新的社会资源，为了共享人的成长，为了共享社会的成长。一方面，社会实践中要实现物质和精神两方面的财富的创造。衣食住行是人类最基本的需求。"我们首先应当确定一切人类生存的第一个前提……但是为了生活，首先就需要吃喝住穿以及其他一些东西。"[①] 物质与精神在人们的向往与希冀中总是相伴而生，不能只谈精神而不提物质，如果那样的话精神上的发展也就无从谈起了。社会是由许多个人构成的，个体需要是社会发展的首要动力。以往所获得的所有的自由，都是以生产力的局限性为基础的。受到这种生产力限制的、不能满足全社会需求的生产，导致了人类的发展只能以一种方式出现，即一些人依靠另外一些人来满足自己的需求，这不仅突出了劳动生产实践在其中所起到的重要作用，还突出了人是社会性的人，个人的生产活动对于其他个人分享发展是必不可少的。马克思在《共产党宣言》

---

① 马克思恩格斯文集：第 1 卷 [M]. 北京：人民出版社，2009：531.

中明确指出："任何一个民族，如果停止劳动，不用说一年，就是几个星期，也要灭亡。"① 在这一点上，人们必须主动参与到生产中来，这也说明了对人类社会的存在与发展具有决定意义的是物质资料生产。如衣食住行等最根本的生产要素，既是人民最根本的生存需求，又是全体人民实现共同发展的可靠的基础。另一方面，在人类社会中，精神财富的创造是人类社会共享发展的一个重要组成部分，对于该问题的解释，在马克思的理论体系框架中，他认为社会中的任何人都有权利参与到共享共建的河流中去逐浪前行，无疑也是为他日后所涉及的共享发展思想筑牢起到了中流砥柱的作用和坚若磐石的根基。此外，他还十分明确地认为"人的自由全面发展"是"人的共享发展"的根本目的。共享式发展意味着在"共创"的过程中，每个人的人格与才能都得到了充分的发挥。因此，所有人都参加到共同的建设中来，这不仅是一个实现共享发展的先决条件，而且对人的自由全面发展来说也是必不可少的重要因素。"通过社会化生产，不仅可能保证一切社会成员有富足的和一天比一天充裕的物质生活，而且还可能保证他们的体力和智力获得充分的自由的发展和运用。"② 马克思强调了参与社会的共同建设，以实现物质的分享，同时，突出了参与社会生产实践的主体在这个过程中能使个人多方面能力获得提升，这就充分说明了所有成员都应该参加到社会共同建设中来。

第二，实现了人与人之间的共享，就有效地实现了这一共享的目标。马克思认为，作为"参与者"的一个社会成员，其作用既是一个生产的建设者，又是一个生产的享受者。因为他们所处的是一个以私有制为代表的资本主义社会，工人阶级虽然将生产工作做得很好，但并没有真正地参与到人类的发展和社会的发展之中。马克思对社会成员在各种社会形态中的参与享受状况进行了科学的分析，认为原始社会表现为"均享"。在人类刚刚开始发展的时候，生产力还很低，所以每个人都会聚集在一起，共同劳动，

---

① 马克思恩格斯文集：第 10 卷 [M]. 北京：人民出版社，2009：289.
② 马克思恩格斯文集：第 9 卷 [M]. 北京：人民出版社，2009：299.

共享自己的成果。而在资本主义社会，则表现为由少部分人所独享的权利。当人类进入了一个私人占有的社会，人们的阶层开始分化，人们的身份也发生了巨大的变化，从"均享"变成了少数人"独享"。自由人联盟的社会，是一种展示人的自由人格，是一种共享发展的社会形态。因此，所有的人都通过自己的行动来实现个人的价值创造。要使每个人都能分享人类发展和社会发展的果实，就必须对发展"主体"这一概念有更深的理解。

（三）个体及其群体的共享发展问题

马克思提出的共享发展思想，追求的是让每一个人都能共享发展，这可以说是马克思从未来社会的角度出发，在推翻了剥削阶级之后，从更宏观的视角去审视，对每一个人都能共享发展的理念所进行的阐述。马克思同样对"个体"与"群体"的发展共享问题进行了讨论，并没有与他的发展共享的主体性理念产生矛盾，而是对其认识的进一步丰富与深化。个体的共同发展是个人处于社会中在各领域的共同发展。人类是以个体的工作为基础，集体里一起从事生产活动的人，"每一个人都无可争辩地有权全面发展自己的才能"[1]。在马克思的思想体系之中，他认为社会上的个体既可共享社会发展，使大家创造整个社会财富，又可在劳动实践创造的过程中提升个人的劳动能力。由此，可以说人的全面发展和人的自由人格将在人的创造过程中实现。如何能使资产阶级对无产阶级的剥削和压迫情况得以改变，应该是推翻统治阶级固有特权。对于无产阶级来说必须具备资源与机会，同时共享发展的渐进过程，也称为"群体共享"。用马克思的话说，就是无产阶级必须推翻私有制，从被压迫和剥削中解放出来，才能达到没有阶级的状态，才能达到全体人民共同发展的目的。

马克思认为，要实现全体人员的共享发展，其中蕴含着一个非常关键的理念，就是要使每个人的实际需要都能得到适当的解决，这是由于，在

---

[1] 马克思恩格斯全集：第 48 卷 [M]. 北京：人民出版社，1957：614.

某种程度上，人民群众与全体人员是重叠的，将个人拥有的消费品在作为外部形态的集体来进行共享。个体获得满意的水平在某种意义上会对整体的共享发展水平产生影响，并对它起到一定的限制作用。"单个人的利益是要占有一切，而群体的利益是要使每个人所占有的都相等。"①从这一点上，我们可以看到，这是一个个体和群体的协同发展。在生产资料被社会所占有的基础上，社会中的所有成员共同享有社会之中所具有的财富，而且对于社会由发展所产生的机会等权利也都由社会全体成员所共享。这也必须反映到每个社会成员的生活中去，凸显了每个人在共享发展中的位置。与此同时，在生产力的持续提升和社会财富的持续增长过程中，还需要实现每个人都可以拥有同等的机会，可以在共享过程中使每一个人都能得到不同程度的发展，使所有人都能得到自由全面发展。马克思在其有关著作中，往往是从批判和拒斥资本主义的角度来揭露工人阶级受剥削、被奴役的情景，以此来表现对资产阶级的憎恨和对无产阶级的同情。马克思阐明了争取使无产阶级消灭剥削、消除异化，使工人阶级拥有生产资料的观点和理念。此外，对于人的发展与社会的发展都应进行共享，这样来看也更益于未来人的自由全面发展之路走平走稳。而且马克思还在各种场合都用"无产阶级""工人阶级""工人""所有人"等带有团体特征的称谓，用以表述共享发展的主题。"在无产者的占有制下，许多生产工具必定归属于每一个个人，而财产则归属于全体个人。"②马克思从把单个人框定在生产资料这个角度出发，而且不单是对单个人的讨论，更是与全体人相互结合起来进行论证与阐释。马克思所说的"单个人"，是指在资本主义社会里占很小一部分的人，该群体以其对生产的原料的占有而独占了社会发展的果实。所谓"全体人"，就是社会上的全体人员对生产资料的占有，对生产活动进行了组织，对社会财富进行了创造，对发展结果进行了共享。总之，要对"个体"和"群体"共同发展这一问题作出正确的认识和探索，才能对

① 马克思恩格斯文集：第 1 卷 [M]. 北京：人民出版社，2009：73.
② 马克思恩格斯文集：第 1 卷 [M]. 北京：人民出版社，2009：581.

马克思共同发展的主体性进行全面、系统的理解和掌握。

二、共享什么发展的主题思想

马克思共享发展思想是基于工人受压迫、被剥削这一角度来展开讨论与思考的，在他的头脑中一直对工人阶级困苦不堪的境遇缘于资本主义私有制表示拒斥，对此他展开了激烈的斗争与批驳。此外，马克思还认为在劳动、生活、教育、医疗等领域，资产阶级发展不平衡的实质是资本主义生产资料的私有制所造成的。马克思所构想的未来社会中没有剥削与压迫，一切成果归所有人共享才是未来社会发展的内涵与实质，其核心内容为共享人的发展和共享社会的发展。这构成了马克思"共享什么发展"的主题思想。

（一）共享人的发展的基本生存条件

第一，人自身所拥有的劳动能力，既能为人创造向上发展的条件，又能使人获得向上发展的机会，那么，社会发展的因素更是离不开人自身劳动水平的提升。因此，整个社会的发展水平，很大程度上取决于个体的劳动能力的提高，所以，个体劳动者素质的高低，将直接影响到整个社会的发展。马克思认为，人的发展就是人的生产力的发展。回望历史我们不难发现，人类社会的发展与发展过程中所有的需要，可以说生产力是人类社会最基本的、推动社会向前发展的动力，"在私有权关系的范围内，社会的权力越大，越多样化，人就变得越利己，越没有社会性，越同自己固有的本质相异化"①。一方面，是共享人的发展的机遇与环境，这是共享人的发展的基础。而此时"共享"的含义是所有的人都可以在这个世界上公平地享受到自己的工作所获，并且不能被拒绝。人类社会之中任何一种工作

---

① 马克思恩格斯全集：第42卷 [M]. 北京：人民出版社，1979：29.

的实现都要依赖于人们的劳力和智慧，只有在他们的劳力和智慧中，人们才能逐步达到他们所需要的自由。共享发展劳动能力的机遇和条件，使每个人都有在工作中获得知识和提升技能的机会，为自己的整体发展打下坚实的基础。由于人是具有社会性的，不可能离开社会，所以在生产实践过程中人自身的实践，"并且自觉地把他们许多个人劳动力当作一个社会劳动力来使用"①。把他们的劳动能力聚集在一起，让每个人都能够共享，还可以利用别人的劳动能力来发展自己的劳动能力，从而推动劳动能力的全面发展。但是，在资本主义的剥削制度下，人们的劳动能力的发展受到了很大的制约，劳动的异化切断了共享别人的劳动能力的途径。依据马克思所说："这种劳动的一般规定（一切其他劳动方式所共同具有的）不会由于劳动在这里为货币所有者进行，或者表现为货币所有者消费劳动能力的过程而发生变化。"②所以，不难看出每个人都享受到了社会发展的成果，从而给自己带来机遇和创造条件，由此也极大地推动了个人的发展，促进了每个人都走向自由和全面的发展。另一方面，人的劳动能力的充分发展是实现人的自由和全面发展的一个关键环节。共享人的劳动能力的充分发展可以加速实现这一目的。在资本主义世界中，人类的劳动只是一种获得生活环境的方式，人们每日都在做着大同小异的工作，沦为了车间中的附属品，他们没有丝毫的劳动创造力，他们的工作能力受到了彻底压制，与他人共享劳动能力发展的机遇也无法得到满足。马克思指出："通过社会化生产，不仅可能保证一切社会成员有富足的和一天比一天充裕的物质生活，而且还能保证他们的体力和智力获得充分的自由的发展和运用。"③未来的社会里要让劳动者的体能和智商得到充分的恢复，让每个人都可以在实际工作中，特别是在生产工作中，共享体能和才智的发展机遇，让自己能够持续地发展和提高。

---

① 马克思恩格斯全集：第 44 卷 [M]. 北京：人民出版社，2001：96.
② 马克思恩格斯全集：第 32 卷 [M]. 北京：人民出版社，1998：70.
③ 马克思恩格斯全集：第 32 卷 [M]. 北京：人民出版社，1998：70.

　　第二，共享发展的机会和条件。人类的本质是由社会联系所构成的，所有的成员都可以在共享人的社会关系发展的机遇中，更好地完成自己的整体发展。马克思以"现实的人"为立足点，强调人的所有存在与发展的实践行为都是同身边的人或事物相联系的，人的发展也是同身边的人或事物相联系的。所以，要想让所有的成员在社会中达到共享发展，那么同样也就需要共享人在社会中所遇到的机遇与外在条件。没有其他社会资源的情况下也很难实现人的自由全面发展。各种不同的社会联系，人类的各种社会生活方式都是以人类的劳动为前提的。因此，以社会生产关系为基本的社会关系是人类共有的社会关系发展的关键。马克思共享发展的理念，是对人的全面发展、人的全面进步、人与人之间的相互共享，是对人类本性的一种外在形态的确认。马克思综合这一崇高的目的，对人的自由进行了阐述，因此，个人的发展是全体人的发展的必要条件。共享发展意味着在个人的实际行动中，个人的社会和自我的价值都能获得充分的发展，从而使人的各项社会关系都能得到充实和发展。所以，要在共享和发展个人的社会联系中，推动人们的整体发展，让各种社会联系回到自己的身上。

　　无产阶级被压制的时代被推翻后，将重新获得一切本来的社会关系。马克思认为："任何解放都是使人的世界即各种关系回归于人自身。"① 此语所展现的无疑正是把焦点与重心重拾到人本身，一切解放的目的也都是为了表明个人社会关系的复归是所有人的社会关系发展重回的一个前提，这样每个人便都可以在社会关系相互共享的过程中实现自己的体力和智力以及自由个性的充分发展。人是处于社会中的人，而在实际的社会中，人肯定是处于一张社会关系网络当中，离开这个网络而生存的人是不可能存在的。人只有对自己本人有所认识，才能将自己变成所有社会关系的标准，并根据自己的性质来评估那些联系，人要想对自己有所认识，就只能从社

---

① 马克思恩格斯文集：第 1 卷 [M]. 北京：人民出版社，2009：46.

会关系中寻找并证实。理解的过程也就是一个在社会中共享社会关系的进程，共享发展的水平愈高，人们就愈能在实际工作中获得更多的自由，也就能更有尊严地参与到各项工作中，进而使人的人生变得有价值和尊严。因此，通过共享人社会关系的情况和机遇，来达到人的发展目的，这是所有的人在社会发展过程中，从独立到自由、整体发展的一个关键因素。

（二）共享社会发展的主要公共资源

第一，社会不是稳定不前的，反而是不断向前进步的，进步也会给人类带来相应的收益，人民在参与社会实践的过程中同样也会共享到社会进步所带来的成果。因为社会发展所需的资源是共享发展得以实施的保证。因此，共享生产资源很大程度上是指所有的人都拥有生产资料的问题。生产力的发展，为促进经济发展而提供的物质资源越来越多，这就为人们享受更为全面的物质资源奠定了坚实的基础。马克思在利用已创建的科学社会主义并对人类社会发展的过程进行了研究后得出结论，自从阶级斗争开始，为什么会出现一些人一直很富裕，而另外一些人一直生活贫困化，这就是社会发展的生产资料属性的不同而引起的。在经济、政治和文化等各个方面都有不平等现象，所以，无产阶级也希望能够共享生产和生活等方面的资源，也都为了防止和克服少数人独享和大多数人无法共享发展的状况。只有如此，社会成员才能享有社会的财富、享有发展的机会。"由社会全体成员组成的共同联合体来共同地和有计划地利用生产力……通过城乡的融合，使社会全体成员的才能得到全面发展。"① 马克思所说的"公有化"发展，是以生产资料为全体社会所有为基础的，实现对生产力的有规划的使用，而对生产资料的共同占有，则是确保所有的人都能够有意识地从事生产，并将其所创造的社会财富共享给所有人的一个关键的条件。在持续提升的生产能力层次上，达到可以适应全人类需要的程度，为实现共

---

① 马克思恩格斯文集：第 1 卷 [M]. 北京：人民出版社，2009：689.

享发展打下一个坚实的阶级基础。

在资本主义世界里，由于生产资料是由资本家独占的，资本家在资本的思维下，会千方百计地压榨工人阶级生产的剩余价值，也会不可避免地引起劳动阶级发展的异化，基于这种情况，在当时社会的共享发展的话题中根本无法找到无产阶级的身影。"资本及其自行增殖，表现为生产的起点和终点，表现为生产的动机和目的；生产只是为资本而生产，而不是反过来生产资料只是生产者社会的生活过程不断扩大的手段。"① 工人阶级所拥有的公共资源在资本主义社会制度里都被无情地盘剥掉了，这也使得无产阶级工人被推到了社会的最底部，不能享受到社会发展的成果，不能享受到自由、民主、平等等权益。一个承受了所有的危害，但是没有得到任何利益的阶层，也便被排除在了这个世界的利益之外。这两句话非常深刻地描述了一个没有享用过生产资料的阶层在这个世界中的生存状况，无论工人如何进行工作，他们的共同劳动所产生的劳动成果都非他们所有。而那些不能享受自己生产的东西的工人，则会面临着被剥削和奴役的处境。因此，在马克思共享发展思想的要义中，所有人都可以共享发展，如果不能把这一问题说清楚，不能把其中的内涵说清楚，也就不能在下面进一步讨论所有人在各个方面、各个领域、各个层次上的共享发展以及它们的具体实施。

第二，共享社会发展成果。这对所有成员的生存、发展和享有都是至关重要的，可以说也是在生产资料被全体成员享用之后的一种必然性。为了实现共同发展，每个人都应该在共同发展中发挥自己的作用。马克思对资本主义的私人财产权进行了批评，阐明了劳动人民不能共享经济增长的结果这一客观现实。马克思虽然没有亲自体验过以生产材料为基本单位的社会实践，但是，在他对资本主义的私人财产进行的批评中，他指出了消除私人财产的需要，并且设想了在将来，所有的人都对生产材料拥有共有

---

① 马克思恩格斯文集：第 7 卷 [M]. 北京：人民出版社，2009：278.

的所有权，并且可以主动地参加到生产实践中去，从而实现对社会发展所带来的生产结果的共享。马克思清楚地表明，在摆脱了私有财产的压迫之后，工人阶级必须朝着建立新的社会主义的方向前进，必须把所有的资金都集中起来当作自己的历史任务。因此，所有的资金都被掠夺了，然后经过转化，变成了一种可以被所有人共享的资源。他特意在《德意志意识形态》里说："我们首先应当确定一切人类生存的第一个前提，也就是一切历史的第一个前提，这个前提是：人们为了能够'创造历史'，必须能够生活。但是为了生活，首先就需要吃喝住穿以及其他一些东西。"①在探讨人的本身时，势必离不开吃喝住穿这些人们生活中的最基本的需要，那么马克思所指的人的生产活动，意为只有让全体成员都能主动参加到生产实践活动中来，共享社会进步带来的物质利益，并能在物质上得到满足，同时能为人的发展提供一些有利的环境，从而达到在分享中发展、在发展中分享的目的。因此，对于生产力的共同的、系统的利用，应该是社会所有成员的共同的联合。扩大生产，使之能满足所有人的需求。结束为某些人的利益而以牺牲另一些人为代价。完全消除阶级，阶级的对立消失了，旧有的劳动分工消失了，由于工业的教育，工作方法发生了变化，全体人民都能分享他们所创造的价值。对于资本主义来说，工人阶级创造的物质财富不但不为自己所用，反而为资本家独享，使工人阶级不仅生活上极度贫困，思想上和精神上也极度贫困，使工人阶级作为人的各方面的指标都全部退化。就像马克思认为的那样，在资本主义社会"劳动为富人生产了奇迹般的东西，但是为工人生产了赤贫。劳动生产了宫殿，但是给工人生产了棚舍。劳动生产了美……但是给工人生产了愚钝和痴呆"②。因此，在社会发展的精神境界里，在资本主义的私人占有的社会里，社会成员都被排斥在门外。马克思认为实现个人的全面发展，每个人都可以通过自己的劳动创造出物质财富，而且也可以通过自己的劳动创造出丰富的且属于自己的精神财富。

---

① 马克思恩格斯文集：第 1 卷 [M]. 北京：人民出版社，2009：531.
② 马克思恩格斯全集：第 3 卷 [M]. 北京：人民出版社，2002：269—270.

在未来的社会之中"而且使每个人都有充分的闲暇时间去获得历史上遗留下来的文化——科学、艺术、社交方式等等——中一切真正有价值的东西。"①由此，马克思认为未来社会中以上这些都会被普通大众所实现和拥有，另外还要使这些东西从原来的统治阶级的专有财产转变成为整个社会的公共财产，使这些东西更好地发挥出它们的价值。伴随着社会的发展必将有更多的产品被生产出来，也会有更多的产品被社会成员所共享，也更是为人类走向自由而全面发展做好了更为充足的准备。

（三）共享社会发展的均等权利机会

马克思在共享发展理论中非常重视共享发展所带来的"共享权利"和"共享机遇"。他认为要建立一个共同发展的社会，其实质是要扬弃资本主义社会的种种不公平，以使所有的成员都能在社会中得到真正的平等的待遇。因此，马克思共享发展思想的逻辑，不仅要考虑到社会发展的产出的共享，还要注意到社会成员能否平等地参与劳动，平等地分配劳动成果，依法享有受教育、参与政治生活等各种权利。在资本主义社会，劳动者具有某种程度上的个人"自由"，但这种自由的目的是使资本家阶层能够更容易地从劳动者身上榨取剩余价值。工人阶级不能在平等的基础上工作，不能平等地享受自己的工作，不能平等地享受自己的劳动成果，不能依法享有自己的受教育和参与政治生活的权利。"在资本主义社会，资产阶级把全部的'社会义务'即物质生产劳动推给了工人，而自己则完全把持了全部的'社会权利'，以致使工人完全失去了在精神生产领域发展自己的才能、表现自己本质力量的机会和条件。"②资产阶级所掌握的权利和一切特殊的机会不是凭空出现的，可以说都是以赤裸裸的血淋淋的手段获得的，他们通过对无产阶级群体进行盘剥和压榨，导致工人阶级不但得不到社会发展带来的利益，甚至也得不到平等参与政治生活、平等接受教育、平等参与劳动

①马克思恩格斯文集：第3卷[M].北京：人民出版社，2009：258.
②周世兴.文本、语境与意涵——马克思艺术生产理论新诠[M].北京：人民出版社，2021：39.

等权利，也逐步失去了一个真实的个体所应有的最基本的发展条件。因此，马克思对资本主义社会进行了科学的分析与批判，阐明了在社会发展过程中，每个人都应当拥有的各项权利与机会。

第一，对全体会员参与社会发展的政治权力进行了讨论。在马克思的相关著作中，曾经多次提及，工人阶级在社会中应当享受的最基本的政治权利，有权参与民主管理，有权进行表决，有权监督代表人，也是工人阶级所需要拥有的，也是共享政治发展成果的重要内容。"工人阶级的解放应该由工人阶级自己去争取；工人阶级的解放斗争不是要争取阶级特权和垄断权，而是要争取平等的权利和义务，并消灭一切阶级统治。"[1]在马克思的思想体系中认为工人阶级不能一味地去承担劳动，社会中的很多权利对于工人来说都没有享受，尤其是工人阶级所面对的政治权力，它应是社会中所有人都可以享受到的权益，而不是少数人所享有的权利。因此，所有人或者说所有的社会成员，无论是在政治上或者是在社会上，都应是平等的。要想让社会成员拥有同等的社会地位、拥有同等的政治权利，那么就要通过无产阶级专政来对资产阶级旧的国家制度加以冲破，只有如此才可以把资产阶级的所有生产资料移交给全体成员，从而为享受政治权利打下坚实的物质基础。因此，在《法兰西内战》一书中马克思指出："公社一举而把所有的公职——军事、行政、政治的职务变成真正工人的职务，使它们不再归一个受过训练的特殊阶层所私有。"[2]公社对社员的政治权利所采取的保障措施被马克思给予了高度评价。

第二，强调所有人都有权分享社会发展的成果，这对人类的发展具有很大的裨益。"要改变一般的人的本性，使它获得一定劳动部门的技能和技巧，成为发达的和专门的劳动力，就要有一定的教育或训练。"[3]话语一出便清晰可见马克思对此深邃的思想，劳动力在工作上所展现的能力以

---

[1] 马克思恩格斯文集：第 3 卷 [M]. 北京：人民出版社，2009：226.
[2] 马克思恩格斯文集：第 3 卷 [M]. 北京：人民出版社，2009：197.
[3] 马克思恩格斯文集：第 5 卷 [M]. 北京：人民出版社，2009：200.

及文化素养等，都可以通过后天的教育和培养来获得提升，尤其是对劳动者个人的自我意识教育的作用和效果更为凸显它的价值。从某种意义上来说，教育是工人阶级发展的必经之路。马克思在揭示了资本主义社会所具有的不公正本质后，提出了一个构想，即在将来，所有人都有同等的受教育权。

　　第三，社会发展中所有人都享有相应的社会安全权。任何一个社会在其发展过程中，都有很多不可控制的因素，因此，社会发展带来的各类社会保障，是人人有权享有的。在《哥达纲领批判》一书中，他写道，会有部分钱"用来应付不幸事故、自然灾害等的后备基金或保险基金"①。在资本主义经济中，生产是在资本家私人手里进行的，而资本家有自己的资本，所以他们不能直接购买生产资料。因此，资本家要用这些钱去补偿消费掉的生产资料的部分。此外，对于资本家手中的工厂面临扩大生产规模之时，资本家会拿出这些钱来用以对生产规模扩大的补充之用。最后，还会预留出一部分来抵抗在生产过程中出现的临时性事故，以及人类无法预料到的自然界带来的灾害等等。此时他们所预留的后备和保险等基金也便展现出它本身所拥有的威力。所以资本家都会准备这些基金用以备用。

三、何以共享发展的基础思想

　　马克思揭开了资本主义社会生产所隐含的秘密，他认为资本主义生产的最终目标是为生产剩余价值。因此，只有社会上的少部分人才能独享。所以在以私有生产资料为前提的资本主义社会中，不能使所有人都享受到发展带来的好处。马克思通过对资本主义社会的批判和拒斥，阐明了一个人人都可以实现共享发展的自由人联合体的社会，并指出了生产资料公有制之下，如果是在生产力的高度发展的背景下分配方式以平等的情况出现，

① 马克思恩格斯文集：第 3 卷 [M]. 北京：人民出版社，2009：432.

也只有无产阶级拥有这个历史使命，那便是以实现共享发展为基础和前提所依赖的先决条件。

（一）生产力高度发达是实现共享发展的前提条件

马克思所追求的发展分享，并非建立在物质匮乏基础上的简单的平等，而是基于物质财富在社会中非常丰富，生产力得到了很大的发展，从而实现的所有人的共享。社会中的经济发展也是由众多因素所限制与调节的，而且经济发展水平直接影响与制约着社会发展的进程与高度。例如，基于人类的依存关系的原始社会，是一个"均享"的社会，它的生产力非常低下，在原始的公社中所有的生活资源是由所有的社员和所有的生产者来提供的，所以，此时所有的资源都是以它的共性来决定的。在极低的生产力条件下，人们只能相互依赖、共同劳动，以实现对日常生活所必需的消费性资源的平等分配。因此，原始共产社会中，在物质贫乏的基础前提下，对物质财富所进行的是低级的共同占有和平均分配。基于对物质的依存关系而形成的资本主义社会里，资产阶级对社会的资源和生产力发展所带来的收益都是独享的。在资本主义社会里，因为生产资料的私人所有制属性被充分开发，所以在进行工业革命时，生产力有了极大的增长，整个社会的物质资源非常丰富，马克思在《共产党宣言》中曾经这样说过："资产阶级在它的不到一百年的阶级统治中所创造的生产力，比过去一切世代创造的全部生产力还要多，还要大。"[①] 虽然他是这么说的，但毋庸置疑，资本主义生产关系之下所谓的私人所有这种福利只会为少数资产阶级所独享。除此之外，马克思也在批判空想社会主义理论中提出的绝对平等，共享发展不是指物质贫乏状态下单纯、机械的平均主义，相反，它应该是一种更高层次的生产力发展的样态，人们追求人自身发展的前提是基于物质与精神的双重满足。

---

① 马克思恩格斯文集：第 2 卷 [M]. 北京：人民出版社，2009：36.

马克思无数次对生产力发展水平进行分析并肯定它在人类社会发展中的重要作用。马克思认为，生产力发展水平的高低关乎社会财富，如果生产力发展水平高，便会使社会财富增长速度变快，反之则会变慢。因社会发展使人们共享的这个过程同样也会受到社会生产力发展水平所限，所以，我们说共享发展的前提是生产力发展水平的大幅度提升，既能使社会财富获得极大的丰富，又能使精神财富得到新一轮的充实。正如马克思所说，"正是由于这种工业革命，人的劳动生产力才达到了相当高的水平"①，不仅仅是生产出来的物质财富可以满足全人类的消费需求，并能创造足够的存货，还能让每一个人有足够的空闲，在文化、科学、艺术、社交方式等方面，得到最宝贵的东西。他们不但要得到这些东西，而且要使这些东西从统治阶级的专有财产成为整个社会的公共财产，使这些东西更好地发展起来。可见，这已清晰地表达出，创造社会财富的实践中生产力有着重要的作用，生产力必须达到相应程度之时，方能将社会成员的共享发展水平从一个比较低的层面提升到一个比较高的层面。只有通过这种方式才能解开人的自由全面发展的谜题。马克思所构想的未来社会，与资本主义社会有天壤之别，那里不存在剥削阶级，也不存在压迫，所有人都可以享受生产资料，所有人都可以享受社会发展的成果。而且，将来的社会，其生产力也应当比资本主义社会高得多。每一世代所面临的这种生存状况，决定了在历史上定期重复发生的革命，其力量之大，甚至会破坏现有的一切；假如实现全面改革的这些物质要素还不存在，在另一种程度上，不仅要反抗旧社会的各种个人条件，还要反抗旧社会的生活生产本身，还要反抗旧社会赖以生存的总体生活生产。可以看出，未来社会中马克思描绘的是社会生产力将比资本主义社会得到更大的发展。在物质财富充分流通，精神财富充足的前提下，生产力极大程度上获得了发展，在此情景之下才可以使社会中所有人高效地实现共享发展。

---

① 马克思恩格斯文集：第 3 卷 [M]. 北京：人民出版社，2009：258.

（二）生产资料公有制是实现共享发展的制度基础

资本主义制度主要是为少数人服务，具有很大的局限性，对社会的进步发展来说弊大于利，只有共同富裕才能让社会发展更快速，达到更高层次，所以，只有公有制取代私有制才能实现这一伟大事业。所以说建立公有制才能为所有人的共同发展打下坚实的基础。

第一，马克思对少数人独享资本主义社会中所创造的社会财富的状况进行分析认为，资本主义生产方式导致大部分无产阶级的穷人根本无法推开共享发展的这扇钢铁大门。资本主义社会中的生产资料已然被资产阶级这一群体所独享和霸占，他们通过罪恶的手段获得整个社会发展带来的红利，而工人阶级则是靠着自己的力量，把自己从社会脱离出来。它是导致工人阶级的生存贫困和个人的不能全面发展的体制根源。因此，要想让全体成员都能够获得发展，就需要消除生产资料的私有制，并用新的生产资料公有制来代替，这样，就可以让社会成员都能够从对他们的剥削和压榨中解脱出来，让生产资料回到他们的手中，从而为共享发展奠定制度基础。"几十年来的工业和商业的历史，只不过是现代生产力反抗现代生产关系、反抗作为资产阶级及其统治的存在条件的所有制关系的历史。"① 马克思不但对资本主义社会的现实有深刻的认识，不只是以资本主义社会中工人阶级的身份地位为基础，而且也对资本主义私有制所造成的非共享发展的本质进行了剖析，并从符合人类历史发展规律的这一角度去分析和阐释，最终的结论是私有制一定会被公有制代替，这种历史性的必然性也被马克思深刻地揭示出来。此外，在关于资本主义生产模式运行的规则的探讨中，马克思认为资本主义社会生产力前所未有的迅速发展，也导致了生产的社会化，从这种社会状况来看，更应是社会中的所有人都应对生产资料共同享有，但事实恰恰相反，资本主义社会中的生产关系却是与生产力的迅速

---

① 马克思恩格斯文集：第 1 卷 [M]. 北京：人民出版社，2009：37.

发展不能相互一致，使得两者之间一直存在着一种冲突。因此，生产资料的私有制被公有制所代替，这是一种历史的必然性。

第二，马克思很清楚地发现并分析了资本主义的私人所有制具有很大的局限性，所以，要消灭资本主义私有制，建立社会主义公有制。"共产党人可以把自己的理论概括为一句话：消灭私有制。"[①] 然而，关于共产主义社会的目标是所有人都能在未来社会中共享发展，这是马克思所勾勒与描绘的。在这一过程中，人们能够自由地参与到社会的生产活动中，从而共享人类发展与社会进步的成果。只有通过这种生产，我们才能达到这种社会状况，在这种状况中，没有了等级之分，没有了对于个人生存的担忧，也就有了人类的真正的自由。一旦没有了等级之分，没有了对每个人的生活来源的担心，所有的人都在不断地接近一个自由的共同体。马克思在晚年关于未来社会发展的阶段问题的讨论中认为，构建以生产资料私有制向公有制的转向不是短期内就可以实现的，除此之外，资本家与工人阶级之间的不平等状况也需要长期去作斗争，只有如此才可能将最终使社会成员无法共享发展成果的悲剧命运得以改变。因此，马克思毕生致力于研究怎样才能废除资本主义私有制，消除资本家对劳动者的剥削，从而实现以生产资料公有制为主体的、所有人都能共享发展成果的社会。马克思共享发展理念提出的取消私有制的主张，其目的也是为了能够在共享发展方面有相应的制度保障。

（三）公正合理的分配方式是实现共享发展的关键

马克思在对资本主义社会造成的不公平进行批判和谴责的基础上，还对未来社会里公平的分配方法进行了描绘与勾勒，即按照劳动和按需分配。他深刻地分析了资本主义生产方式，并指出了资本主义社会存在着一种极为严重的分配不公。在资本主义的私人财产制度中，因为资本家拥有生产

---

① 马克思恩格斯文集：第 2 卷 [M]. 北京：人民出版社，2009：45.

资料，所以只有资本家才能享受到社会发展的机会和成果，"资产阶级是社会的寄生者阶级，它占有社会的工农业生产资料，自己却饱食终日、无所事事……它所领导的社会生产具有无政府性质，其统治只能导致对生产资料和产品的侵吞，以及工人群众的贫困"①。这是一个秘密，它导致了无产者在分配上受到的不公平，并使他们逐渐变得贫穷。由此可以看出，资本主义社会中由于不公平和不平等，所以很难具有公平和正义的分配方式。因此，必须从根本上消除私人所有制，要建立一种新的生产关系，就必须让人民可以平等地参加社会生产。基于不同的社会形态及所有制下，马克思对分配方法进行了研究和分析。马克思认为，因原始社会的生产力水平很低下，所以其结果只是一种平分，并没有达到真正的平等。人类在生产力发展的同时，也开始了劳动的分工，并最终形成了私人占有，从而使人类社会步入了以资本主义为最明显标志的阶级社会。在资本主义社会中，资本家根据其资本投资的多少对社会产品进行分配，因此，他们占有了绝大多数的新的社会财富，而无产阶级所获得的收益，只能勉强维持工人个人或者一家人的基本生存的需要，显然这种分配方法是十分不公平的。因此，马克思说未来私有制将被消除，对生产资料的占有也将发生变化，在社会主义中，按照劳动进行分配，而在共产主义之时则是按照需求来分配。

马克思通过对资本主义不平等的经济现象的剖析和批评，提出要建立一个平等的经济社会。在 1875 年的《哥达纲领批判》中马克思进行了较为系统的论述，他提到了无产阶级在打破资产阶级国家机器后，要经过一个发展阶段，即共产主义的初级和高级阶段，在这两个阶段中，社会的分配存在着显著的差别。那么，在前一个时期，因为生产资料已为全社会所共有，所以整个社会的生产成果应当归全体成员所有。但受生产力发展水平的制约和个人在生产活动中的天然的差别，这些因素都应加以考虑，不能仅是单维思考而不考虑现实因素，也只有把众多因素都糅进无产阶级冲破资产

① 周莉莉.保尔·拉法格的社会主义思想及其当代价值[M].北京：人民出版社，2021：121.

阶级束缚的斗争中，才会更合理地进行生产与制造的工作。那么，依据马克思所说，应当建立"用来应付不幸事故、自然灾害等的后备基金或保险基金"①，在此基础上对社会发展的结果进行分配，显然这些补贴是为了让所有人都能享受到发展带来的裨益，这与社会主义初级阶段的公平性是一致的。随着生产力的发展，共产主义社会由初级阶段向高级阶段转变。在这个阶段，人们的财富大大增加，人们所需的一切资源都能得到充分的保障，无须经过某种程度的减损而重新分配，从而达到了"按需分配"的目的，充分体现了平等的分配原则。由此可以看出，马克思对不同社会形态、不同所有制条件下的分配方式、分配的公平性等问题的分析，都表明分配的公平性是实现共同发展的根本保证。

（四）无产阶级是实现共享发展最主要的力量

只有在无产阶级的领导下，人类的解放任务才能得以实现，世界的和平才能得以实现。所以，我们说无产阶级被称为最先进的革命阶级是无可非议的，正如哲学家、社会活动家米丁所说："无产阶级是最先进的最进步的社会阶级，所以也是最革命的阶级。"②他们既是资本主义大生产的产品又是最先进的生产力，还是受压迫最严重的一个阶层，他们用马克思主义武装头脑，为自身的自由与发展而奋斗。此外，面对推翻资本主义私有制，为共产主义事业奋斗终身这一理想与目标在他们心中生根发芽。因此，唯有而且必须是无产者，才能成为实现共同发展的现实支柱。无产阶级肩负着实现共享发展的任务，其根本在于它的阶级身份。在一个资本主义国家里，两个互相竞争的阶级，其社会地位和其他各个方面都有很大的差别。它们之间的矛盾也非常尖锐，并且会伴随着资本主义社会的持续发展而变得越来越彻底，越来越激烈。正因为如此，在资本主义世界里，无产阶级才会受到最大的压迫，才会站起来去颠覆旧体制，去获得自己的解放。因此，

---

① 马克思恩格斯文集：第 3 卷 [M]. 北京：人民出版社，2009：432.
② 米丁等 . 马克思列宁主义哲学问题论文集 [M]. 北京：生活·读书·新知三联书店，1953：146.

实现共同发展的现实依托必然是无产阶级。

为了达到共同发展的伟大目的，创建一个团结的政党是必要的。一个强大的政党，是一个能够引领社会各阶层共同发展的组织保障。马克思在他的关于资本主义生产方式的论述中说："资产阶级不仅锻造了置自身于死地的武器；它还产生了将要运用这种武器的人——现代的工人，即无产者。"[1] 马克思对资本主义的持续发展进行了论述，随着资本的日益增加使工人阶级群体也不断扩张，作为社会变革力量的无产阶级，颠覆资本主义社会的进程急剧加速。而后他又对此进行了分析，想要改变被压迫和统治的悲惨命运，就需要建立自己的政党，并以无产阶级的名义进行统一的领导，从而指导无产阶级推翻资本主义、消灭剥削和压迫，只有这样才能够创建一个人人共享的社会。也就是说只有无产阶级大众联合在一起才可能有机会实现。另外，资产阶级除了占有生产资料外，还拥有一个资产阶级的暴力机器，也就是一个政治上层建筑。由此可见，如果没有一个坚强的核心政党的领导，无产阶级要想颠覆资本主义私有制是不可能的。无产阶级为反对资产阶级而组成联合阵线必须以自己的形式，即以一种与资产阶级所创立的所有旧有政党相对立的方式，将自己组织起来。马克思认为，可以与资产阶级相抗衡的政党，也只有这样的政党，才可以领导无产阶级，夺取资产阶级的所有生产资料，从而获得平等的机会、共享发展的权利，获得发展的成果，将人们失去的财富与社会关系都恢复过来。

为了完成共享发展这一历史任务，无产阶级必然要进行斗争，特别是以暴力形式进行的革命斗争。无产阶级具有鲜明的人民立场，它代表了苦难中的劳动群众的利益，努力把他们从资本主义社会中拯救出来，以达到所有人在共享中发展和共享的目的。依据马克思所言："共产党人同其他无产阶级政党不同的地方只是……在无产者不同的民族的斗争中，共产党人强调和坚持整个无产阶级共同的不分民族的利益……在无产阶级和资

---

[1] 马克思恩格斯文集：第 2 卷 [M]. 北京：人民出版社，2009：38.

产阶级的斗争所经历的各个发展阶段上，共产党人始终代表整个运动的利益。"①无产阶级的一切利益，都集中在广大人民身上，它所作的一切斗争也都代表这一阶级的无私性和为广大劳动人民的利益而斗争。再者，无产者的政治任务是明确的。就是打破旧的国家机器，从资本家那里夺取生产资料。由此可见，这一目标的实现是不容易的。那么为了给予共享发展的政治条件奠定基础，就必须指导无产阶级利用暴力的形式进行革命才可以达到，并且建立自己的新政权。如果没有这一点，共享发展也就无从谈起。因此，就是要把资产阶级打倒，把政权交给无产阶级。无产阶级一旦取得了政权，就把资产阶级的一切生产资料都夺去，把它归全社会所有，把它组织起来，使全体人民享有分享社会果实的平等机会。随着生产力的不断进步与发展，社会成员共享发展的实现程度和质量都在不断提高，持续朝着人的自由和全面发展的目标前进。

四、共享发展目标的终极指向

共享发展是马克思毕生追求的价值理念，也是马克思主义理论的有机构成部分。而"让所有人都能共享发展"则是马克思共享发展思想的核心精髓，马克思共享发展思想中蕴含了两大价值取向——对资本主义的批判；对"和谐发展"的追求。究其本质来看，马克思共享发展思想的终极指向也包含着坚持社会的公平与正义的价值导向，追求和平并构建一个共享发展的和谐社会的美好图景，在奔向人的自由全面发展的前进之路上携手前行。

（一）构建共享发展的美好社会

马克思所追求的理想是实现人的共同发展与共同富裕。他用毕生的精力来探讨在资本主义体制下，为什么工人阶级是站在社会的最底层，而且

---

① 马克思恩格斯文集：第 2 卷 [M]. 北京：人民出版社，2009：44.

还是困苦与贫穷的，大多数人被排斥在了经济发展的门外。生产资料的私有化，是造成无产阶级不能共享发展成果，也是造成无产阶级与资产阶级巨大鸿沟的经济原因。所以这就是马克思要把私有制和剥削制度都消灭的原因。资本主义社会的"自由、平等、民主"口号，因为私人所有制的存在，只是虚假的、空洞的口号。仅是一种虚与委蛇的发展，本质上仅是一种为少数资产阶级所独享的利益。从他自己的思想变化和发展过程来看，早在《莱茵报》时期马克思就已经注意到了资本主义的不共享发展，但因为他的世界观还没有彻底改变，历史唯物主义还没有建立，对资本主义的不共享发展的认识还不够深刻，因此，他对资本主义不共享发展的研究，也就无从谈起了。在他的理论探索中，他对非共享式发展的资本主义社会进行了激烈的批评，并提出了自己的看法。他在《论犹太人问题》里解释了这种虚假的资本主义："自由这一人权不是建立在人与人相结合的基础上，而是相反，建立在人与人相分隔的基础上。这一权利就是这种分隔的权利，是狭隘的、局限于自身的个人的权利。"①马克思曾经批判过资本主义的阶级限制，认为自由和公平只适用于资产阶级，而不适用于整个社会。因此，在将来一个基于公共财产的、共同发展的社会将被创造出来，在这个社会中，没有等级之分，没有对个体生存资源的担忧。只有这样才能让大家一起共享发展，一起享受更好的生活。

马克思在批判资本主义社会下的异化劳动的同时也较为详细地揭露了其对无产阶级所造成的奴役、剥削和压迫，这就进一步证明了无产阶级和劳动人民要颠覆资本主义私有制，建设一个共同发展的美好社会是多么的迫切和必要。因此，必须从根本上消除资本主义的私有制入手，为更好、更公平、更全面、更和谐的发展社会打下扎实的制度基础。此外，马克思在努力建设共享发展的美丽社会时不仅将其作为共享发展的目的，还将其作为实现的一个重要条件。要使每个人都能共享发展，一方面，必须消除

---

① 马克思恩格斯文集：第 1 卷 [M]. 北京：人民出版社，2009：41.

一切阻碍和制约全体成员共享发展的障碍和困境，只有这样，才能做到共享发展。另一方面，共享发展的价值取向是为了建设一个更加和谐、更高层次的发展共同体，破除资本主义社会中的虚伪共享，破除独享的少部分，使所有人都能共享发展。因此，在马克思共享发展的思想体系之中他所描绘的是社会美好的景象，是没有阶级之分，而且此时的阶级剥削也不复存在，所有的人都可以共享发展，并为此而不断努力着。

（二）坚持社会公平正义的导向

马克思从来没有提倡过那些虚幻的、纯粹的公正价值观，因为这些价值观再怎么高尚，也离人类的实际发展太遥远了。公平、正义等观念具有历史性，在某一时期具有浓厚的阶级色彩。马克思在批判资本主义社会中存在的种种不公正、不道德等问题时，为将来的新的社会制度提出了正义的观点。他相信，正是由于资本主义的追求利润的本质，人类才会遭受到劳动的异化，"一种在物的外壳掩盖下的人与人之间的关系"[①]。我们可以看出，在社会关系中以人为中心的这种关系被物的性质所取代，而无法看到人们之间的巨大不平等的实质和根源。所以，从阶级产生的那一刻起，资本主义的发展模式就没有能够解决社会发展中存在的，以牺牲大多数人或者全体阶级为代价而达到"类存在"的全面发展的固有弊端，无法真正维护社会的公平与公正的价值。

马克思关于公平与正义的思想有利于我们更好地认识中国社会公平与正义的价值取向。在回答某些关于中国发展模式、中国道路的问题时，会发现有种观点便是把中国道路与资本主义等同，这显然是错误的。如果把这二者等同，从本质上说是忽视了社会主义对于中国发展的本质要求。有学者认为："中国特色社会主义道路与资本主义道路的斗争将长期存在。"[②]人们把"发展"与"经济增长"等同起来，忽略了"发展"自身的

① 马克思恩格斯全集：第 16 卷 [M]. 北京：人民出版社，1964：277.
② 张旭新. 海南国际旅游岛建设道德支持研究 [M]. 北京：人民出版社，2017：44.

人文性与价值取向。跳出"为产而产"的思维循环，我们将发现，发展自身同样也有必要对中国为什么要发展这一问题进行更深层次的道德思考。

"共享"是一个宏大的理念，我们国家始终坚持的社会主义理念，就是要使人民群众过上更加美好的生活。马克思曾经说过，实现人的解放先要解决人的生存状况。未来"按需分配"将成为一个具有最大公平性的社会。目前，我们要加速推进收入分配体制改革，让所有人都能享受到改革发展的红利，让我们同世界共享发展机遇。我们在实现社会公平正义的过程中，肯定不会一帆风顺，而是会有一些曲折。但如果我们在社会主义制度的保证下，齐心协力，对各类资源进行合理的配置，那么实现公平正义的道路将会越来越宽阔。

无论从数量上的增加还是从质量上的提高，从追求效率的目的还是从追求公平与公正的目的出发，从先富带动后富发展到共同富裕，这两者之间都存在着一种适度的紧张关系和一种微妙的平衡关系。我们一直在提倡社会主义和谐，这就要求社会公平公正，没有公平公正的保障，就难以实现共同发展。社会公平正义不仅仅是一个字眼，它需要人们用自己的实际行动去达成，它没有捷径可走，只有脚踏实地持续努力，让制度来保持公平，将人民的积极性完全激发出来，这样才不会远离一个公平正义的社会。

（三）实现人的自由而全面发展

马克思共享发展思想的终极指向是人的自由全面发展。在资本主义社会中，资本家为获取无限的财富，残忍地对工人阶级和劳动大众展开了无情的剥削和压榨，使得他们在生活上陷入了贫穷的境地，随时都有可能面临饥饿、疾病，甚至是死亡的危险，这就造成了工人阶级的技术和各方面的能力、素养普遍下降。因此，这个终极目的在一个资本主义国家是无法达到的。马克思所说的"共享发展"，指的是在取消了资本主义的私有制之后，在将来的社会里，随着生产力的不断进步，人们可以公平地享受到这种发展，而且通过这种发展，每个人的各个方面能力都可以得到迅速的提升。马克思一切学说的终极目标都是为了实现人的自由、人格的解放和发展，其中的"人"不仅是"单个人"，而是全人类。共享发展的目标是所有国家，而非"单个人"。因此，共享发展的根本目的就是解决人类的发展问题。从一定意义上说，共享发展是人的全面发展和人的自由发展的必然要求。马克思认为，在未来的社会中，每一个人都可以对一切资源进行共享，当生产力达到一个很高的水平时，妨碍共享发展的各种因素就会被彻底消除，而且在该实践过程中，人们共享的质量也会随之提高。正如马克思所说："任何人没有特殊的活动范围，而是都可以在任何部门内发展，社会调节着整个生产……这样就不会使我老是一个猎人、渔夫、牧人或批判者。"① 由此可见，在未来的社会描画与勾勒中，参加劳动将不再是为了满足人的生存的必要条件，而是为了人类自身的发展。劳动已不是强制的，它已成为人类全面发展的必要条件。共享发展是指为人的全面发展扫除障碍，为人的全面发展打下基础。通过共享发展来使每个人都能得到充分的发展，从而获得一种更好的自由状态。

唯有在共产主义的条件下实现个人的发展，才能达到人人都能得到自由全面发展的目的，从而使全社会处于一种高度自由发展的境界。"代替那存在着阶级和阶级对立的资产阶级旧社会的，将是这样一个联合体，在那里，每个人的自由发展是一切人的自由发展的条件。"② 马克思的这段名言很容易就能看出来，他所设想的共享发展是以人的自由全面发展为终极目标和指向的。然而，在资本主义社会中，人不但没有得到充分的发展，而且还变得过于单一和有限，工人沦为资本家的附属品，逐渐失去了作为人的各种能力。这个可能性，虽然是最初的，但是却已经存在，因为它不但能够保障全体社会成员日益丰富的物质生活，而且能够使他们的身体和精神得到充分的、自由的发展和利用。基于这样的社会基础也更利于人们满足物质需求后对精神需求的高层次追求，也才有可能空闲更多的时间关

---

① 马克思恩格斯文集：第 1 卷 [M]. 北京：人民出版社，2009：537.
② 马克思恩格斯文集：第 2 卷 [M]. 北京：人民出版社，2009：53.

注自身的身体健康、智力、思想等各个方面的综合发展，只有在这个时候，人的整体发展才能得以实现。当外界对个体能力的真正发展所产生的促进作用被个体自己所掌握时，个体的整体发展才会成为一种理想、一种责任、一种共产主义所渴望的东西。可以看出，在共产主义社会中，通过所有成员的共同努力，能够创造出更多的物质和精神上的成就，这样才能使所有人在享有这一切的同时，获得自由和全面的发展。

第三章　马克思共享发展思想的内容探析

马克思在对未来社会的伟大擘画中，共享发展这一思想是不可或缺的一部分。他探讨了资本主义社会的发展规律，阐明了社会主义社会的发展规律，这些都包含诸多关于共享发展的丰富理念。马克思共享发展思想是一个完整的思想理论体系，包含诸多方面、诸多层次、诸多要素，其包括共享发展的主体、客体、对象、目的、原则、领域等。深刻透视马克思共享发展思想的整体内容，深化马克思共享发展思想的正确、科学、系统、逻辑等方面的实际认识，由此我们可以更深刻地领悟马克思的共享发展思想。

一、共享发展的主体对象

马克思把自己的一生都奉献给了全人类的解放事业，他追求的是一个全体公民都能自由而充分发展的共产主义社会。这与在资本主义生产方式中只有几个人享受到的社会发展结果有着天壤之别，在这个共产主义社会中，人们不仅是创造者，也是享受者，每个人都是发展的受益者。

（一）现实具体的人

在马克思唯物史观的理论之下，我们可以看到他是把"人"作为研究对象来进行分析，由此我们考察唯物史观时便能看出人的位置被凸显出来，而且还在这一基础上明确提出了"现实的人"的概念。"现实的人"是马克思对人的认识所持的一种根本性观点，也是其方法论的基础。"被反映为这个神的人也不是一个现实的人，而同样是许多现实的人的精华，是抽象的人，因而本身又是一个思想上的形象。"①"现实的人"的基本理解是人并非抽象的人，而是一种具体的人。人在某一历史时期必须以人的形式体现出来，人只有在现实的人的基础上才能实现从现实的人向自由的人的终极转向，才可实现人的价值。然而"自由的人"就是人的本来面目，"现实的人"本身就含有"自由的人"，它的二重性却是通过实践来联结的，从"现实的人"到"自由的人"的转变并非自然的，而是由特定的人所驱动的一种社会实践活动。

马克思在批判费尔巴哈的"抽象的人"时，明确指出人并非孤立于社会关系之外的抽象存在，而是处于社会关系之中，以人为主体展开其活动。马克思进一步确立了"现实的人"的概念，这一概念的提出，标志着马克思突破了传统哲学中"抽象的人"的局限。同时"从费尔巴哈的抽象的人转到现实的、活生生的人，就必须把这些人作为在历史中行动的人去考察"②。在人与社会之间的关系讨论中，马克思对此作过详细的论述，他认识到人是处于某种社会关系之中的"特定人"。这也是马克思对费尔巴哈的人文科学提出批评的原因，他认为费尔巴哈的人文科学论述的只是一个自然的人，而非一个人。在马克思的视野中，"现实的人"是处于特定的社会环境中的人，并不是从社会实践中分离出来的抽象的人，因此，作为马克思的发展构想的一个重要组成部分的共享发展的主体，其本质上就是处于一定的社会历史关系中的、参与着社会生产的实际的、具体的人，而非抽象的、孤立的个人。马克思认为，共享发展的主要对象是那些在现实生活中实际存在的、参加了社会实践的"特定的人"，他们才是社会各方面发展结果的真正受益者。

---

① 马克思恩格斯全集：第 28 卷 [M]. 北京：人民出版社，2018：344.
② 马克思恩格斯全集：第 28 卷 [M]. 北京：人民出版社，2018：348.

（二）全体社会成员

马克思对未来共产主义社会全体成员实现共同发展的美好预言，既不是一种空洞的幻想，也不是想当然或一夜之间就能完成的，而是在不断的摸索中挖掘它实现的基本条件，从而使它变得越来越完善，越来越成熟。"单个人的利益是要占有一切，而群体的利益是要使每个人所占有的都相等。"[①]马克思在"群体"的视野中，着重指出了人人平等的价值取向，而"共同发展"的主要内容就是"全体社会成员"的初始形态。一个集体，一个所有的社会成员，以集体的方式，有系统地使用生产力，将产品扩大到足以使每个人都满意的程度，终止以某些人为代价的局面。完全消除了阶级，消灭了阶级之间的矛盾，废除了传统的劳动分工，实行了工业教育，所有人都可以共享到所有人的成果。由此我们可以清楚地看到，共同发展的对象不是某一个阶层，而是全体人民，不论阶级、国家，也就是整个社会的全体成员。在《共产党宣言》中马克思强调了无产阶级的运动与以前的各类少数人的运动的区别，它是由大多数人组成的，它是为了大多数人的利益而进行的，由此也可以清楚地看到，共享发展的主要对象是社会的大多数人，因此，只有在无产阶级的领导下，所有的人都可以共享到社会发展的成果，才能使共享到的成果成为现实。而且，要建立一个公正和公平的制度，必须在无产阶级团结起来执政以后，它不仅能够保证社会上的每一个人都能参与到社会财富的生产之中，同时也可以让他们有机会参与到财富的分配与治理当中。在未来的共产主义社会中，共享发展这一社会形态的主体是每一个人，也就是全体社会成员，其最直接的体现就是每个人都有力量与能力去创造社会的财富并有权参加分配和管理。与此同时，马克思所构想的未来社会更有利于人们的工作和生活，并且能够拥有充足的休闲时间的环境。可以说这也是对马克思共享发展思想的又一次证明，共享发展理念的主体

---

① 马克思恩格斯文集：第 1 卷 [M].北京：人民出版社，2009：73.

是全体公民。总之，在对无产阶级革命和人类解放事业进行探索的过程中，马克思一直都将实现所有社会成员共享发展这一价值取向表现得淋漓尽致。

（三）广大无产阶级

马克思从人对物质生活资料的依赖关系出发，推导出了人与人之间不可避免的相互关系和社会是由每个人的行为及其相互间的关系组成的，并且社会之中的活动也都是由每一个社会成员所参与的，同时，社会中的每一个人都能享受到社会发展的成果。黑格尔把公民社会视为遵循政府意愿来确定的。马克思对此提出了严厉的批评，他认为没有公民社会，国家就不能生存，公民社会是国家组成的一个必要的前提，因此应该由公民社会来确定国家。"马克思对黑格尔颠倒了的国家与市民社会关系进行了'再颠倒'，将市民社会看作国家的基础和前提，从而一举突破国家与市民社会之间的外在关系而推进到市民社会的内部结构。"① 由此，马克思对市民社会进行了更为深刻的政治批判。在资本主义社会中，作为普遍利益的获得者的国家本应满足更多的民众的生存和言论自由等基本权利，但它却因为保护了以个人利益为主的资产阶级，而沦为一个虚假的社会。在进行了政治批判之后，马克思从物质生产方面对资本主义的经济体制进行了批评，并对资产阶级的生产资料的个人占有加以批判。所以，马克思谈到了对资本主义私有制、对阶级的压迫和限制都要进行反抗和消灭，实行公有制和消灭阶级剥削，这样才能让广大的无产阶级享受到他们应该拥有的基本权利。

二、共享发展的客体内容

马克思站在被剥削和被压迫的人民群众的角度，深刻地批评和揭露了

① 梁树发，郝立新. 马克思主义哲学史研究：2014—2015[M]. 北京：人民出版社，2016：223.

在资本主义生产方式下，工人阶级和劳动群众的"非人"的境遇，从而显示出在资本主义的私有制度下，生活资料、生产资料、发展机会等被剥削、剥夺是普遍存在的一种表现形式。所以，马克思基于这一观点作出了论述，综合地描述了一个未来的共产主义社会，它将由所有的社会成员共享社会利益，并提出在共产主义的最高阶段，"在人人都必须劳动的条件下，人人也都是同等地、愈益丰富地得到生活资料、享受资料、发展和体现一切体力和智力所需的资料"[①]。当社会处于社会主义发展比较迅速和发达的时期，共享发展的目标及内涵不仅定义为是对生产资料和生活资料的占有，它还涉及生存机会、发展机会，以及社会物品的分配等各个方面。

（一）人民共享的生产与生活资料

第一，马克思站在物质生产活动的角度，阐述了生产资料和生活资料在人类生存和发展中的重要性，并提出了以物质生产为前提的人的存在与发展的基本观点。人是活生生的血肉之躯，必然会有衣食住行等物质需求。但是，当生产资料掌握在资本家手里时，生产工具也便成了资本家剥削工人的工具，它还是劳工的对抗和剥削的来源。资本家利用大量的生产资料，扩大了自己的生产范围，从而获得了更多的利润，而普通的劳动者，却是一贫如洗，为了维持生活，不得不卖掉他们唯一拥有的东西即劳动力，去当雇工，去换取那点微薄的"工资"。

第二，马克思揭穿了资产阶级鼓吹的劳动平等的虚伪，指出那不过是一种表面上的平等，而实质上却是资产阶级对一切生产资料和生活资料的垄断，以及对工人阶级的残忍的剥削，而工人只不过是靠出卖自己的劳动力用来交换，根本未曾拥有生产资料。所以马克思主张，要消除生产资料的私人所有权，要确立生产资料的公有所有权，要让所有的工人都拥有生产资料，他们就要把资产阶级的资金，也就是生产所需的原料、机器、工具、

---

① 马克思恩格斯文集：第 1 卷 [M]. 北京：人民出版社，2009：710.

生活资料,都转化成社会的财产,也就是说,变成他们自己的、供他们共同享受的财产,这样,他们就可以获得自由。"使整个社会直接占有一切生产资料——土地、铁路、矿山、机器,等等,让它们供全体成员共同使用,并为了全体成员的利益而共同使用。"①如果想使农民和工人摆脱贫困,就必须从富农和大地主的私有财产中夺回生产资料。可以看出,按照马克思的观点,如果不能实现对生产资料和生活资料的共享,就不能实现与生产资料的平等的联系,因此,要想活下去工人就得出卖自己的劳动力,让资本家来剥削他们,就无法实现自己的解放。劳动者只有自由地享受生产资料和生活资源,从而在经济上得到平等来分配共同利益。

第三,从马克思对剩余价值的分析来看,"利益共享"是"共产"中最好的财富拥有方式。但从资本主义的角度来看,"每一种共同的利益,都立即脱离社会而作为一种最高的普遍的利益来与社会相对立,都不再是社会成员的自主行动而成为政府活动的对象"②。一个人人都能受益的社会在马克思那里被描绘成共产主义,所有人都有了获取生活、生产的自由。在资本主义社会中,不合理的分工导致城市和农村的对立,这就造成了城市和农村的利益差距,进而影响到城市和农村的要素流通,从而导致城乡之间的劳动成果分配不平衡。因此,应该将城乡对立的局面打破,从而推动资源共享。马克思还提出了消除私有制,完全消除以等级剥削、等级压制为经济基础的生产资料私有制,并创建一种新的等级平等的公共财产所有制,使所有人能够公平享受社会资源。

(二)人类生存与发展的平等权利

马克思对资本主义社会不公平现象进行了深刻思考,并以此为基点进行反思与追问。他认为作为人类最基本的权利,保证公民生存权和发展权是在政治领域中实现共享的第一要务。"全部人类历史的第一个前提无疑

---

① 马克思恩格斯文集:第4卷[M].北京:人民出版社,2009:319.
② 马克思恩格斯文集:第2卷[M].北京:人民出版社,2009:565.

是有生命的个人的存在。"① 所以，按照这个说法，关于人的讨论其先在性是能生存，因为只有生存下去，而后才能从事政治、科学、文化等其他一切行为，如若人连最根本的存在权益都无法得到保证，那么人的发展就无法实现，共享发展也就成了一种说法与想象。

第一，生存权是公民的一项重要的权利。马克思非常注重人与人之间生活的平等性，马克思在任《莱茵报》主编时，面临普鲁士政权给以拾荒为生的农民"定罪"的现实，马克思毫不留情地进行了批评，并指出了这种现象的存在形式，即普鲁士政权为了一己之私，而无视农民的基本生活。他在叙述故乡乌比山谷中的劳工及曼彻斯特劳工的生存状况时特别指出，工厂主对劳工的过分压榨及超负荷的工作，不但令劳工丧失了所有的活力及快乐，而且在短期内对劳工的身心造成了严重损害，对人类最根本的生存权构成了严重的危害。马克思在《共产党宣言》里，对雇佣关系下被剥削的劳动者的生存状态作了一个很深入的揭露："现代的工人只有当他们找到工作的时候才能生存，而且只有当他们的劳动增殖资本的时候才能找到工作。"② 从这一点可以看出，劳动者只有劳力，而且是最穷的。由于竞争和市场的改变，工人总是处于贫穷的边缘，甚至不能保证最基本的生活。

第二，政治空间中的共享。政治空间的共享，既要共享基本的生存权，又要共享发展的机遇。人类生存在发展之中并在发展中寻求着自己的生活，唯有持续的发展才能让人拥有更好的生活。从《莱茵报》开始，马克思便提出了农民享有发表文章和表达自由的权利，马克思在面临普鲁士政权对这种权利的压制时，提出普鲁士政权通过宣传文章和表达文章的虚假和不共享来加强其政权，其目标在于通过对民众的意识形态进行支配，从而抑制民众的基本要求，以达到实现自身利益最大化的目标。在资本主义的市场经济中，由于私人占有的日益深入，资本的关系逐渐占据了支配地位，

---

① 马克思恩格斯文集：第 1 卷 [M]. 北京：人民出版社，2009：519.
② 马克思恩格斯文集：第 2 卷 [M]. 北京：人民出版社，2009：38.

经济的利润占了主流，而社会的竞争也日益激烈。在这样的条件下，劳动者虽然在某种程度上得到了独立和形式上的自由与公平，但是事实上却失去了他们的生产方式与生存方式，为了生存而必须出售他们唯一拥有的东西即劳动力，沦为机器的附属品，变成了资本主义生产链上的一个环节，变成了资本增加的一种方式。因为人对物质的权力有了更大的屈服，所以在人类表象的自由下遮蔽着真实的不自由。"不是物质财富为工人的发展需要而存在，相反是工人为现有价值的增值需要而存在的生产方式。"① 马克思在揭露了在资本主义体制下人的自由平等的谬误与歪曲之后，设想了在未来的共产主义世界里，必须要有人的真实的自由，他预先设定了在未来的共产主义世界里，所有人或者最起码是一个国家的所有人或一个社会的所有人，都应该享有平等的政治权利和社会身份，他们都应该平等地参加社会的管理，都应该享有基本的平等的生存权和发展的机遇。

（三）社会性劳动成果的合理分配

虽然在马克思的共享发展思想中共享的重要意义得到了进一步的强调，但人的解放与人的自由全面发展却是马克思毕生追求的最终目的与终极关怀，所以社会领域的共享，包括文化、教育、社会保障、卫生保健等劳动成果的共享。

第一，对精神文明成果的共享。人们对现实的改造，以及对自己的改造，都是文化的源头，而人们所进行的物质生产，既是人们存在与发展的依据，又是人们产生与发展的依据。人在进行物质生产资料的劳动过程中，会产生大量的精神和文化的产物，人应合理地享有自己所创作出来的精神和文化的结果，并对其进行公平的共享和吸收。然而，在资本主义社会中，文化是资产阶级用来控制、奴役和支配工人阶级的工具，人们的各种需要很难被满足。所以马克思认为，对于人民来说无论是物质或是精神，他们

---

① 马克思恩格斯文集：第 5 卷 [M]. 北京：人民出版社，2009：716—717.

不仅是生产者，更应该是受益者。马克思曾明确指出："使每个人都有充分的闲暇时间去获得历史上遗留下来的文化……一切真正有价值的东西；并且不仅是去获得，而且还要把这一切从统治阶级的独占品变成全社会的共同财富并加以进一步发展。"①

第二，共享教育资源。在马克思眼中，社会中每个人都应当享有受教育的权利，受教育的权利既应该是劳动人民的根本福利，也应该是人类发展的常态，但在机器大工业发展较快的资本主义社会之中却对他所设想的福利难以实现。在资本主义社会里，无产阶级仍被贫穷的沼泽吞没至脖颈，变得闭塞无知和困滞不前。相反，资产阶级开始重视文化，以保证他们能够持续获得大量剩余的财富。但是，这种文化的目的，是要培养出能够让他们获得大量财富的劳动者。而在资本主义的教育中，则以剥夺工人的革命性思维为目的，通过对工人的孩子进行歪曲的信仰的培养，进行奴役，试图将工人阶级的后代培养成机械的工具性状态的人。对此，马克思给予了反驳与回答，指出了政府应"对所有儿童实行公共的和免费的教育"②。其目的是能够在资产阶级对工人的孩子加以限制的困境之中解放出来，而且还要对工人的孩子给予积极而全面的教育，共享教育的资源，才可涤荡与启迪人的智力与心灵，从而达到人的全面和独立的发展。

第三，对社会保障的共享。马克思对社会总产物的扣除问题进行了深入的探讨，他指出，在通过集体劳动获得的社会总产物中，应该预留出社会的一部分的生产资金和备用资金，以应对发生意外事故、自然灾害以及保证丧失劳动力的人们的生活和发展，以实现人们在社会、政治和文化等方面的发展需求，让所有的社会成员都能共享到社会发展的成果。此外，在经过了对社会的总物产的减去以后，剩余的劳动结果被用来进行了消费，因此，在进行消费的过程中，最根本的办法是合理地分配产品以实现共享。"消费资料的任何一种分配，都不过是生产条件本身分配

---

① 马克思恩格斯文集：第 3 卷 [M]. 北京：人民出版社，2009：258.
② 马克思恩格斯文集：第 2 卷 [M]. 北京：人民出版社，2009：53.

的结果。"① 只有公平地分配生产资料，才可以为全体社会成员的共享发展
提供充足的材料，才可以让"各尽所能，按需分配"成为可能。换言之，在
对集体劳动所产生的全部社会产出做了适当的减除，并公平地分配以后，它才可
以让所有的社会成员，以及失去劳动能力的人，都可以享受到发展的成果。

三、共享发展的实现目的

马克思关于实现共享发展的目标，就是要使社会达到公平、公正，权
利和义务之间的相互统一。所有的社会成员都积极地参加劳动，参与到社
会建设中来，分享社会发展的一切成果，从而让人类本质的复归得以实现，
让社会在一个公平、公正的环境中获得和谐发展，让整个世界变成一个命
运与共的联合体。

（一）社会的公平和正义

马克思从资本主义的生产模式和对劳工的关怀出发，揭露了"虚假共享"
的实质，并在对资本家的残酷剥削和社会的私有制进行深刻的批判时，指
出了阶级差异和劳工待遇的不平等，从根本上折射出了一个社会的公平和
正义问题。实现共享发展的根本目的是要从根本上实现社会公正。学者乔
俊峰、张春雷认为，"共享发展的根本目的是要解决社会公平正义问题"②。
在马克思的理论体系之中提出了无产阶级应该与资产阶级的不公正行为作
坚决的、彻底的斗争，以及未来的社会形态是公平与正义的社会根据。

与以往所有的社会形态比较，资本主义社会在其发展过程中表现出明
显的思想特点。这种思想使人脱离了固定的社会联系，把人看成是一个具
有自主意识的人。所以，人类在这个意义上是民主的。然而事实上生产越

---

① 马克思恩格斯文集：第 3 卷 [M]. 北京：人民出版社，2009：436.
② 乔俊峰,张春雷. 转移支付、政府偏好和共享发展：基于中国省级面板数据的分析 [J]. 云南财经
大学学报，2019(1).

发展，对物质和财产的需求就越强烈，但因社会阶层的不同，资产阶级对于生产资料和财产的独占，引起了无产阶级的愤怒，从而引起资产阶级与无产阶级的对抗和矛盾。有的人主张在私有制的基础上进行公平的竞争，以求在私有制的基础上实现公平。资本主义利用雇佣制度，与劳动者签署合约，以向劳动者提供工资报酬，交换他们的劳动。然而，这仅仅是在外表上，人们的社会关系是一种平等的表现，在实质中，遮蔽着的是资本主义对劳动工人的压榨和占有，它以私有制为基础。马克思由此得出结论，认为在资本主义世界里，人们所提倡的、所鼓吹的、所要求的公正是不可能实现的，而由私有制所建立的平等只不过是一种在法律上的、在货币上的、虚伪的平等幻象，其真正的目的是保护资本家的权益，并非真正为广大穷苦的无产阶级考虑，无非为了有效地巩固资产阶级群体的主导地位，意图明显是为了守住资产阶级群体的统治。"在无产者的占有制下，许多生产工具必定归属于每一个个人，而财产则归属于全体个人。"①由此来看，所有的个人最终的目的是能够共享到属于自己创造的那份劳动所获，不被剥削以求达到财产的平等。虽然在资本主义的世界里，人们总是在鼓吹着平等与公正，每个人都能享受到自己应有的权益，但是在现实生活中，资本主义却从未认可并确认过其他阶级以自己的劳动换来的财富与权益，反而用各种方式，让自己的财产越来越多，从而形成了对这个阶级获得财产的权利的压制与剥夺。在这种情况下，私有制所形成的非正常的生产方式，造成了在一定程度上的不公平。所以，要想改变这种对资本的偏爱，就必须要让无产者获得真实的所有权，从而消除这种对资本的偏爱。马克思曾说过，"群体的利益是要使每个人所占有的都相等"②。在马克思的这句话中我们不难得出，人类社会生活中的公正可以说是非常重要的，而且社会公正同样也对人类蕴含着重大的价值。但是，马克思也清楚地认识到，虽然工人们做着各种工作，但是他们的权益并没有得到真正意义上的公平。

---

① 马克思恩格斯文集：第 1 卷 [M]. 北京：人民出版社，2009：581.
② 马克思恩格斯文集：第 1 卷 [M]. 北京：人民出版社，2009：73.

因此，他所提倡的公平占有和分配，并不代表着一种绝对性的平均分配，而是要对合理差别的存在给予充分的重视。

（二）权利和义务的统一

无论是从内涵还是从性质来看，一切的行为都属于社交行为，"社会的活动和社会的享受绝不仅仅存在于直接共同的活动和直接共同的享受这种形式中"①。虽然在这个资本主义的世界里，仍然存在着许多的活动与共同享受，但它们并不是相同的。工人阶级利用社会活动对物质资料进行了生产，资本家则直接享用工人生产出来的财富。所以，劳动者始终没有获得过生活来源，只获得过自己的劳动，他们没有得到过什么乐趣，他们什么也没有得到过。所以马克思才会问：为何资本家要享有其财产，而无产阶级却要节制其私欲？为何无产阶级不能共享其财产？马克思认为，劳工的强迫性质是他们不能和资本家共享财产的原因之一。他们并非自愿地参加工作，他们必须忍受资本家阶段的压榨和剥削，每天都做着艰苦的工作，因此，除了工作之外，他们就再也没有别的心思了。英国的社会主义者建议成立"内部移民社区"，在该社区中，所有工作类型的人都能得到同等的待遇。尽管英国的社会主义从实质上来说已经超越了阶级的基本对立与冲突，但从其具体的表现来看，它依然以绝对不公正与不平等的方式来看待与解读无产阶级。

在资本主义社会的世界中，生产力早就失去了推动生产的作用，反而变成了阻碍发展的一种作用，这种作用的发展使与资产阶级对立的无产阶级产生出来。无产者占了整个社会的绝大部分，他们肩负起了资本主义的生产，但他们不能像资本家那样享有社会的生产资料，反而成了资本家谋取私利的手段。为此，马克思建议废除私有制，并在"人人都要工作"的公共经济中，实行"人人享有集体利益"，从而达到社会生活与物质生活

---

① 马克思恩格斯文集：第 1 卷 [M]. 北京：人民出版社，2009：187.

相结合的目的。社会享有指的是身为共享发展主体的社会成员所享有的一项权益，而开展一项社会行为是身为共享发展主体所必须承担的一项责任，这在实质上就反映出了在共享发展中要将权利与责任相融合的价值导向。

（三）人的自由全面发展

马克思通过对虚假共享的批评，对未来社会的共享发展作出了理性的预测，同时他也提出了共享发展的基本内涵与价值目标，即为了使每一个人都能得到充分发展，为了使人能够通过社会的公平与正义而达到人的自由与全面发展。马克思在探讨人类的发展问题时，也曾对人类的自由与充分发展作过详尽的论述。他深深地笃定人的自由与全面发展有着非常多的含义。

第一，从人的基本需求和对人的自由全面发展的考察来看，它既包括人的基本生活需求，又包括人在社会中的发展需求和人的享乐需求，都是对人的全面发展的基本要求。马克思清楚地指出，人的本质需求在各个社会阶段有着各自的表现形式和重点。在早期，人类被分为不同的种族、不同的部落、不同的城邦。但随着资本主义的发展，资本家们已经在持续地对现实生活中的物质收益进行追逐，这样就造成了一种异化的劳动，从而限制并妨碍了人们在这个世界上对发展需求的满足。随着人民对生活的要求越来越多，当物质资源足以满足人们的生存需要时，人类便会对需求有所提升，其目的也是为了达到人类的发展需求和享受需求。

第二，就人的能力发展而言，它主要是指人的劳动能力、思维能力和智力能力的发展。人们可以发挥自己的专长，在自己的研究中，可以自由地挑选自己的研究方向，不受任何的范围的约束，将自己的才华发挥到极致。"可以在任何部门内自由的发展。"[1]让自己的身心都获得很好的发展，从而让自己的综合素质得到很大的提高。人的实际的发展水平，会受经济社会发展的制约，因此，在以生产资料为基础的公有制替代了私人所有制，

① 徐春. 人的发展论 [M]. 北京：中国公安大学出版社，2007：318.

并消除了旧式分工的情况下，人们才可以防止工人的劳动被盘剥，从而让劳动回到最本质的性质和形态，人们可以按照自己的利益来自由地选择自己的工作领域。

第三，在人类的社会生活中，人们的交往日益频繁、更加密切，唯有如此才能使人类的全面发展得以实现。"只有实现国与国之间的和平、人与人之间的和睦、人与自然之间的和谐，人类社会才能持续发展；只有坚持互利互惠、平等合作，世界才能实现共同繁荣。"① 从人的人格发展的视角来观察，在社会突破了以往的等级边界之后，社会关系就不再被阶级所压迫和束缚，人的人格就会由于主体的不同表现出差异性特点，从而让人的主体能动性和创造力都可以获得发展和提高，让"各种关系回到自我"。人的全面发展的四大含义层层递进、相互影响，人的社会发展受到了经济和社会发展的影响，同时，每一个人的人格的展示和充分发展也为实现社会的整体自由、整体发展打下了坚实的基础。

废除旧的劳动分配和等级对抗，从而为所有的人提供更多的资源。人不仅可以视为一种抽象的个体，而且是一种社会联系的集合体。而且，在这个社会中，个人也不是一个独立的个体，它是一个有许多个个体互相联结的共同体，而这个共同体就是一个向人本身和人性的复归。从封建主义和雇佣奴隶的联系中，人们获得了一种真实的社会关系的解放。在这种情况下，社会中的个人将团结在一起，使个人的主体性得到最大程度的释放，从而达到走向自由帝国的目的。在这个时候，人性的解放和人的发展才能得到真正的体现。

四、共享发展的具体领域

马克思通过对资本主义社会形态的理解，以及对工人阶级的自由解放

---

① 本书编写组．十八大报告辅导读本 [M]．北京：人民出版社，2012：358．

的反思，他的共享发展思想逐步得到发展。对马克思的经典著作进行仔细分析后可以看到，在各个阶段的经典著作中，都包含了非常丰厚的关于共享发展的理念，并且涵盖了政治、经济、文化、社会等诸多方面。

（一）政治领域的共享发展

从马克思在维持社会最底层贫困的民众享受到的最根本的生存发展权这一行动中，我们可以看到，大多数民众可以享受到诸如生存发展权、言论自由之类的根本政治权，这是在政治方面共享发展的结果。在马克思担任《莱茵报》主编时，他强烈反对普鲁士政府对穷人的剥削。马克思曾经说过："'辩论自由'不过是出版自由、集会自由和言论自由，是人民武装的权利。"[①]文章指出，表达自由是人们所享受的最根本的政治权力，穷人能以同等的方式享受到出版书籍和报刊的权利，除此之外，穷人同样在其余的社会政治权利中一样享受同等的待遇。马克思在《关于林木盗窃法的辩论》一文中就痛斥普鲁士国家禁止贫困农户在树林中收集干柴的新法律，马克思曾与普鲁士国家进行过一场关于维护民众言论自由和生活发展的基本权利的大争论。马克思认为，在资本主义社会中，大多数人都应该拥有最根本的发展和生存的权利。他从政治、哲学等多个方面，从不同的视角批判了资本主义社会的所谓自由、民主、公正。共产主义社会中人们不但要消灭被资本主义社会所剥夺的权利，而且要从被资本主义社会所剥夺的权利中挣脱出来，以达到共同发展的目的。唯有在一个民主化的体制下，产权的公有化和民主化，无产阶级才能在政治上得到彻底的解放。依据马克思所说："一切人，或至少是一个国家的一切公民，或一个社会的一切成员，都应当有平等的政治地位和社会地位。"[②]不管是在政治上或是社会中的其他方面，每个人都应该得到公平、正义的享受。1871年马克思在他的论著《法兰西内战》中对新自由主义的探索与发展提出了自己的看

---

① 马克思恩格斯全集：第 5 卷 [M]. 北京：人民出版社，1958：480.
② 马克思恩格斯文集：第 9 卷 [M]. 北京：人民出版社，2009：129.

法，并将之视为"新自由主义"的开端。马克思在《共产党宣言》中明确表示，一旦无产阶级执掌了权力，那么就不可能袭用以前那种单纯的旧有的国家机器来满足自己的需要，必须用巴黎人民党那样的民主政治来代替。在这种情况下，最广泛的民众能够充分地参加社会生活及其各个方面的活动，并能够享受到在社会生活中所取得的种种进步。总结以上内容，我们可以发现，在马克思所设想的共产主义社会里，所有的社会成员都能享受到一系列在政治上的发展成果，譬如生活与发展的权利、言论自由、投票权等。

（二）经济领域的共享发展

马克思在对资本主义的经济规则进行阐释时，提出了工人和自己所生产的劳动产物存在着"异化"，从而使工人不但得不到自己所创造的劳动产物，而且被它所奴隶的观点。资本主义的分配模式造成了日益加剧的社会两极化现象，而且，由于资本家的贪欲，他们不断地对工人的剩余财富进行掠夺，从而使得工人们不能享受到自己的劳动成果。因此，在私人所有制消灭之后，在共产主义的世界里，将会采取一种新的生产模式，新的生产模式将会产生一种新的分配模式，一种新的分配模式将会促进所有的社会成员在各自的生活中都能得到更好的发展。

无产阶级将运用其政治统治，逐步地剥夺资产阶级的所有资金，使所有的生产方式都掌握在一个民族，也就是已经组成了一个统治阶级的无产阶级手中，使其尽量迅速地提高整个社会生产力。"只有等待联合起来的无产阶级去掌握它，以便建立这样一个制度，使社会的每一个人不仅有可能参加社会财富的生产，而且有可能参加社会财富的分配和管理。"① 一旦无产阶级取代了资产阶级，私有制就会逐步消亡，各阶层没有区别和对立面，人人都能创造并享有自己的财产，这是社会主义社会发展的必然趋势。

---

① 马克思恩格斯文集：第 3 卷 [M]. 北京：人民出版社，2009：492.

但是，在社会主义的初期，由于生产力的发展水平较低，对经济的发展造成了很大的制约，因此，就有必要采取一种与这个时期发展特点相适应的方法来进行，也就是依据劳动来进行分配。但在共产主义社会的后期，人们的发展将不会再被私人所有制的约束所限制，人们可以平等地享受到社会生产资料和劳动产品，与初期的情况比较，社会生产力也获得了空前的发展，人们创造出十分丰富的劳动产物，并采取了"各尽所能，按需分配"的分配方式，此时，人们的物质财富获得了巨大的充实，达到可以让他们满意的程度。在此时期，个体的财产与整个世界的财产趋于一致，所有的人都享受着整个社会的生产和生活，特别是在经济方面取得的成就。但是，要想达到共享发展也并非一朝一夕、一蹴而就的事情，是要经过很长一段时间的发展才能够实现的，应该说它是一个艰巨而又光荣的任务。当社会主义发展到一定的高度之时，不仅生产力迅速发展，人们的物质生活也得到了极大的满足，分配方式上也更合理，人们的生活也因此有所改善，使得所有的人都可以享受到共同的生活。综合以上内容我们可以发现，在马克思所设想的共产主义社会里，每个人既是财产的生产者，又是财产的所有者，所有的社会成员都将共享他们的劳动所产生的经济发展成果。

（三）文化领域的共享发展

从文化领域来看，所谓共享是指对文化产品的共同享有。文化是来自于人类社会的精神生产方面，人类在社会生产实践的过程中，不但进行了大量的劳动，也生产了大量的文化。人类作为文化的主体，自然也应该享受到人类在文化方面的进步。"劳动为富人生产出了奇迹般的东西，但是为工人生产了赤贫。劳动生产了宫殿，但是给工人生产了棚舍。劳动生产了美，但是使工人变成畸形……劳动产生了智慧，但是给工人生产了愚钝和痴呆。"[1] 第一，在工业技术不断向纵深发展的过程中，工人不仅

---

① 马克思恩格斯文集：第 1 卷 [M]. 北京：人民出版社，2009：158.

受到了资本家的压制和剥削，还被机器奴役。因此，在这种情况下，人们非但没有享受到作为造物主带来的乐趣，相反，文化被统治阶级用来巩固自己的政治统治，并将其变成自己敛财的手段。第二，当社会形式发生改变时，文明也在不断进步。在共产主义社会中，阶级的差异将不复存在，人民的物质生活将会得到极大的改善，人也会得到完全的自由和解放，拨开笼罩在人类思想上空的迷雾，人们将不会再被物质匮乏所引起的焦虑所困扰，力求在文化上和精神上都有所发展。此外，就教育而言，共享发展文化体现了总体上的受教育权。按照马克思的观点，在无产阶级专政被确立以后，"对所有的儿童实行公共的和免费的教育"①。马克思描绘的未来社会之中实行全民免费的教育模式，使每一个孩子都能享受到不受任何物质条件限制的自由。马克思认为，任何一个孩子都应当拥有同等的受教育权利，而孩子们也正是因为受到了全方位的教育，他们才能在各个领域中获取各种知识，进而推动人的自由和全面发展。从艺术的角度看，马克思主张在将来的共产主义社会中，艺术将不再是资本主义的附属品，而是人人都能成为艺术家，艺术将变成一种人人享有的崭新职业，并给所有人带来精神上的滋养。从科学的角度看，它是一种文化现象，以科学为根本，指导人类的生产实践。如果大家都能进行合理的劳动，那么，便能既满足大家的物质需要，又能创造出一定量的产品库存。而且，每一个人都能有足够的空闲时间从事自己喜欢的事情，使人的身影可依据自己的喜好穿梭在艺术活动、科研实践及社会交往的繁荣场景中，获取对每个人而言有价值的回报。此外，还可以把统治阶级的专有财产转化为整个社会的公共财产。总而言之，马克思从人类的生产实践出发，详细地论述了在教育、艺术和科学等文化领域内进行分享，从而实现在文化领域中的共享发展。

---

① 马克思恩格斯文集：第 2 卷 [M]. 北京：人民出版社，2009：79.

（四）民生领域的共享发展

马克思从一开始就对民生问题给予了高度的重视，在其个人的研究中常有提及，如衣食住行的讨论、工人阶级的劳动方面的阐述以及工人们在性别上面临就业的差别，甚至马克思还对工人所要面临的教育和保障都加以探索和思考，而且这些都与人的共享发展息息相关、紧密相连。

第一，"吃""住"两个层面上，马克思把"吃"和"住"看作是人的最根本的物质需求。马克思在《德意志意识形态》一书中提出，衣食住行是人的生存必需品，只有当它的品质得以保证时，人才能获得真正的自由，并获得进一步的发展。在马克思看来，其一，吃与住应该是人类最基本的物质需要，是人类生存和发展最为基本的物质条件。身体上的需要被满足了，接下来就是更高级的需要了。其二，精神需求的满足。物质生活条件的满足只是最基本的保证，更高的要求则是精神需求的满足。物质生活水平只能解决人类最根本的生存需求，而精神生活水平只能在人类最根本的生存需求得到解决的基础上，才能达到更高层次和更高价值的精神境界。在一个阶级社会中，没有一个人或一部分人是自发的、自觉的、必然的、富有快乐的。而这些人都是在特定的情况下，经过社会内部的冲突、斗争、革命，才得以出现的。

第二，在劳动力和就业方面。在民生领域的共享发展中，要加快构建更加公平、更可持续的社会保障体系，才能有效提高就业质量和推动创业带动就业。"现代的工人只有当他们找到工作的时候才能生存，而且只有当他们的劳动增殖资本的时候才能找到工作。"[1] 马克思所梦想实现的具体结果及渴望和相信达到的目标与愿望是在一个未来的共产主义社会中，工人完全解放出来，劳动是他们生活中最重要的需求，劳动将是他们增长的资本，每一个人都能得到工作，从而得到更好的发展。此外，马克思认为，

①马克思恩格斯文集：第2卷[M].北京：人民出版社，2009：64.

为了保证全体劳动者都能享受到正常的休假权利，必须在一定程度上为社会提供一个合理的劳动制度。

第三，关于男女平等问题，马克思认为在生活中妇女不能参加大量的社会劳动，只能被束缚在一些微不足道的家务事上。其一，分工造成了男女不平等的问题。自然、家庭与社会的分工促使男女不平等。其二，男女不平等的根源是私有制。追问女性受压迫地位形成、男女不平等的原因可知是私有制所带来的，男女不平等的现实实质是阶级压迫。其三，资本的统治造成了男女不平等，资本与女性劳动的边缘化，以及异化与意识形态等也致使男女不平等。因此，只有取消了私人制，使妇女们能够逐步摆脱家务活，加入到公益事业中，她们才能一起创造和共享社会发展的成果。

第四，在教育上，马克思主张，要使每个孩子都能得到良好的教育，使每个孩子都能得到最好的发展。马克思认识到教育在人的发展中的重要作用，人们必须接受某种教育或培训，以便在某种程度上改变人的本质，从而使人在某种程度上得到劳动的技术变成一种先进的、专业化的劳动力，而这种教育或培训，则需要付出或大或小的同等价值的代价。对于所有的年龄段的儿童，他们将把生产劳动和智力教育相凝结起来进行联姻，在推动社会生产的同时，也将创造人的自由全面发展。马克思认为，只有把教育和生产有机地联系起来，才能更好地推动社会的发展，使人们对生产和生活的需求能够持续地得到满足，进而推动实现共享发展。

第五，关于社保的问题。在马克思所追求的共产主义社会中，公有制的建立将使一切生产资料为社会公用，人民经过集体劳动共同创造出社会保险基金，社会保险将使每个人都能享受到自己的劳动成果，因此，在共产主义社会中，全民保障体系将使每一个人都能平等享受到社会发展的成果。通过上述分析，我们可以看到马克思始终十分关注在公共服务方面的发展。

（五）生态领域的共享发展

生态环境是人类发展的必要条件和基础，它的好与坏对人们的生活品质产生了最直接的影响。马克思很早就认识到人类的发展离不开生态环境，为此，马克思在《1844 年经济学哲学手稿》中把重点放在了这一点上，即人与自然的对立统一，他认为人的一切生产活动，都必须依赖于自然界，不能离开大自然而单独存在。

从抽象的角度来看，绿色共享是指人与自然之间的一种人的类本质的关系，而人与人之间的关系则贯穿这种关系的始终。人与自然的相互联系，首先是以人是自然的一部分为前提，人因为自然而变成有生命的存在，同时，为了维持生命人必须与自然相互作用，同时也会受到自然的束缚。"所谓人的肉体生活和精神生活同自然界相联系，不外是说自然界同自身相联系，因为人是自然界的一部分。"①人既是一种"类"的存在物，并且也具有自身的特殊性，人是通过自觉的实践活动来与自然保持联系的。

因此，绿色共享的先决条件就是"人"对"自然"的能动性和被动性的统一性。人是客观存在的，是感性的，是肉体的，是客观的，人是依赖于大自然而存在的。人的存在和发展又要求对自然界进行持续的改造，把自然界变成人类的"无机物"，以满足人类的种种需求。从这一角度出发，马克思所说的人的本性将其作为一种社会性和历史性的"本性"。人自觉地对自然界进行改造的过程，这也是一个人利用对象化的活动来确认自身类本质的过程，也就是主体的客体化和客体的主体化的统一。

人是一种社会性的存在，那么人与自然之间的关系必然是通过人与人之间的关系来展现出来的。"只有在社会中，人的自然的存在对他来说才是自己的人的存在，并且自然界对他来说才成为人。"②所以绿色共享就是人类为生存而形成的社会。为此，在合作的基础上必然要表现出某种共享

---

① 马克思恩格斯文集：第 1 卷 [M]. 北京：人民出版社，2009：161.
② 马克思恩格斯文集：第 3 卷 [M]. 北京：人民出版社，2009：301.

特性。尽管在已知的任何一种社会形态中，对于自然资源和生态财富的分配都有不同程度的不平衡，但人类社会在最初开始之时是依靠协作和共享来维持生存的，由此我们也可得知，对于独享性的这种可能也难以成立。也就是说绿色共享与人类这一社会个体的基本利益相一致。

绿色共享并非一种单独指向人与物的关系，它更被视为一种人与自然之间的紧密联系。在这个问题上，"自然中心论"试图从自然界的组织特性出发，来证明人们对自然的尊敬与保护是合乎道义的。根据马克思的观点，只有具备了自觉的、有实践的能力的一种力量，才会有它所特有的价值，因此，不能把纯粹的自然规律与人类的行为与需求相分离或割裂，只从简单的自然规律出发，去解释人类对自然规律的某些道德责任。所以我们应该有清醒的认识，尽管对价值的判断是以"人的立场"为基础，但是，这并不等于人就一定比自然更优越，更不等于自然、万物都是为了人类而存在，它们的存在意义只是为了人类的有用。从本质上来讲人的确是一种价值与实践并存的主体性存在物，而非一种超越自然的主体性。人可以说既是自然界的一分子，又是现存的唯一的、有理智的、有意识的存在，对自然界负有最大的责任。因此，绿色共享是指人对自然的需求和责任是对等的，当人们通过合作来共享自然资源和生态财富的时候，也就意味着他们要一起承担起维持生态平衡的主要责任。

但在资本主义体制下，伴随着工业化的发展，人们对大自然的改造能力越来越强，他们对大自然的随意无度地使用，势必会面临一系列人类要解决的难题，资源的不断破坏和肆意使用，生态环境同样会受到危机的挑战。"在人与自然的关系上，充分认识和遵循自然规律，合理利用自然。"[①] 要合理地调整人与自然的关系，合理地利用和保护自然。可见，马克思在那个时候就对生态环境的保护非常重视。因此，马克思在那个时代，针对人与自然的严重不平衡状况，提出了"两个和解"，也就是人与自然、人与

---

① 许庆朴.马克思恩格斯学说与中国现实 [M].北京：人民出版社，2007：344.

人的关系的和解，唯有这两个关系的调和、协调，才能使人与自然达到真正的和谐，才能确保所有人都能平等地参与生态共享，也只有这样才可以说人类离真正意义上的自由全面发展更近一步。马克思的任何思想都是为他的终极目标服务的，包括共享发展思想也是如此，人的自由全面发展也恰恰是马克思为之奋斗的毕生的追求，而人的自由全面发展的需求又是以多元化的样态呈现出来，还蕴含着多层次的纷繁复杂的内容。因此，共享发展的范围必然包含了人的发展，以及政治、经济、文化、社会和生态等多维度的范畴。

第四章　马克思共享发展思想的要义论析

深刻的、系统的、全面的、可持续的马克思共享发展思想，洞悉其本质是以公有制为前提和基础的，它强调的是公平正义的价值理念，将共享社会定性为发展权利与发展义务的共同体，并将自由发展视为最终的价值追求。在此基础上，爬梳马克思的论著，可以洞悉出其共享发展的思想具有科学性、批判性、实践性与人民性，并随着社会历史的演进不断充实完善，在不同发展阶段针对性地制定战略方针、顶层设计，彰显着共享发展内涵的丰富性与渐进性。共享发展这一理念在物质资料生产的各个环节均有体现，它杜绝了生产、交换、分配等不同环节的剥削，最终为实现消除贫富差距、人人共享发展成果的美好目标奠定基础。

一、马克思共享发展思想的实质要务

公平与正义历来是人类社会为之奋斗与追求的根本目标。马克思认为，建立在资本主义私有制之上的公平与正义，是资本主义社会矛盾产生的根源。如果要消除该种原因，并让工人能够平等地享受到自己的劳动成果，就必须创造出一种公平公正的环境。只有在这种环境中，人们的共同发展才能得以实现，才可能达到人的自由全面发展这一最终目的。

（一）公平正义是共享发展的核心要义

共享发展的理论我们可以将其视为是一种价值观念，它的核心要义表明全体成员共享社会发展所带来的红利和成果。显然，这种价值观念必须是建立在生产力发达、物质充裕和分配体系合理化的基础上，其内在蕴涵着公平和正义的价值。"共享发展是新发展理念的目的，实现社会公平正义是共享发展的本质要求。"[①] 然而，在资本主义社会中，所谈到的公平正义外表包裹着一层肮脏的面纱，就其本质而言，它依然带有保护资产阶级利益的色彩。所以在各个方面，劳动者都要受到资本家的压制和约束，资本家将劳动者辛苦创造出来的劳动成果据为己有，这就造成了富人和穷人在两个社会阶层间日益扩大的鸿沟。"人民群众是社会物质财富的创造者。"[②] 作为社会财富的创造者，人民应公平公正地享受劳动成果，但在资本主义的生产模式中工人没有公平公正地享受到自己生产出的劳动产品，资本家用虚假公平正义的承诺来掩盖他们真实的面目，究其本质，其实是对工人残酷的剥削，对工人创造出的价值的无情掠夺。

从《莱茵报》时期开始，马克思便就普鲁士政权对于下层民众的各种不公正的对待进行了严肃的批评。马克思认为，只有共享发展才能使所有人都能享受到最根本的生存和发展权利。他在对黑格尔国家观念的批评中，第一次把社会公正问题提升到了国家的层次，并以民主与法制为中心，提出了他的国家观念。马克思认为，一个能代表大多数人利益的体制，就是一个深得人心的体制，而且是一个能为大多数人谋福利的体制，只有这样才能建立起一个公正合理的制度。人在社会中的发展应以公平与正义为前提条件，更脱离不开对自由的追求与向往，所以说只有当人们得到了自由时，他们才会全身心地投入到社会的生产与发展之中。马克思在其著作《德意志意识形态》中，着重指出了实现社会公平与正义的必要条件。他在《反杜林论》中还指出，资产阶级所提倡的自由和平等，只是一种名义上的权利。与无产阶级的权利是截然不同的，无产阶级所指的权利是一种实实在在的、为大多数人终身享受的权利，而真正的公平和正义也只能是在无产阶级的领导下，在马克思所构想的社会主义中才能得到实现。这也从侧面说明

---

① 吴宁. 共同富裕与共享发展 [J]. 广西社会科学，2022(1).
② 韩树英. 马克思主义哲学纲要 [M]. 北京：人民出版社，1983：470.

了，唯有在社会主义的基础上，才能为公平与正义的实现提供良好的制度保障。

对社会公平与正义的追求是马克思主义理论的伟大价值所在。在《哥达纲领批判》中，马克思说："什么是'公平'的分配呢？难道资产者不是断言今天的分配是'公平的'吗？难道它事实上不是在现今的生产方式基础上唯一'公平的'分配吗？"①由此我们可得出一个结论，只有在共产主义体制下才能获得真正的自由与平等，而这种体制正是公正的需要。要实现正义就必须要有正确的导向和前提条件。列宁指出："我们必然会确定不移地走向共产主义。"②剥削就意味着没有公平，也没有正义，更别说共享发展成果了。无论在无产阶级还是共产主义的运动中，公平正义都是必不可少的，消灭剥削的目的就是要让人人都享有平等的权利，唯有在这种情况下，才能让每个人都能得到充分的自由和全面的发展，才能保证每个人都能共享到发展的成果，而共享发展的成果，首先要建立在公平和正义的基础上，这是社会发展一定阶段的一个重要的价值追求。因为，唯有共享，才能使人获得真正的自由，而这不仅是一种物质的共享，还是一种生活方式和权利的共同趋向，是一种真正意义上的社会公平与公正。

资本主义生产方式在马克思的理论框架下被分析得十分清晰可视，资本主义的生产方式包裹着难以平等与公正的生产关系是赤裸裸的。所以，马克思所提的共享思想主要是为了解决社会的公平性和正义性问题，共享是指所有的社会成员都可以享受到所有人所创造的福祉，而这些福祉的实质就是每一个人对于公平和正义的追求的成果。通过马克思对于资本主义社会极端不公平现象的批判，我们可以看出，社会主义下的公平社会既要求对个体的权利予以尊重，又要求满足个体的合理需求，还要求个体主动地承担起社会所赋予的责任。

---

① 马克思恩格斯文集：第 3 卷 [M]. 北京：人民出版社，2009：432.
② 列宁全集：第 35 卷 [M]. 北京：人民出版社，2017：217.

（二）共享是发展权利与义务的共同体

从唯物史观逻辑框架下来看，公正受它所处的社会历史条件下的生产关系的影响，而脱离了经济基础来要求实现所有人的正义是毫无实际意义的。美国政治哲学家、伦理学家、法学家罗尔斯和美国哲学家、思想家诺齐克是从人类的抽象化的角度出发，试图为人类寻求一种普遍而又永久的正义准则。按照马克思的说法，正义原则虽然被宣称具有永久的重要性，但事实上，它依然是一种对现有经济关系的保守思想的反映。罗尔斯主张，收益的不均等应与收益最小的人的收益相符。他吸收了法国启蒙思想家、哲学家、教育家卢梭和其他哲学家的"社会契约观"，带有强烈的理想主义色彩，同时又带有一种非历史主义的空想色彩。没有被广泛接受的、完全公平的标准，公平是具有历史性和特殊性的。人们所追求的公平目标，是以那个时代的社会生产情况为基础的，它是被那个时代的社会历史条件下的生产关系所决定的。

依据马克思所说："只有完全消灭一切阶级统治、一切奴役和一切剥削，才能解放自己；社会生产力已经发展到资产阶级不能控制的程度，只等待联合起来的无产阶级去掌握它，以便建立这样一种制度，使社会的每一成员不仅有可能参加社会财富的生产，而且有可能参加社会财富的分配和管理。"[①] 只有在完全消除私有制的条件下，也就是消灭少数人在社会生活中使用多余的财产来剥削多数人的制度，才能建立起人们的自由和平等的关系，才能建立起一个自由人的联盟。法国18世纪末的空想社会主义代表人物巴贝夫及其追随者，也曾经主张抹消资本主义所拥有的私有财产，以创造一个完全平等的无产阶级的共和国，表现出一种实际的要求即超越旧的世界秩序。但是，他们最大的问题在于，他们并没有摆脱最初的、粗糙的平均主义。由于德国工人运动领袖拉萨尔放弃生产关系去谈论"劳动"和"公平分配"的

---

① 马克思恩格斯文集：第3卷 [M]. 北京：人民出版社，2009：459.

谬论而受到了批评，拉萨尔避开了生产方式，而抽象地谈论"纯粹的劳动收入"和"全体社会成员同等的权益"，马克思对此番言论进行了严厉的批判，并提出拉萨尔主义的悖论，即全部的劳动成果都是由全体社会成员享有的，而非全体社会成员都是"纯粹的劳动收入"，从而违背了"纯粹的劳动收入"的理念；只有在社会上有劳动成果的个人才能获得，这就违背了所有人在社会上享有的"同等权利"准则。因此，在马克思看来，"平等"在资本主义法律框架下是一种伦理观念，拉萨尔的看法依然是一种资产阶级思想，他所强调的"公平分配"实际上是一种理想化的观念，即"法律权利"对经济关系的决定性影响，从本质上讲是一种保护资产阶级利益的理想主义。马克思深刻地指出，从这个意义上说，人类的权利是不能超过一个社会的经济结构与文化发展的限度的，不能离开发展的历史背景而去谈论人权的绝对平等。

马克思认为正义是建立在社会生产力的发展水平和一定的社会关系之上的，资本主义私有制是造成异化现象的罪恶根由。人与人、人与社会都成了相对的存在，个体过分强调自身的权利，而产生了普遍的个人利己主义。在一般的利己主义环境下，基于私人所有权的正义，只不过是为了维持资产阶级的个人利益。因此，马克思所提出的新论断便是在上述观点的基础上社会全体成员所享有的正义，应该是以社会对个人的权利的尊重为前提，以及个人对社会规定的义务的自觉承担为前提。马克思认为人与社会之间是具有一种内在的统一性的。那么，个体是一种价值主体，它有其自我需求的特征；而作为价值对象的个体，其自身也有其自身的特点，即以自身的行动来实现自身的满足。所以说个人必须对社会尽到相应的责任，为社会作出相应的贡献，他才有权获得社会的认可和奖赏。与此同时，社会也要尽量创造一种环境，让人们能够尊重个体的权利，让个体的合理需求得以满足，这样就可以最大限度地发挥人们的个性和潜能，实现对社会所有成员的公平。

（三）自由发展是共享发展的价值旨归

马克思关于共享发展的论述，是以人的自由而全面的发展为最终的价值追求，并把人的发展作为目的。共享发展的本质就是使每个人都能享受到平等的发展条件和机遇，进而促进人的自由和全面发展这一目标的实现，马克思认为，"每个人的自由发展是一切人的自由发展的条件"①，人的自由和全面发展是要通过共享发展来促进的。反之，对人的自由全面发展的追求也可说是共享发展的目标。

人的自由全面发展思想是马克思理论体系之中最为重要的内容之一。马克思在探索与思考人性的过程中对人的解放进行了探索思考，而且还对人类社会的发展规律加以剖析。例如，在《1844年经济学哲学手稿》中，既有类本质，又有人的本性，论述了"人"和"人的本性"，以及"人"与"人"之间的关系。他说人的发展以劳动为根本，而人的发展又是人的基本特征，因此，人的发展必然是人的自由和全面发展。但是，在资本主义体制下，异化的劳动导致了人的扭曲和畸形发展，从而导致了资本主义不能使人获得自由和全面的发展，这也是为什么马克思会对异化的劳动展开深入的研究和批判的重要原因。马克思在《德意志意识形态》中通过对社会分工的考察与分析剥离出劳动与共享分离的现象，这种现象造成了社会不同阶层之间的对立，从而使工人与自己的劳动成果形成了一种异化的力量，进而使社会和人的发展都受到了片面的、孤立的影响而滑入了形而上学的深坑与泥潭。依据马克思所指出的，"彻底变革旧的生产方式，特别是旧的分工必须消灭"②，才能让每一个人都得到自由的发展。马克思还提出，在无产阶级颠覆了资本主义，获得了权力之后，要在一个自由、和谐的社会中，指导人们的社会生产生活，使他们朝着一个整体的方向发展，并使他们成为新一代的"好思想生产者"。

在未来社会之中，依据马克思所构想的共享发展的终极目标应该是让每个人都能得到自由而全面的发展，最大限度地利用自己的天赋和能力为共产主义事业而奋斗和服务。马克思在《共产党宣言》中，对社会主义的

① 马克思恩格斯文集：第2卷[M]. 北京：人民出版社，2009：79.
② 马克思恩格斯文集：第9卷[M]. 北京：人民出版社，2009：330.

奋斗目标作了详尽的阐述，并清楚地表明，社会主义奋斗的最终目标是要使全人类获得解放，促进人的自由和全面发展。这就是马克思《资本论》所依据的"剩余劳动"对在共产主义社会中实现人的自由全面发展的必要条件进行的详细的论述。依据人的自由和全面发展过程可知马克思一直以来都十分重视个人价值的实现，并且十分重视人的整体发展和社会的和谐发展。在马克思所设想的共产主义社会中，高度发展的生产力和丰富的物质资源，将推动人民对社会生产发展的资源进行共享和占有，促使人民充分发挥自己的才能和创造力，积极参与共建、共享的社会发展，最终达到人的自由全面发展的目的。

二、马克思共享发展思想的本质特征

在考察马克思共享发展思想之时会与空想社会主义有所比较，二者之间从本质上就不相同，我们说空想社会主义学说或者是为资产阶级辩护的学者的理论之间都不一样，前者的理论缺少能够付诸实施的实际路径，而后者的理论则是以私有制为前提的资本主义制度为基础。那么，在资本主义制度中把资本推置在高空之处，会把人民拉进资本运行的这一魔圈之中，此时的工具理性的价值观念也便是推动人类成为工具的附庸，在这种状态下，人们难以实现自身的全面发展。马克思的共享发展是在公有制的基础上提出的，共享发展是一个新的认识，它具有科学性、实践性、人民性、历史性等特点。

（一）马克思共享发展思想的科学性

马克思的共享发展思想，是基于它的世界观、方法论，即对乌托邦的空想社会主义进行了辩证唯物主义和历史唯物主义的批判，摒弃了费尔巴哈抽象人文主义的一边倒，而体现出了严谨的科学性。

第一，科学的世界观与方法论。马克思共享发展思想的理论依据是以辩证法和唯物史观为依据的，马克思的共享发展思想是对人类社会发展的一些基本规律的深刻理解，"不是意识决定生活，而是生活决定意识"①。一种存在的社会的事实和一种对社会的认识，可以说是一门能客观地反映和揭示社会历史真实面貌的历史科学，它不能用任何一种单纯的、机械式的、由低到高的、以直线方式发展的理论来加以总结。人的自由全面发展在马克思的共享发展思想之中也被视为终极指向，实现这一目标离不开物质与精神两个方面的条件，也可以说物质生活的极大丰富和精神生活的极大满足是人的全面发展的两个必要条件，由此可以看出，马克思提出共享发展思想是对社会生产力的高度关注，而且马克思共享发展思想的实现同样离不开社会生产力不断提高这一因素的功劳，所以它也可以被视为马克思共享发展思想的题中应有之义。

第二，科学的实现方式。乌托邦所体现出的空想社会主义在当时缺乏切实可行的方案，因此在资本主义盛行的社会中实现较为渺茫，尽管幻想破灭，但马克思依然认为，在资本主义社会的环境下，与之相对应的以无产阶级为代表的社会主义已然产生与形成，无产阶级意识到只能通过革命斗争的方式来冲破资产阶级压榨的牢笼，也只有依靠自己的力量进行自我救赎。巴黎公社的失败使马克思认识到要想彻底破坏资本主义社会的生产关系，就必须使世界各地的无产阶级团结一致，才可以促使革命获得最终的成功。一方面，马克思的共享发展思想摒弃了空想的社会主义，提出了一条切合实际的社会主义道路，使得社会主义的建设不再只是人们的想象。在对资本主义社会之中的市场经济加以分析时，马克思直接点明资本主义内部的生产关系中三大要素也存在着相互矛盾的状况。另一方面，马克思在这个进程中，既对社会生产关系进行了批评，又对社会生产关系的建立作出了论述。在马克思的共享发展思想中，他主张将生产资料的私人所有权替换为生产资料的公有制，进而使社会生产关系发生变化，并在生

① 马克思恩格斯文集：第 1 卷 [M]. 北京：人民出版社，2009：525.

产资料的公有制的社会体制上，对社会的分配体制进行了调节，使社会的生产资料与劳动结果能够得到充分的共享，为社会的再生产奠定了物质基础。

第三，科学地理解"人"。在费尔巴哈眼中，人与人之间只有爱情和友谊，除此之外没有任何社会性的联系，显然他只将人当作一个抽象的个体来对待。然而马克思共享发展思想却是把"现实的人"作为自己的主体，把"现实的人"作为自己的根本和自己的价值追求。"把现实地改变自己的现实存在、改变自己存在的现实条件、即改变自己的现实的'我'的任何行动当作非批判的行为轻蔑地加以拒绝，他们就会现实地发生变化并使自己成为现实的人。"① 社会是由各种相互独立却又相互联系的各种社会个人所组成，离开了人的活动，就没有了社会。历史是在社会的生产实践中被创造出来的，而历史的运作有着它自己的客观规则，在这个过程中，人不仅创造了历史，而且还实现了自我，并且还产生了各种不同的人和人的关系，而这些关系最后决定了社会的发展方向。可见在马克思的共享发展思想中对人的劳动生产以及人们的物质生活等的观点，都是从现实中的人的实践活动、劳动生产，以及人们的具体经验中验证而来的。

（二）马克思共享发展思想的批判性

科学性是评判事物过程中的科学依据，而非凭空想象所得，那么，马克思共享发展思想同样是以科学性为基础，具有强烈的批判性。当我们正视它时，可知是对人类社会发展的批判性而且也是对前人理论成果的一种继承，可以说是一种经过批判而发展起来的一种科学学说，因此它还具备了批判性。有学者认为，"马克思共享发展思想具有理论意义上的批判性"②，它最大的特征是具有很强的批判意义，要深刻理解、把握马克思的共享发展思想首先要认清它的批判内涵。可以说马克思关于共享与发展的理论具

---

① 马克思恩格斯文集：第 1 卷 [M]. 北京：人民出版社，2009：274.
② 糜海波. 马克思的共享发展思想与现实启示 [J]. 求索，2017(12).

有鲜明的批判意义。

第一，马克思的共享发展思想并非无源之水，通过对英国经济学家威廉·配第高呼的劳动价值论的批评，马克思指出在未来的社会中，既要创造物质的劳动，又要进行精神的劳动，要共享社会发展的结果同样是脱离不开这两者。英国经济学家亚当·斯密倡导的关于分配问题的一种批评是对社会主义初级阶段"按劳分配"的一种批评，是对劳动人民的一种补偿，是对劳动人民共同发展的一种肯定。在对德国传统哲学进行批判性学习的过程中，人们先后提出了"共享发展"的社会，其实质是"共享发展"的"快乐"的社会，但是，这种"快乐"并不只是一种主观选择的满足，也不能求助于神，而是需要通过自己的劳动来获得。为了使人能够真正地拥有自己的本质，人必须把人的本质的异化排除在外，使人能够自觉地工作，才能使生产资料回到集体的手中，让所有的成员都可以共享生产资料，并让他们逐渐地进行劳动，让他们分享诸如社会进步的果实之类的东西。在批评"空想"的时候，它的中心思想是"平均主义"，认为要实现共享发展，只有依靠无产阶级，把私人财产转化为公共财产，并在社会生产力的极大提升的基础上才有可能实现。

第二，对"均享"制度的批评。马克思在其有关论著中，对人类社会的发展过程和形式演变进行了详尽的描写，从中我们可以看到，马克思对于原始社会的看法既有正向的，也有负向的。按照马克思的观点，在原始时代，生产力的发展处于极度低下的状态，人们无法进行生产劳动，更无法形成私人财产，因此，所有人都要联合在一起共同劳动、共同分享，才能对抗天灾、对抗野兽，解决最起码的生存需求。因为生产力低下，劳动成果极其匮乏，而社会成员又只是满足了最基础的物质需求，此时，在这个阶段，社会成员所能达到的就是"均享"，即共同劳动、平均分配。一方面，在原始状态下，由公社成员拥有的生产资料，不允许少数人对生产资料的占有，不存在剥削阶级，不存在人与人之间的剥削，从这一点上来说是肯定的。另一方面，在生产力水平较低的情况下，在一个公社里，社员们把他们的工作聚集在一起，并把他们得到的东西平均地分配给他们共同占有是一种"均享"的低级形式。唯有在生产力高度发展的共产主义社会中，实现共享，才能实现所有人的共同发展。

第三，批评了在资本主义社会中不共享的现实。马克思共享发展思想的"批判性"特点，就是在对资本主义不共享发展理念进行批评的基础上，创造性地提出并发展这种理念，以克服这种不共享发展理念和弊端为目标。唯物史观认为在生产力的发展过程中，劳动的分工是不可避免的，并因劳动分工所引起的劳动人员和生产资料的差异，最终必然会出现私人财产。私有制将产生有产阶级和无产阶级，在这个阶段不是共同进行的，也不是公平的，于是就有了这样一种情况：一部分人能够共享社会成果，而另外一部分人对于社会成果可以说是无缘的，这种两极分化的现象在资本主义社会之中不仅出现，同时也被推到了顶峰且难以掩盖资本主义社会的不公平性。马克思对"人吃人"的资本主义社会进行了批判，认为其最基本的特点是私有财产，而资本家则通过自己的财产，通过不断扩大自己的生产资料，获得无限的剩余，从而"独享"了所有的社会发展成果。另外，在政治上，资产阶级获得了包括政治和民主在内的一切权利。马克思对资本主义社会中的不共享发展的本质进行了深入的揭示和批判，指出要依托于无产阶级，打破旧的国家机器，颠覆资本主义的私有制，确立对生产资料的社会占有的公有制，根除不共享发展和它的弊端，从而能从根本上令每个人都能真正地共享到社会发展所带来的成果。

（三）马克思共享发展思想的实践性

第一，关于共享发展理念的实践基础。理论是在实践中形成的，如果不进行实践，就很难得到认识和理论，"理论来源于实践，在实践的基础上产生和发展"①。只有理论没有实践就是唯心论，这是一个谬误。实际上

---

① 高九江，韩琳．延安时期马克思主义中国化研究 [M]．北京：人民出版社，2014：29．

我们的一切理论，都是从实践中衍生出来的。马克思在阐述共享发展理念的时候，考虑到英国劳动者的生存、工作条件等，马克思的共享发展理念也在随着时代的发展而不断地进行着修正与完善。马克思所有的理论都是建立在那个时代的社会实际之上的，并将当时的时代背景作为自己理论的依托，对那个时代的社会展开有针对性的批评和揭露，在这个过程中，他逐步地发展出了他的思想和理论，他的理论是从实践中产生的，同时又用理论来指导他的实践，在这两个方面的互动发展中，他又进行了一次又一次的实践，最后才形成他自己的一套理论。

第二，共享发展思想自身的实践性。依据共享发展思想在马克思实践中的启示可知，"共享发展具有鲜明的实践性"[①]。马克思的共享发展理念要求以按劳分配为一种以生产资料公有制为前提的过渡性分配模式，最后才能达到按需分配的目的。在这个过程中，需要所有的社会工人都团结在一起，组成一个自由人的联合体，来进行社会化的大生产，这就需要所有的工人都采取行动，在共享发展的这一实践过程中形成人人参与的局面。在共享的理念中，马克思清晰地阐述了共享的社会制度、社会生产方式、社会生产关系，并指出了共享的实践路径，马克思的共享理论是一种极具实践意义的理论。

（四）马克思共享发展思想的人民性

人民性是一种具有历史意义的概念，它展现的是社会进步中总结出来的概念，同时，这也是一种内在的驱动力量，促进了社会的发展。马克思的共享发展思想是在批判资本主义社会时，注重全体人民共同发展的观点。因此，无论是在无产阶级社会中，为了实现工人阶级的共享发展，还是在全社会成员中集体进行共同发展，这些都彰显了人民性的特点。可以说马克思共享发展思想的人民性，意思就是始终站在人民的立场上探讨共享发

[①] 王丽英.共享发展的制度属性及现实启示：基于《1844 年经济学哲学手稿》经济正义观的分析 [J]. 当代经济研究，2018(3).

展。共享发展的主要内容应该是以人民为中心，围绕着人民而进行的。那么，若要实现共享发展，则必须依赖于全体人民。所有的人民既应是享受者，也是建设者，可以说这就是同一个问题中的两个层面。马克思的共享发展思想之所以具有人民性，是因为马克思的共享发展是以公有制为前提的，即到那个时候，没有了剥削和压制，每个人都是社会的一分子，也就是说所有人都可以共享发展，该理论中所指的共享发展无疑具备着人民性。由此可知，马克思的共享发展思想最根本的要义就是强调人民的特性。

　　第一，共享发展中坚持以人民为中心。以人民为中心在马克思的共享发展思想中占据核心地位，它也是多维展现出来的。"以人民为中心的发展思想，也关乎治国理政的全局性实践。"①"人民至上"的本质表现，其一，是"所有人都要共享发展"。马克思认为，人民群众不仅是创造物质和精神财富的人，而且也是改变社会的决定性力量，正是在这种逻辑关系下，马克思才把共享发展的对象看作是所有的社会成员，这就是马克思共享发展思想之中蕴含人民性的特征。他深刻地剖析了资本主义社会所产生的利益，只有少部分人才能够独享，而大多数人却无法享受到这种利益，并提出了工人阶级作为创造财富的主要劳动者，付出了巨大的努力和牺牲，理应享受劳动产生的利益，不应当成为生产的工具。必须认识和尊重工人阶级的主体地位，并满足他们的利益和需要，而马克思倡导的共享发展理念中体现出的人民性在实践中充分彰显了对工人阶级基本利益的满足。马克思揭开了资本主义剩余价值之谜，他希望工人阶级和劳动人民能懂得他们是怎么被剥削的，是谁在养活他们。让他们清醒地认识到，自己是社会的主人，不应该成为生产的工具，也不应是被动的对象，而是主动的对象，是社会发展的现实对象，就应该平等地享受社会发展的成果。其二，是要靠所有会员共同创造和共享。在资本主义社会中，资产阶级是根据自己拥有的资源来进行分配的，因此，他们是作为一种投资让自己的资源继续为

---

① 郭广银.中国特色社会主义创新发展的探索与研究·2017[M].北京：人民出版社，2018：43.

自己服务产生利益，而不是"共建"，只能"独享"。未来的社会，每一个人都可以平等地参与到生产活动中，整个社会都拥有了生产资料，每个人都可以平等地享受到这个过程，并在这个过程中共同发展。因此，马克思共享发展思想的人民性特点的又一内涵就是使所有成员都参与到共同的社会生产实践中去，从而为共同的人的发展、共同的社会发展做好准备。一方面，在马克思那里，他把人参与劳动是非常重要的这种特征向世人展示，他曾说过："任何一个民族，如果停止劳动，不用说一年，就是几个星期，也要灭亡，这是每一个小孩子都知道的。"①如果只是口头上讨论分配与发展，而没有具体参与到劳动之中，那么也只是一种幻想。因此，要想达到共同发展的目的，就必须让所有的人都投入到自己的生产活动中去。另一方面，劳动者在生产活动中所创造出来的财富，可以从双重方面去理解，既有物质财富又有精神财富，二者相互统一在无产阶级劳动者所创造的劳动成果之中。"在人人都必须劳动的条件下，人人也都将同等地、愈益丰富地得到生活资料、享受资料、发展和表现一切体力和智力所需的资料。"②共享发展脱离不开相关的必要条件，最重要的是在这一过程中一定是与生产相伴的，那么在生产过程中也一定以劳动力为主，也就是说以工人为主要因素，所以工人要参与到具体生产过程之中，才能为发展奠定基础，而且还能使工人自己获得成长和磨炼。可见马克思既强调发展是所有人共享的，也要求所有人都要通过共同的劳动，共同创造出物质和精神的财富，并在共同建设中达到共享的目的。此外，劳动者参与到生产中来，就可以为实现共享发展提供必要的资源，它是一个让所有人都在共同参与、共同建设中达到共享发展的一个动态的过程。

考察历史的发展过程可以看出，历史本身并不能根据自己的意志开展历史活动，但因为历史是由具有主观能动性的人类活动创造出来的，它诞生于人的生产活动之中，由人的活动所构成，因此会形成自己的内在发展

---

① 马克思恩格斯文集：第 10 卷 [M]. 北京：人民出版社，2009：289.
② 马克思恩格斯文集：第 1 卷 [M]. 北京：人民出版社，2009：709.

规律。人类的实践活动构成了历史，在这个实践过程中，人类不仅创造了历史，而且还成功地成就了自己，生产关系是由人类的实践活动来确定的，因此，人的实践活动是社会发展的先决条件，人在创造历史的同时达到了人类的自我的全面发展，共享发展是一种社会关系，它的发展前提一定是现实中的人。

第二，个人之间的共享是实现社会共享的先决条件。"社会成员之间必须具有共享的基础，没有共同结合基础的聚合，不能称为真正的社会。"① 个人的人生呈现方式，就是对社会生活的呈现与肯定，由于个人是社会存在的一部分，个人的一切活动与快乐，都是社会的一种活动与快乐。唯有在这种社会中，人类才能获得真实的自我回归，才能进行社会活动并获得快乐，从而获得个人的自由发展。一方面，在共享发展的思想之中，应该让大家真正地享受到自己的快乐，而这种快乐也并非局限于享受自己的劳动成果，还要享受自己的劳动活动。另一方面，只有使人们真正地享受到自己的快乐，才可以让个人与他人共享成果，让个人在共享、共建的过程中得到更多的成就感。

第三，在自由人联盟中，共有的劳动是实现共同发展的基本保障。在胡映兰看来，"自由人联合体是实现人的自由全面发展的必由之路"②。共产主义的基本目标是人的自由全面发展，要达到这个终极目标，就必须要让全社会的每个人都得到自由和全面的发展，并且要让所有人都变得更加富有，而不是让几个人变得更富有。要想实现以自由人的联合体为组织，开展人类的社会生产活动，就需要每个人都参加到社会生产的过程中来，促使他们能够更好地发挥自己的主观能动性，为社会的发展作出自己的贡献。这就要求我们在实现共享发展的过程中，要始终将人民放在第一位，坚持以人民为中心，让每一个人都可以加入到共享发展的进程中，让他们的力量成为共享发展的不竭源泉。

---

① 吴玉军.非确定性与现代人的生存 [M].北京：人民出版社，2011：225.
② 胡映兰.改革开放以来中国共产党社会建设的理论与实践 [M].北京：人民出版社，2014：34.

（五）马克思共享发展思想的历史性

马克思共享发展思想紧扣着生产力与生产关系这一对概念，而且它的形式也是与生产力发展相适应的。马克思的共享发展思想具有众多的社会历史特征。

第一，社会生产力发展的社会历史性。"马克思、恩格斯第一次将人类社会划分为五种社会经济形态，即原始社会、奴隶社会、封建社会、资本主义社会和共产主义社会。"① 随着生产力的持续发展，后一时期的社会形态从上一时期的社会生产力发展中诞生，马克思在巴黎公社失败之后，意识到如果要冲破那一时期的社会生产关系所带来的桎梏，就需要用革命的方法去粉碎紧紧束缚的牢固锁链，世界上所有的无产阶级要团结起来反对资产阶级，所以，在资本主义时期共享发展主要是在阶级内进行的，它带有一种阶级性。在社会主义社会中所有的社会成员都是共享发展的主体，社会的所有劳动者都可以用有计划的集体劳动来提高社会的生产力，从而达到共同富裕的目的。在社会主义社会中，人们能够利用自由劳动获得自己想要的东西，不再受生产关系的制约和剥削，从而实现人的自由全面发展。

第二，分配方法的社会历史性。随着社会的发展，分配方法必须与社会的生产力发展相协调。各个发展时期共享发展所采用的分配方法也是各有不同的。因为社会主义阶段人们尚未彻底地获得自身的解放与自由全面发展，所以，在社会发展的进程中，仍然有着各种区别。这个世上并没有绝对的公平，所以，我们不能因为要达到共享，就一味地去寻求一种在数量上的绝对公平，所以，社会共享应当遵守一个合理的比率差。"社会主义初级阶段，在分配制度上是以按劳分配为主、多种分配方式并存，劳动、资本、技术、管理都参与分配。"② 社会主义阶段的分配方法应当是以按劳

---

① 郝立新. 当代中国马克思主义哲学通俗读物：大众哲学对话录 [M]. 贵阳：贵州人民出版社，2009：14.
② 吴育林. 当代中国价值问题与价值重构 [M]. 北京：人民出版社，2014：286.

分配为主。在社会性的生产中为了实现人类社会生产的由自由人组成的联合体，每个人都要参加到社会生产中来，让每个人都能参加到社会生产中来，让每个人都能发挥出自己的主观能动性，为社会的发展作出自己的贡献。在劳动产品的分配中，突破了体力和脑力劳动的限制，根据每个人的劳动能力和在劳动生产活动中的贡献，得到与之对应的劳动报酬，这就是按劳分配。因为整个社会成员的人数已经超出了具有劳动能力的社会成员，所以还有一部分没有劳动能力的社会成员，因为各种原因，如先天能力的缺乏，导致他们失去了劳动能力，但他们依然是全人类的一部分。该群体的社会成员应当获得与之对应的社会劳动成果，从而确保在共享发展的过程中，社会产品分配的社会公平正义。在共产主义时期，在一个生产力高度发达、人的人格得到彻底解放的社会时期，应当根据社会成员的个体需要来分配社会劳动成果，每一个人都为社会的发展作出自己的贡献，而社会的发展又可以满足人们的发展需求。马克思的"共享发展"的含义和方法在不同的社会形态下都不尽相同，所以马克思的共享发展思想在社会历史的不同阶段有不同的实践方式。

　　第三，共享发展过程的历史性。共享发展可以说是一种进步的观念，它还与特定的社会形态紧密相关联，社会形式的变迁与发展是一种历史性的进程，所以说共享发展具有历史性。有学者认为，"共享发展是社会实践不断推进的历史必然"[①]。共享并非一种"应然"，它是一种"历史的必然性"，共享是一种动态的、渐进的、有意识的对现实的改造。当历史发展到资本主义时期，人们在政治和法律上都获得了同等的地位，这也促使人们获得了"政治解放"，这是人类发展史上的重大进展。但在资本主义中，仅仅用经济阶层代替了传统的政治阶层，并未达到劳动与社会的自由，更未达到实质上的平等，而是以劳动的异化与阶层的划分为主要特点。站在劳动者的立场上，"共享发展"指的是工人阶级和劳动人民获得了民

---

① 杨宏伟.贯彻落实五大发展理念 [M].北京：人民出版社，2017：209.

主，扬弃了资本主义私有制，从以人的依赖性和物的依赖性为标志的生活状态，朝着以在社会共有生产力的基础上实现人的整体发展和人的自由生命形态的发展。因此，要让人民联合起来，共同建设社会主义，突出一种以共享发展与和谐共处为导向的社会伦理文化。从而可以在一定程度上消除贫困、异化，这是历史发展的必然趋势。当然，社会主义的共享发展实质上是全体人民的共享。但是，生产力发展水平并未达到需求的标准，所以不能实行超出历史条件和不具备现实可行性的按需分配，也不能违反社会发展规律，实行平均主义，因此在某种程度上也压抑了社会可持续发展的积极性。"权利决不能超出社会的经济结构以及由经济结构制约的社会的文化发展。"[①] 当社会主义处于最初的历史发展阶段之时，社会成员并没有享受到平等的劳动共享权，仍然存在着贫富差距，以及现实的不平等。所以说共享发展不仅是一个历史范畴，而且还是一个不断发展的历史进程。

（六）马克思共享发展思想的阶段性

第一，马克思共享发展思想的实现首先要打破旧有的国家机器。他的共享发展理念在实践中经历了一个渐进的、复杂的过程。"未来社会将在打碎旧的国家机器、消灭私有制的基础上。"[②] 在马克思关于未来社会的描述里，可以说是以消除私人所有制、消除国家机构为前提的。在资本主义社会中，资本家掌握了生产资料，而工人阶级作为劳动者，不能享受到发展带来的裨益，这也一并造成了他们贫困、落后、不幸福的境遇。马克思对工人阶级的境遇非常同情，他认为工人阶级是一支可以依靠的革命力量，依靠工人阶级来推翻资本主义，使生产资料归全社会所有，以求为实现共享发展打下坚实的基础。如果不推翻私有制，不打破旧有的国家机器，那么实现共享也就是一句空话。最终所得的果实仍是要由资本家所独享。因此，

---

① 马克思恩格斯文集：第 3 卷 [M]. 北京：人民出版社 2009：435.
② 中共中央文献研究室. 十六大以来重要文献选编：中 [M]. 北京：中央文献出版社，2006：702.

要想实现共享发展就必须打破陈腐的机制，把私人所有变成公共所有。

第二，在社会主义社会的建设进程中共享发展的实现。伴随社会生产力的进步与发展，马克思共享发展思想在这一历史进程中逐步获得验证与实现，可以说也是一个从低层次到高层次的动态演化的过程。在社会主义初级阶段，生产力亟须提高，还存在着"三大差别"。这三个主要差异，是旧时代的劳动分工与阶级对抗的结果，造成了很大的社会影响。这三个主要差异，制约着个体的平等、自由和全面发展。拿城市和农村的差距来说，"城市和乡村的分离，立即使农村居民陷于数千年的愚昧状况……它破坏了农村居民精神发展的基础和城市居民肉体发展的基础"①。由此不难看出，城市与乡村之间的相互对立致使城乡关系发生断裂，不但使庞大的农村人口长期束缚在土地上，而且也制约了城镇人口的就业途径，制约了城镇人口的自由全面发展。这使得城市和农村之间的矛盾越来越尖锐，要按照员工的资质，做出相应的"扣除"，才能享受到发展的结果，而且不可能立即获得平等的权利，这是一个必须经历的过程。

第三，共产主义社会的共享发展。随着生产力的飞速发展、物质资源的充分流动、精神资源的丰富以及"三大差别"的消除，人们可以按需分配，人们将进入一个平等的发展时期。在这个时期，每一个人都可以通过共享来进行个人的有利发展，通过共享别人的进步与成果，逐渐达到自己的自由全面发展。因此，要全面掌握马克思的共享发展思想就必须认识到这是一个由低层次向高层次发展的动态过程。

（七）马克思共享发展思想的多元性

马克思的共享发展理念，从广大劳动者的角度出发，批判了剥削、控制和束缚劳动者的资产阶级，在此基础上，马克思还对无产阶级在劳动、生活、教育、医疗等方面所面临的困境表示了深切的同情，并综合地阐述

①马克思恩格斯文集：第9卷[M]. 北京：人民出版社，2009：308.

了"社会共享发展"这一概念的丰富内涵及具体内容。"一个阶级是社会上占统治地位的物质力量，同时也是社会上占统治地位的精神力量。"[①] 也就是说，在消除阶级的基础上进行的社会共享，它不仅是一种可以实现人的尊严的共享，还是一种可以享受生命中最基本的保障的共享，又是多领域中的共享展现，比如经济、政治、文化、社会、生态等。反之，资本主义社会中对工人阶级的剥削与压迫，使劳动人民不但在物质上处于贫穷的地位，在精神和文化上也处于消极和贫乏的地位。同时，因其与现实生活中所表现出来的矛盾，又使无产阶级丧失了对道德与法律的信仰与信念。资本主义不仅使工人阶级在思想、文化和教育上陷入贫穷，而且还使他们在精神上滑入匮乏的泥潭。这就使得工人阶级，无论在经济上、政治上、文化上，还是在社会上，都处在不利地位，因此，他们就成了真正意义上的"社会最底层"。这正是在世界上工人阶级是最受压迫的阶级的原因，"它必须承担社会的一切重负，而不能享受社会的福利，它被排斥于社会之外"[②]。由此我们可知，马克思一生都在为工人阶级解放而奋斗，他所描绘的是由政治、经济、社会等的解放作为途径，随之走向人自身的解放的历史进程，也为工人阶级的共享发展提供了一条现实的道路选择。

第一，以发展为先决条件，提高共享的层次，这是对马克思共享发展思想的充实和深化。共享发展的根本在于生产力，在生产力相对较低、社会物质资源严重不足的条件下，不可能实现共享发展。马克思曾这样说过，"任务本身，只有在解决它的物质条件已经存在或者至少是在生成过程中的时候，才会产生"[③]。随着社会生产力发展水平的提高，社会共享发展实现的可能性也在逐渐增加。

在人的依赖性占据优势的第一个阶段，由于当时的生产力发展程度，社会共有利益受到了很大的限制。在原始社会，受到原始公有制和生产力

---

① 马克思恩格斯文集：第 1 卷 [M]. 北京：人民出版社，2009：550.

② 马克思恩格斯文集：第 1 卷 [M]. 北京：人民出版社，2009：542.

③ 马克思恩格斯全集：第 31 卷 [M]. 北京：人民出版社，1998：413.

的限制，不存在剩余，因此，人们的需求是自然化的、最基本的需求，并表现为直线式的、全面的、平等的共享形式。在奴隶社会和封建社会中，人民的生活方式依附于社会团体，个人的需求也仅仅局限于最基本的生存需求。从整体上看，大多数的工人是服从于某一个统治阶层的，它所产生的全部财富是很难共享的。在人类发展的第二个阶段，也就是在对物质的依存中，实现个人的独立自主。在这一阶段，资本主义社会的财富积累达到了一个惊人的高度，劳动者获得了更高的自由度，更强的个人主体性，更多地掌握了自己的劳动。随着社会生活的日益丰富与多样化，社会成员间的共同权利得到了某种程度上的保证。但是，因为在资本主义社会中，私人所有制和资产阶级的剥削本质，虽然使得大部分的劳动人民在生产和生活水平上都有了一些提高，但是他们在发展和享受方面的需求仍旧停留在未能满足的程度，尤其是精神需求方面对于劳动人民来说更是较难实现。第三个时期是人格解放时期，这一时期社会生产力大幅度提高，民生大为改善。人的社会性展现从单纯的物质生活的满足走向了人的全面发展。消除了人对人的剥削和压迫，使所有人都可以在一定程度上平等地享受到社会的物质和精神财富；消除了物对人的主宰这一历史形式，人以人自身的内部需要为其生产活动的推动力，人为自己的个人享受而生产，并且人类同时也将普遍性的交流欲望深植在内心之中，人类在社会中构成了一个自由联盟，从而构成了一种自由、自主的共享形式。在新的时期里，我们要倡导共享，要在实现平衡的同时，以高质量的发展来提高共享的层次，追求发展和共享的辩证统一，这是对马克思共享发展思想的一个很好的补充和深化。

　　第二，对产权结构及其表现形式的改进，是对马克思共享发展的制度保证的充实体现。"真正的公有制是每个劳动者联合占有制……公有制经济的成果应该让所有劳动者共享。"[1] 真正的共享只能是在公有制的条

---

① 黄云明 . 马克思劳动伦理思想的哲学研究 [M]. 北京：人民出版社，2015：182.

件下才能获得。过去所有的私有制社会，实质上都是独享，而非真正意义上的共享，即这样的共享具有片面性、局限性和狭隘性，并不能实现真正意义上的共享。马克思引证了资本主义社会，指出了它建立在资产阶级的剥削制度之上，建立在雇佣劳动之上，它的发展是建立在对劳动者的残忍剥削之上，以致所有的无产阶级都成为它的牺牲品。马克思指出，由于劳动的异化，工人阶级处于一种非人的生活状况，同时，他还严厉地批评了在资本主义社会的阶级剥削中人们不能享受到共同发展。马克思还用政治经济学对资本主义的剥削作了科学的分析，由劳动所产生的剩余价值，都被资本家所占有，从而解释了在资本主义社会中，对于人民来说实现共享发展是一件非常困难的事情。资本主义商品异化是马克思对资本主义商品的揭露，批评了野蛮和反人性的资本主义生产方式。马克思认为，尽管在人类历史上，以资本主义社会取代封建社会是一种伟大的进步，但是，这是由资本主义的私有制所决定的，它不能改变一种阶级对另外一种阶级的剥削，这就说明了在资本主义社会中，不能实现共享发展的体制原因。为了使整个社会真正地共享发展，我们需要颠覆资本主义的私有制。

马克思对资本主义的野蛮剥削和掠夺，对资本主义的私享本质进行了批评，但他也指出，资本主义的生产不仅是一种普遍的劳动，而且是一种价值的增加。"经济学家在单纯从劳动过程的观点考察资本主义生产过程时……生产过程毕竟也是价值增殖过程，而且就价值增殖过程来看，这些物只能作为价值来考察。"[1]作为一种普遍的劳动过程，一定要推动生产力的发展，让劳动效率得到提升，让科技得到发展，让管理水平得到提升，从而在增加社会财富、促进人类社会的共享发展中发挥十分关键的作用。这种以最大程度的剩余利益和极少数人的发展为目标的价值增殖过程，必然具有其残酷和野蛮的一面，是一种反人性的生产。

---

[1] 马克思恩格斯文集：第 8 卷 [M]. 北京：人民出版社，2009：480.

　　共享发展是生产力与生产关系的统一。生产资料的私有制使资本主义一边造成了财富的累积，另一边造成了贫穷的累积。这说明了在生产力发展过程中，共享型发展是不可能自动产生的。共享发展需要全社会所有人对生产资料的共同占有，同时也需要对生产关系进行改进。我们现在还处在社会主义的初期，我们的生产力还很落后。在社会主义初级阶段，如何使生产关系发挥推动生产力发展的作用，并使其更好地实现社会主义的共享发展，即"蛋糕"要做大，"蛋糕"要分配好，这是我们国家在发展中所要面临的重要课题。从实践看，要注意"变"与"不变"相结合的制度安排，始终强调坚定不移地走社会主义道路，对社会主义所有制结构和实现方式不断改进和完善，确保共享发展的制度的深入施行。

　　第三，对公平世界共享的提倡，是对马克思共享发展这一世界性观点的充实与深化。世界共享的先决条件是普遍性的社会交往。马克思理论中"历史到世界历史"的转换，不仅依赖于社会生产力的总体发展，而且依赖于社会"交往状况"。"交往"是一种具有普遍意义的、具有世界历史意义的交往。马克思对生产全球化的重视，其实是指为了实现利益共享和文明共享，没有一个国家能够闭关锁国而发展起来，而是应当走对外开放的道路，不断扩大和加深全球的普世交流。

　　全球交流和共享的发展是一个辩证的发展过程。其一，世界范围内的普遍性交流，本质上就是一个人的文化共享的过程。依据马克思所说："只有当交往成为世界交往并且以大工业为基础的时候，只有当一切民族都卷入竞争斗争的时候，保持已创造出来的生产力才有了保障。"[1]只有各国和各民族互相敞开胸怀，在交流的过程中实现科技发明和文化创造的共享，才能使人类文明的成果得到保存和传播。其二，社会文明的共享促进了世界范围内的交流。立足于历史的这一角度来看，民族和区域的隔离存在，常常伴随着生产力的落后。马克思曾指出："与外界完全隔绝曾是保存旧

――――――――――
① 马克思恩格斯文集：第 1 卷 [M]. 北京：人民出版社，2009：560.

中国的首要条件……正如小心保存在密闭棺材里的木乃伊一接触新鲜空气便必然要解体一样。"① 伴随着人类文明的飞速发展，人类社会也在不断地进步，人类通过文化上的沟通与交流，加快淘汰传统落后的生产方式与生活方式的步伐，以此尽快与国际市场、国际体制接轨。其三，广泛交往使国家之间的关系更加密切，共享的水平也更高。一方面，国际交往突破封锁，对社会生活产生重要影响。"大工业发达的国家也影响着那些或多或少是非工业性质的国家，因为那些国家由于世界交往而被卷入普遍竞争的斗争中。"② 在共享发展方面不仅围绕物质方面来展开讨论，同时它也涵盖着精神与文化等方面的内容。因此也使各族人民的精神文明成果成为公有财富。另一方面，对人类的发展提出了更高的要求，因此也会对人类的发展与进步造成很多阻力。"单个人随着自己的活动扩大为世界历史性的活动，越来越受到对他们来说是异己的力量的支配……受到日益扩大的、归根结底表现为世界市场的力量的支配。"③ 这是因为在资本主义的统治之下人们的交往实质上是一种以资本利益为目的的功利交往。马克思所说的要想实现真正的共同体，实现全球的共享发展，必须推翻所有的旧有的生产关系才可能实现。

马克思在指出共享发展与普世交流的关系的同时，也指出了在资本主义社会中，普世交流所产生的负面影响。但是，如何在全球交流和发展的背景下，规避资本的负面影响，实现"共治共享"，就需要在发展的背景下进行新的诠释。在改革和开放的过程中，既要使资本得到最大限度的利用，又要对资本加以约束，防止被资本侵蚀。一方面，用推进高水平的开放来推动经济的繁荣和发展；另一方面，在开放的过程中，我们也要努力建立起一个社会生活共同体，这样，我们就对马克思有关共享发展理念的全球向度的理解进行了丰富和深化。

---

① 马克思恩格斯文集：第 2 卷 [M]. 北京：人民出版社，2009：609.

② 马克思恩格斯文集：第 1 卷 [M]. 北京：人民出版社，2009：567.

③ 马克思恩格斯文集：第 1 卷 [M]. 北京：人民出版社，2009：541.

　　第四，通过推进共享发展的过程来加以促进共同富裕。该过程可以说是对马克思共享发展理念的推进与深化。马克思认为，资本主义生产方式所产生的基本矛盾是不能彻底解决的，必然会造成日益加剧的两极化倾向。马克思深刻地论述了实现共同富裕的两个根本条件，同时还指出了要达到这个目的所必须具备的基本条件。即所有的社会成员都对生产资料进行共享，这可以说也是共同富裕的制度基础，大家的集体劳动所创造的社会财富正是共同富裕的物质基础，如何合理地配置社会总财富，是实现共同富裕所要考虑的重点问题。另外，共同富裕是一个具有历史性意义的概念，探讨人权不应超越社会的经济结构，也不应超越其文化发展。在《哥达纲领批判》里马克思将共产主义社会发展划分为初级和高级两个阶段，初级阶段即社会主义阶段必须实行按劳分配的原则，只有到了共产主义的高级阶段，才能实行"各尽所能，按需分配"的原则。第一个阶段是社会主义社会中的"普遍富裕"，是指社会上所有人对生活资料的平均占有，按照按劳分配而达到的一种"人人享有"的状况。"生产者的权利是同他们提供的劳动成比例的；平等就在于以同一尺度——劳动——来计量。"[①] 按劳分配保障了工人的平等权益，但是，因为每个人的不同，实际消费资源的数量占有也存在着不同程度的差别。所以，这一时期的平等只是从劳工的观点来看。第二个阶段是共产主义社会中的"普遍富有"，指所有人都拥有了基本的生活资源，并在此基础上达到了一种相对的、平稳的生活状态。那时，人们就可以彻底地超越资产阶级权力的狭窄视野，就可以在它自己的大旗上写下一切都是为了自己，一切都是为了按需分配。随着社会生产力和社会文明水平的极大提升，在此阶段人类的共同富裕已经不仅仅是物质财富占有上的平等。原来的"物质财富的分布"和"财产的共有"，已不是人类的目的，而只是达到了一定程度。从这一点可以看出，在共产主义社会中，在较高的水平上所达到的平等，才是一个真正的共同富裕的社会。

[①] 马克思恩格斯文集：第 1 卷 [M]. 北京：人民出版社，2009：435.

在这一时期，"共同富裕"的含义已经发生了变化。

第五，充分保护所有人的利益，这一点是马克思对于共享发展的价值目标的理解，它是以人为中心的，而不是毫无目标地前进。这就是以人的自由而全面的发展作为其根本的价值目标。"历史不过是追求着自己目的的人的活动而已。"①马克思把人的自由而全面的发展看作他最关心的问题和最终目的，特别是对人的现实生存世界的探讨与追问。人的解放主要有三个层面——"人摆脱了自然关系的束缚""人摆脱了社会关系的束缚""人摆脱了旧思想旧观念的束缚"。人必须摆脱一切形式的奴役，才能得到真正的自由，才能得到充分的发展。在"必然王国"向"自由王国"这一历史跨越中，人们得到了最好的生存条件，从而变成了一个自由和全面发展的人。

人类发展与社会发展具有一般的一致性，人类发展的速率与高度由社会发展的程度所决定。但是，在特定的历史时期内，人的发展和社会的发展并非一脉相承，而是有矛盾的。要想让人的发展与社会的发展相协调，就必须以人的需求为媒介。因为人的个人素质不断提高，人的能力不断提高，促使人的自由人格不断发展。全面发展指的是主体人的素质的整体提升，应是人的生理、心理、道德、思想和科学文化等素质方面都要均衡与协调发展。基于人的自身这一角度来看，人的本质力量是在人的实践中体现出来的，人的自我素质和能力只能在人的实践中得到提升。人们通过自己的劳动的这种方式对外在的自然界进行改造，与此同时也对个人的内心世界产生了改变。"他使自身的自然中蕴藏着的潜力发挥出来，并且使这种潜力的活动受他自己控制。"②由社会的这一维度来审视，想要为满足人民的各项需要营造一个良好的环境，促使人们不断提高自身的素质和能力，推动人们的发展。也就是说只有在人的自由全面发展过程中，这一发展才具有真正的价值。人的全面发展是一个长期的实践过程，所以，必须认识

① 马克思恩格斯全集：第 2 卷 [M]. 北京：人民出版社，1957：118.
② 马克思恩格斯文集：第 5 卷 [M]. 北京：人民出版社，2009：208.

到人的发展与人的生存条件之间的辩证作用。

新时代的共享发展是要保证人民的各种权益得到落实，满足人们的多面性和多样性的需要，从而推动人的自由全面发展。共享发展为实现人的发展提供了新的途径，同时也提出了新的要求，因此，应对马克思的共享发展的价值目标有更深刻的理解。

三、马克思共享发展思想的体现环节

在资本主义社会之中，生产资料都是归资产阶级所拥有，而作为大多数群体的无产阶级只能靠出卖自己的劳动力维持生存。少数人参与社会的管理，而多数人受剥削与压迫，显示出一种极端不平等的非共享状况。马克思的共享发展思想的出发点便是要打破这种不平等的状况，因此要坚持共享发展的理念，只有对共享发展理念的不断坚守才会对人类社会的发展进程起到助推作用，只有这样，人才有可能实现人的自由而充分的发展。因此，我们必须将共享发展思想贯彻到人类社会的各个关键环节。

（一）生产资料配置环节的共享发展思想

生产资料的独占权使得拥有人可以得到一切，而随着资本主义社会的发展，"社会上一部分人享有生产资料垄断权的地方……追加超额的劳动时间来为生产资料的所有者生产生活资料"[①]。在资本主义社会，资本家既对物质资料进行支配，又对人们的精神层面进行掌控。第一，在生产资料方面拥有控制权。造成了社会运行的每一个环节的不公正和畸形发展。这样的生产资料的所有制形式也越来越阻碍生产与发展，对社会发展起到了阻碍作用。而在马克思的理论体系之中，它的共享发展思想恰恰是与资本主义私有制完全相反，马克思的共享发展思想可以说具有一种革命性的观

---

① 马克思恩格斯文集：第 9 卷 [M]. 北京：人民出版社，2009：217.

点,即要消除使资产阶级产生垄断的私有制,并且建立一种全新的以生产资料公有为核心的公有制。第二,要改变在生产关系中起着决定作用的生产资料的占有方式,使"生产资料的共同占有"成为可能。把原有的经济关系变革为共享的形态,这样才更利于社会的政治发展和文化发展等,才更有利于上层建筑的整体把控权和顶层社会的制度合理化,有利于实现经济、政治、文化和社会的和谐发展。马克思在这一时期,强烈批判了分配决定理论,某种社会的分配模式取决于某种生产关系,只有对分配制度进行不断的完善与发展,使人们能够摆脱资本主义社会中所出现的资本家占据生产资料的这种独揽的局面,才能够有利于共享发展思想的实现。马克思共享发展思想的重要一点是对生产资料的共同占有、共同使用和共同管理,这是实现共享发展的核心要素。其根本原因是生产资料自身对社会生产过程具有决定意义。

(二)社会化大生产环节的共享发展思想

第一,资本主义社会发展所产生的日益提高的劳动生产率,并没有导致"劳动力自身的力量"的增加,反而促进了"劳动力外的力量"的增加,"不是表现为所有的人都劳动 6 小时,而是表现为 6 个人各劳动 15 小时就足以养活 15 个人"[1]。由马克思的这段话我们可以看得出来,如果工人处在资本主义社会的资本家所掌控的生产关系里,无疑劳动成了工人的唯一职责。在大工业发展的过程中,随着机器对人的逐步取代,工人的劳动方式变得更加单调、低级、没有个性,甚至会限制工人的发展。与之形成鲜明对比的是,不工作而依靠他人的劳动而生存的资本家,靠着压榨工人聚集起来的财富和地位,在政治、经济、文化艺术等社会各方面取得了独特的发展和进步。一方面,世界上没有一个人可以让自己脱离于社会的生产性劳动,这是人生活的自然规律。另一方面,由于生产劳动使每个人都能充分发展,

---

[1] 马克思恩格斯文集:第 8 卷 [M]. 北京:人民出版社,2009:386.

以及充分发挥他的一切才能，也就是他的身心两个方面的才能，因而它就不是使人成为奴隶的工具，而是使人获得自由的工具。

第二，在人们的社会生活中，人的发展是持续进行的，它是人类不断地对自身社会生活的认知与改造的结果，也是人类社会持续发展的必然产物。共享发展思想如果从社会化大生产这一视角来看，其一，社会化大生产顾名思义又被称为生产的社会化，在此过程中社会成员均面临着机会性，而且也都有责任一起参与到社会化的生产中来，通过一种合乎情理的劳动协作，能够为社会和人们提供更为充足的物质产品和丰富的精神产品，此外也可以提供必要的资源，以促进社会的不断进步，因此实现了劳动活动中的责任分担、劳动过程中的共享管理、劳动成果的产品共享的目的。其二，指出每一个社会成员都不能被局限在一个特定的范围内，不能局限于一种特定的劳动中。相反，它不仅可以包含体力劳动，还蕴藏着脑力劳动。不仅包括经济领域的劳动，还包括文化等方面的劳动。那么，这些劳动怎样能在内容上与类别上被充分体现出来呢？这些都是共享发展所探讨的核心要义，如若这些都获得了很好的解决，那么，人类社会的公平正义可以说也能获得很大的提高，而且人的自由全面发展的目标也可谓向前迈进了一大步。利用社会化的劳动，达到了人与人之间的良好互动，使人的发展与社会的发展形成了一个良好的互动关系，把推进人的全面发展与推进人类社会的发展相结合，以求在发展中得到共享，在共享中获得发展。

（三）生活资料分配环节的共享发展思想

资本主义中的贫富差距最后在社会生活来源的分配中体现出来，对于无产阶级群体而言，"面临这样的威胁：在劳动资料被夺走的同时，生活资料也不断被夺走"①。可见无产阶级压根儿就没有自己的生活来源。尽管

---

① 马克思恩格斯文集：第 5 卷 [M]. 北京：人民出版社，2009：560.

资本家自己并不从事真正意义上的体力劳动，但他们的生存、享受和发展等生存资源的多样性和丰富性却在不断增加。这些都是社会分配的高度倾斜的不平衡性造成的，此时的无产阶级群体也是必须把自己的劳动力出卖出去，才能够使自己赖以生存下去，也只有这样无产阶级工人群体才可以得到这一群体维持生计的生存资料，这就造成了他们不能再有更多的体力和精力，不能再去参加社会活动，不能再得到精神上的享受，不能再推动自己的发展。在社会生活资料日益丰富的同时，无产阶级的物质和精神生活资料却变得更加匮乏。物质是首要的，它不但对人的存在有直接的影响，而且与人的发展和进步密切相关。社会生活资料既包含了物质的，也包含了精神的，它们都是人类存在与发展的根本，它们也是人类在漫长的劳动实践过程中所创造出来的，不管是从道德的层面，还是从逻辑的层面上来说，它们都应该被生产它们的人们所共享，而不应该被少数人所独享。马克思的共享发展思想认为，大多数的工人阶级，其人数远比有产阶级要多得多，他们在实际的生产活动中付出了实际的劳动，虽然他们确实创造了大量的社会财富，但生活上仍是难如人意，甚至只能勉强维持，所以，共享发展的第一步，就是要让工人阶级以自己的劳动为代价，平等地共享物质财富和精神财富，摆脱那种令自己的身体和精神都受到折磨的异化，然后工人阶级团结起来，共同创造出一种更丰富、更多样的生活。"自由地发挥自己的体力和智力。"[①] "通过人并且为了人而对人的本质的真正占有。"[②]生活资源的共享并不意味着平等，按劳分配或按需分配的确定也并非仅仅依靠社会主体的一种主观意愿，而是要根据社会发展的程度来确定，生活资源的共享必须以生产力的发展为前提，以经济社会的持续发展为前提才能使生活资源得到充分利用。

---

① 马克思恩格斯文集：第 1 卷 [M]. 北京：人民出版社，2009：159.
② 马克思恩格斯文集：第 1 卷 [M]. 北京：人民出版社，2009：185.

第五章 马克思共享发展思想的理论意义

　　理论意义是一种理论价值，侧重于学理性诠释、系统性表达和逻辑性展示。马克思共享发展思想是马克思主义理论的有机构成部分，系统阐释了共享发展的主体、动力、原则、目标、方法、路径等问题，是一个科学而完整的思想理论体系。马克思共享发展思想蕴含着浓厚的人本主义观念，奠定了新时代坚持和发展"以人民为中心"的共享发展思想的理论基础，也为新时代中国共产党扎实推动共同富裕巩固思想基础，有利于在思想层次上认识和掌握共享发展思想，为中国特色社会主义共同富裕和发展提供了新的思路和方法，助力中国式现代化发展道路上共享发展理念的每一步走稳走实，谱写人类文明新形态伟大篇章。

一、为坚持以人民为中心共享发展思想奠定了理论基础

　　马克思的共享发展思想中共享的主体为所有的社会成员，而现在所主张的共享发展的主体是所有的人民，它们都将人民视为共享发展的主体，并将其视为实现共享发展的基本立场，在这一点上，二者有着高度的一致性。但是，当前，我们在实现全民共享方面仍存在不足。所以，从马克思的全民共享理念中汲取营养，促进全民共享发展目的的达成，进而更好地促进全民共享发展，更好地为全民共享发展服务，是极具现实意义的。因此，要对马克思共享发展思想的现代启示进行研究，首先要考虑的是当前的共享发展主体是什么，为什么要让人民群众来实现共享发展，以及他们的发展状况等问题。

（一）坚持全民共享发展的成果与机会

全体社会成员被马克思设定为共享发展中的主体，在共享发展成果、发展机遇和发展条件的过程中，对处于社会相对弱势的群体给予了很大的帮助。从社会生产力上来看，改革开放 40 多年来我国获得了巨大的提升，另外在经济方面我国也勇攀高峰，已成为世界第二大经济体，广大人民群众的生活水平也得到了很大的改善。在一些地区，先富起来的人优先享受到社会发展带来的成果、机遇与条件，而有些处于贫困的人群，他们还处在温饱的边缘。社会上还存在着明显的贫富差距，可以说与共同富裕的目标有些距离。那么，改革和发展中所带来的红利与成果或者机会应让大家都能够共享到，这才是符合社会主义所追求的目标和它的本质特征，而且这也是检验社会主义制度优越性的一个重要标准。

第一，要让所有人都能共享发展成果。"让所有人都享受到发展成果"并非空洞的口号，目标是让所有的人民共享发展的成果。"全民共享强调的是共享的主体'一个都不能少'，发展成果的覆盖人口要全面，发展成果所惠及的是全体人民，而不是少数人、一部分人。"[①] 尽管我国当下已经步入了中国式现代化的康庄大道，但仍存在着贫富差距，城乡差别依旧较大，尤其是农村整体的经济发展水平依旧落后于城市的发展进度，我国的东西部经济收入落差较大，西部地区享有的社会发展成果的程度相对低下，是全面建设中国式现代化的落后地区。在这些地区，影响所有人共享发展成果的重要因素不仅是他们的物质生活，而且还有他们精神上的满意度。因此，从一定意义上来说，我们应当将取得的发展成果放在第一位，让所有人都能享受到发展带来的好处。

第二，要让所有人都能得到发展的机遇。要实现人人都能享受到发展的机会，既要重视享受物质的机会，也要重视享受精神的机会。新时代确

---

① 都岩 . 坚持系统思维 [M]. 北京：人民出版社，2022：230.

保每个人都能得到良好的发展有两个注意点。其一，要确保每个人在为社会作出贡献时，都能享受到同等待遇，这就是机会均等的原则。全体民众都享有平等的机会，可以在他们希望得到的工作岗位上，进行他们希望得到的生产性劳动，根据对社会的贡献获得相应的报酬。其二，确保每个人都有机会享受自己的基本权利。在政治上，要创造一个有利于人民参与的具有选举、被选举等基本权利的政治环境。在文化上，要实现不同地区间的教育、文化资源的共享，要把资源的差异性保持在一个合理的水平上，让其他各种机会能够平等地被人们享受。

第三，要使所有人都能共享发展的条件。要实现所有人的发展条件的共享看似容易，实际上却是一个非常困难的问题。受社会经济发展的影响，不同地区的经济发展差异较大。因此，不同区域的人们享有的发展条件也有很大的不同。另外，只有在认识到现有差别的情况下才能实现所有人的发展条件的共享，才能使发展条件的差别变得更小，并在一个合理的可控范围之内。从一定意义上来说，如果能这样做，将极大地促进所有人都能享受到发展的机会。

综上可知，使所有人都共享发展的成果、机遇和条件是中国共产党向人民作出的郑重承诺，我们一直以来都秉承着"以人为本"的宗旨，这和马克思共享发展的理念密不可分，由此，我们可以看到马克思的思想带来的启迪与价值。

（二）倡导全民参与共建共享社会发展

马克思理论体系之中所指的共享发展，其主体是社会中所有的成员，并非意味着某些人可以不参加工作而不劳而获。马克思所说的"所有人"，指的是每个人都是劳动者，每个人都要参加到生产实践中去，从而创造出社会财富，从而可以公平地享受到社会发展的成果。现在我们所提倡的"以人民为中心"的共享发展理念，就是要让所有人都能分享发展成果、机遇和条件。当然，不是为了让不参与生产的人们享受共享发展和坐享其成的乐趣，恰恰相反，其目的是让大家都能参与到社会生产之中进行物质生产与财富创造，并且能够使大家都能切身感受到个体的生命意义与价值的实现，这些也正体现了共享发展真正的内蕴深意。因此可以说，倡导人人参加、共同发展是实现共享发展的重要先决条件。只有在全民参与共建下，我们的物质财富与精神财富才会变得更加丰富，使我国人民能够在共同发展中受益，实现共享发展。但是，在目前的情况下，如果仅仅是注重享受社会发展的成果，而忽视了让所有的人都投入到自己的生产实践中，那么这将不可避免地限制全民共享的发展水平。因此，要想让所有人都能共享社会发展的成果、机遇和条件，就一定要让所有人都加入到共建之中，以共建和共享促发展。

　　共建是共享的必要前提。习近平总书记曾说："共建才能共享，共建的过程也是共享的过程。"①共建以共享为基本宗旨，二者是辩证统一的，是密不可分的，是相互促进的。首先，共建对主体的地位有提高的功效。我国 56 个民族在党的领导下，要铸牢中华民族共同体意识，就像一颗石榴籽，每个人都应该为促进社会的进步贡献自己的力量，每个人都应当拥有自己的权利。积极参加共建活动的人们，在为社会提供资源的过程中，加强和肯定了自己的主体地位，通过参加共建活动，加强了自己共享发展成果的主体地位，并切实保证了自己在共享发展中的权利。其次，共同建设有利于调动各成员的积极性、主动性和创造性。要使社会财富不断增长，首先要把人作为生产力的主要对象。因此，只有充分发挥社会成员的积极性，才可以将他们的潜能与才华充分激发出来，进而有效地创造出社会所需要的大量社会资源，我们要为全体人民的共同发展打好基础。最后，共建能够促进人的素质与能力的全面提高。所有人都参加共建并不只是为了创造出共享所需的财富这么简单与直接。在共建过程中，人们的价值和尊严会变得更加突出，人们的各个方面的素质和能力也会变得更加优秀，从而可

———————————

① 习近平谈治国理政：第二卷 [M]. 北京：外文出版社，2017：215.

以在共建过程中达到共享和发展的目的，这也符合马克思所提倡的共享发展理念。马克思预想的是在将来每个人都参加了实践活动，每个人的各项技能和素质都得到了极大的提升，到了一定程度，"三大差别"将不复存在，而劳动将是人类全面发展的必要条件，到那时，每个人都能够掌握整个生产活动的每一个环节，并且能够完成自己的工作。因此，全民的共建不仅是实现其共享发展的先决条件，而且还是实现所有人共享发展的一种手段，由此可知，共建共享正是整个民族提升综合素养不可或缺的条件之一。

（三）推动全民能力与素养的全面发展

马克思提出的共享发展思想，就是要使每个人都能在这个基础上以共同的发展为终极目的，使每个人都能得到充分的发展和获得更好的发展。从历史唯物主义的逻辑框架下来看，人的发展被看作是社会发展的根本目标，也就是说，社会主义的发展是为了所有人，所有人都是社会发展的主体和目标。只有让所有人都参与到共建共享社会发展的成果之中，才能让他们的创造力和尊严的价值得以发挥，并最终朝着一个整体发展的目标前进，这就是社会发展的终极价值取向。所以，把促进所有人的能力和素质的全面发展当作共享发展的终极目的，既是对科学社会主义理论的最大继承，又是对马克思提出的共享发展理念的发展。满足人民的美好生活需求是目前我国实现共享发展所面临的一个现实境遇。为共享发展提供新的机遇、满足"人民的美好生活需求"，最根本的方式就是共享发展。总而言之，"以人民为中心"的共享发展理念的最高价值旨归就是推动所有人的能力和素质的全面发展。

第一，在新的发展阶段中，实现人民对美好生活的需求向往是共享发展的基本目的。"共享发展要求把实现人民幸福作为发展的目的和归宿，把增进社会福利、人民福祉作为根本目的。"[①] 共享发展理念是打破目前生

———————

[①] 魏志奇.社会主要矛盾变化新要求下共享发展研究 [M]. 北京：人民出版社，2021：58.

产力水平以及社会贫富差距对共同富裕目标的实现造成的限制。尽管其鲜明的主题并非直接指向全体国民的能力与文化素质的全面发展，换而言之，在一个初级阶段的社会中，要实现全民的能力和素质的全面发展。共享发展思想的实施，必将推动人的全面素质和人格的全面发展。在共享发展的目的、路径与要求方面，要把重点放在对人类需要的满足上，即人民的获得感、幸福感得到增强。要让所有人都能在共建中共享，把人的各种需求同社会发展联系在一起；让每一个人都有发展的权利和机会，对人的潜力进行充分挖掘，可以对人的各个方面的能力进行有效的提升。这些都是提高所有人的能力和素质的重要价值标准，人的自由全面发展是可以逐步实现的。

第二，在新的历史阶段，促进全民素质的整体提升是共享发展的内涵。"共享发展绝不是'共同贫穷'，也不是仅为了满足人民生活的基本需要，共享虽然强调人民享有发展成果的平等性，但是同样要求人民在党和国家的领导下投身到创造财富的社会生产中。"[1]共享发展的思想，就是每个人都要参加到生产活动中去，都要努力地创造社会资源并共享发展的成果。这些需求，都会极大地促进人的各种才能的提高，而且，在享受平等的权利和发展机会的同时，还会极大地提高人的各个方面的素质，从而最大程度地释放人的人格自由。

因此，共享发展理念中所包含的至高的价值取向，与马克思共享发展的价值取向存在着较大的内在契合，对共享发展的具体实施具有较高的参考价值和启示意义。

二、为新发展阶段较快实现共同富裕目标奠定思想基础

当前，我国依据所处的新发展阶段作出了实现共同富裕的科学规划。

---

[1] 杨宏伟.贯彻落实五大发展理念 [M]. 北京：人民出版社，2017：216.

习近平总书记在讲话中特别指出，在全面建设小康社会后"我国进入新发展阶段"①，在新的发展阶段中人们的努力是为了达到共同富裕的目的。共享发展的思想与共同富裕的理念具有内在的一致性。共享发展思想宗旨是为了解决社会不同阶层间的贫富差距越来越大的问题，它的终极旨归就是要让所有人都可以享受到社会发展的成果，并持续地向着共同富裕的目标前进。因此，我们必须坚持以科技创新为本，不断提高生产力，不断将"蛋糕"做大。与此同时，在新的道路上，要在共同富裕的目标上取得实质性的进步，就必须要建立一个更高层次的社会主义市场经济体系为其保驾护航。

（一）推动科技创新型生产力持续发展模式

共享发展的理念是以可持续的生产力发展为基础的，就怎样让社会发展成果惠及全体人民这个事实进行了讨论。在生产力发展水平较高的条件下，由于生产资料的私有化，社会上的大多数人无法享受到其发展的成果，而只有少数人独享，从而使其成为少数人的财富，而不是共同的财富。同时，它还驳斥了在一个生产力非常低下，从而造成了整个社会的物质资源极度缺乏的情况下，要想让所有人都共享发展是不可能的，充其量，这只是一种分享，而非共同繁荣。"社会主义的本质，是解放生产力，发展生产力，消灭剥削，消除两极分化，最终达到共同富裕。"② 如若在新的发展阶段朝着共同富裕的方向努力，就要将科技创新摆在整个国家的中心地位，用科技创新来促进生产力的持续发展，为社会整体发展创造有利的物质条件，做大"蛋糕"，奠定共同富裕的坚实根基。

在经历了数十年的高速发展之后，我们国家和人民无论是在物质上或是精神等方面都获得了极大的提升，人民的生活品质也从总体上有了较大

---

① 中共中央宣传部，国家发展和改革委员会.习近平经济思想学习纲要[M].北京：人民出版社，2022：31.
② 十八大以来重要文献选编：下[M].北京：中央文献出版社，2018：4.

的提高，这使得全体人民对向共同富裕的方向前进充满了信心。但应当清楚的是，我国进入新发展阶段之后，无论是社会的发展程度及众多方面都难以满足人民对共享发展的需求，人民对共同富裕的追求更是离不开生产力的发展，随着社会主要矛盾发生了转变，人民共享发展的需求也随之转变，由低向高的水平上扬，这就需要以科技创新为动力，推动社会持续发展，"全体人民共同富裕取得更为明显的实质性进展"①。科技在马克思那里被誉为第一生产力，把握好科技这一重要抓手，不断推进科技创新，才能源源不断地提高生产力。如果生产力发展水平落后于人们对更好生活的需求，势必会阻碍实现共同富裕的进程。

党的十八大以后，在科技创新方面党曾多次指出，科技创新能够对生产力起到驱动作用，无论是国内或是国际方面的发展都离不开科技创新的驱动，也可以说，这是我国经济发展方式的一次转变，也是突破和应对经济发展困境的一种必然的对策，同时也是一种长效机制。"大众创业，万众创新"的概念被提出来，这将激发每个人的创新和创造的活力，从而更好地满足现代化经济体制发展的需要，从而使创新的精神得以传播，从而促进了生产力的发展。随着高新技术的发展，整个社会的经济发展的质量和效益都有了很大的提高，从而大幅度地提升了生产力水平。比如，我们的高铁技术，就是在持续的学习和创新中实现了脱胎换骨的蜕变，它已经成为一种在国际上广为人知的高科技的代表性成果，这为我国创造了可观的经济利益，并且为人民的共享发展、共同富裕奠定了坚实的基础。科技创新为发展提供了新的动力，促进了社会生产力的发展。所以必须转变发展方式，在经济方面由原有的粗放型转向节约型经济模式，提高经济效益，注重在科技建设方面强国的政策，使生产力发展更健康、更可持续，使社会更有活力。简而言之，如果生产力的发展能够持续健康地推进，那么就能"保证全体人民在共建共享发展中有更多获得感，不断促进人的全面发展、

---

① 习近平谈治国理政：第四卷 [M]. 北京：外文出版社，2022：142.

全体人民共同富裕"①。

（二）构建高水平的社会主义市场经济体制

当前我国各方面已经步入了高质量发展的"快车道"，也对国家提出了一些相应的挑战与考验，所以更需要采取相应的措施"构建高水平的社会主义市场经济体制"②。面对新一轮的机遇与挑战，我国当前经济发展同样受到了全新的冲击与考验。那么，解决好这一棘手问题也是当下首要之举，不仅能有效缓解社会主要矛盾，而且还能够使人们真切地体会到社会发展促使经济腾飞给大家带来的好处，感受到国家富强、人民富裕的祖国山河大美景象。

第一，建立一个更高层次的市场体系，其实就是要充分发挥工人的生产积极性。在高度市场经济的大背景下，国家要营造一个更加统一、公平、高效的竞争环境，对市场主体的经营环境进行优化，为全民参与的生产性劳动提供一个广阔的空间，使全社会的资源得到充分的利用，推动共同富裕加快发展。高度市场化能最大限度地发挥每个人的个性，它可以激发工人在市场上尽可能地发挥才能和内在的潜力，有效提高工作效率。这主要是由于在社会主义市场经济条件下，由主观判断转变为客观判断，进入了市场的游戏规则之内。因此，由一个高水平的市场体系所确定的经济体制可以让大部分的劳动者获得更多的鼓舞与动力，进而推动整个社会的进步与发展，大家的财富增长也会持续得到提升，最终为奔向共同富裕历史性跨越的目标而勇毅前行。

第二，构建高水平的市场经济体制对充分解放和发展生产力大有裨益。在更高水平的市场经济条件下，能够使资源配置更好地被市场自身的作用所支配和决定，而且也能让政府的智能功效体系更好地发挥出全效，由此便可形成一种良好的互动。不断改革和改进制约经济和社会发展的制度，这样有利于生产关系能更好地与生产力的发展需求相匹配，进而实现生产力的解放和发展。除此之外，建立一个高水平的市场经济体制。深化国资国企改革，激发国有企业活力，切实增强国有经济竞争力、创新力、控制力、影响力、抗风险能力，毫不动摇地巩固和发展公有制经济。引导非公有制经济发展，优化民营经济发展环境，依法平等保护民营企业和企业家权益。一方面，宏观上更好地促进社会资源的最优配置，以适应经济发展向高质量转变的过程，还能有效地解决要素流动不顺畅、资源配置效率不高等问题，进而更好地实现供给与需求之间的相对平衡。另一方面，微观层次上，能够保证微观主体的活力，增强他们的积极性和创造力，对社会生产力有很大的促进作用。

第三，建立一个更高水平的市场经济体系，是我们实现共同富裕的一个重大举措。在建立和实行社会主义市场经济制度的进程中，这一目标为更好地发展经济提供了动力。但在这种情况下由于市场机制的原因也产生了两极分化，不能解决所有人朝共同富裕方向发展的问题。构建高水平的市场经济制度，以配合经济发展走向高质量的进程，扭转市场经济发展早期所产生的两极分化现象，使社会的公平性得到更好的体现，能够让弱势群体和贫困地区变得富裕起来，这是建立高水平的市场经济体制的题中应有之义，也是中国式现代化发展道路上进一步工作的重心。得到帮助的弱势群体也势必会从中增加强大的信心，对马克思主义的信仰也随之增强，怀抱着这些理想在中国式现代化发展道路上披荆斩棘、勇毅前行，也更能使中国特色社会主义市场经济获得长足的发展，这样便能形成良性循环，既可使高水平的市场经济体制发挥出更大的作用，又让所有人都向着共同富裕的方向前进。

（三）提供新时代的社会主义建设理论支撑

任何理论的产生都脱离不开实践，也都源于实践，如若没有正确的理论也就不会有正确的方向，只有拥有了正确的理论才可以有正确的方向指引。此外，发展是国际大势而且也可以说是中国的主旋律。"发展"的内涵是非常丰富的，它是国家富强的必要条件。党的十八大以来，中国已进入中国特色社会主义新时代，在社会各个方面呈现出新特点，在新的条件下必须要有新的发展思想才能实现更好的发展。马克思共享发展思想此时的价值便展现出来了，那么，新时代共享发展需求，可以说是推进中国特色社会主义事业不断向前发展的根本原则之一。"坚持以人民为中心的发展思想，以保障和改善民生为重点，发展各项社会事业，加大收入分配调节力度，打赢脱贫攻坚战，保证人民平等参与、平等发展权利，使改革发展成果更多更公平惠及全体人民，朝着实现全体人民共同富裕的目标稳步迈进。"[①] 这就是中国特色社会主义的一条根本战略。以民生为主不断进行改善和发展，坚持以人民为中心的理念，将脱贫之战进行到底，保障我国人民大步跨入全面振兴的小康之路的康庄大道，也使更多的人能够获得更多的幸福。我们可以看到，"让人民共享发展"已经成为新时代中国共产党治理社会的一种重要理念，它已经是一种指导方针，是一种内在的价值追求，是衡量中国改革与发展成果的根本准则，是全国各族人民共同的愿望与希望。与此同时，在解决目前我国发展所面临的问题方面，共享发展的思想是一种很好的理论，这是一种科学的认识，也是一种指导新常态发展的科学观念。在新的历史时期，中国特色社会主义建设要坚持共享发展的理念，有助于我国解决社会矛盾、维护社会安定，以及实现"四个全面"的战略布局，第二个百年奋斗目标和中国梦等，都有着重要的战略指引作用。在我国发展实践的每一个领域和每一个环节，都要将共享发展理念贯彻下去，把这些思想贯彻到人们的生产、生活中去，从而能够更好地推动我们的经济发展在中国式现代化道路上勇毅前行。

创新、协调、绿色、开放的最终目的和前提是实现共享发展。"创新是引领发展的动力，协调是持续健康发展的内在要求，绿色是永续发展的

---

① 习近平谈治国理政：第二卷 [M]. 北京：外文出版社，2017：40.

必要条件和人民对美好生活追求的重要体现，开放是国家繁荣发展的必由之路，共享是中国特色社会主义的本质要求。"①共享发展的进程中，要始终以人民为中心，坚持公有制为主体、按劳分配为主要内容的共享发展方式来实现对生产资料的共享、生产过程的共享和社会产品的共享，可见社会的发展离不开人的价值，是人的创造性所带来的成果，人人都能参与其中，社会资源也是由人共享的，要树立起良好的人生观、价值观，既让大家在共享发展的过程中有更多的幸福感，又让我们的社会走向共同的繁荣。

三、为深入理解学习贯彻共享发展思想提供了思想指南

党的政策制定与方针执行都离不开马克思主义的指导，党所提倡的共享发展理念同样是结合我国的社会状况和突出问题，对马克思共享发展思想的继承与创新，是我国社会主义市场经济体制改革的重大理论成就，对我们走中国式现代化强国之路，全面建设社会主义现代化国家有着重大的意义。"全民共享、全面共享、共建共享、渐进性共享。"②习近平总书记的这句话也正是对该思想的充分体现。但要实现这些既应从当前出发，又要与马克思主义理论相结合，从而对共享发展的内涵进行探索性的探讨，从而深刻地认识和贯彻马克思共享发展思想。

（一）诠释了共享发展思想的科学内涵

共享发展观是中国共产党以马克思主义为指导，根据自己的具体情况，以及当前发展中存在的问题，逐渐形成的一种发展思想，它是一种全新的理论范式。而且共同发展理念有其深刻的理论基础。"共享发展理念的内

---

① 本书编写组. 习近平新时代中国特色社会主义思想学习论丛：第二辑 [M]. 北京：中央文献出版社，2020：70.
② 中共中央宣传部. 习近平经济思想学习纲要（2022）[M]. 北京：人民出版社，2022：48.

涵主要有四个方面，即全民共享、全面共享、共建共享、渐进共享。"①准确地总结了共享发展的主旨，但是，为何要让人民共享，怎样才能实现全面共享，共建共享又怎样实现，为何要逐步共享，这四点是建立在什么基础上的，都是基于共享发展理念本身进行理论解释的关键。在解读共享发展理念时，应当进行深刻而具体的阐释，既要向前推进，并结合实际实施与发展，又要总结历史，对其理论渊源加深认识和深度阐释，但对事物的正确认识往往是一种先决条件，该条件具备了正确原则和方向，那么在实践中也就会变得有章可循。

马克思认为，实现共享发展并非一蹴而就，而应是要有坚实的生产力基础和庞大的主体作为支撑，要有一个漫长的过程，来完成对社会的长期的变革与改造，因此共享发展自身不仅是一个目的，同时也是一种方法。伴随着共享发展在现实生活中得到了真实的、全面的实现，将其作为一种方法的共享发展与作为一种目的的共享发展逐渐趋于一致，并最终统一于生活实践中。因此，"全民共享"的意思是，所有共享对象都是平等的。"全面共享"指的是人民能够在社会治理上进行全方位的参与并且可以得到全面发展。"共建共享"强调的是社会化劳动所汇集的个人生产力的联合，以保证社会生产力的不断提高。"渐进共享"指的是共享发展要与一系列现实的社会变革相结合，循序渐进地推进。共享发展的概念既有人民的期望，也有政府的承诺，更有共同的目的，同时也有中国国情、民情、社情的基础，有现实的改革需求，也有马克思关于构建美好社会的共享发展概念。共享发展这一理念结合我国综合国力跃居全球第二的现实背景，它就是推进了全面建设小康社会的全过程。此外，我国进入了新发展格局，高质量发展步入常态化，而且我国社会主要矛盾也已经发生了转变，站在百年未有之大变局的环境之下，要想推动社会的前进与发展，就必须要有更加广泛的团结，更加强大的民众力量，共享发展思想就是为了促进团结、凝聚力量，

---

① 本书编写组.习近平新时代中国特色社会主义思想学习论丛：第三辑 [M].北京：中央文献出版社，2020：87.

从而实现以共享推动发展的目标。

（二）奠定了共享发展思想的理论基础

近些年来我国的经济发展迅速，尤其是党带领人民奋发图强，在建设中国式现代化的道路上取得了历史性的成就，人们对物质和精神生活也有了更高的要求和更高的目的，但社会的发展也出现了很多明显的问题。对此，习近平总书记从党和国家发展的角度出发，与党的十八大以来社会发展所经历的重大变化相联系，并与当前所面对的现实社会问题相结合，指出要将新的发展理念付诸实践。其中，共享发展对"为了谁发展，依靠谁发展"这一重要问题进行了系统的概括与解答。从四个方面对共享发展的具体内容进行了详细的论述，并用 16 个字对共享发展的主体、内容以及共享的过程和方式进行了高度概括。"实现全民共享"就是要始终坚持人民群众的主体地位，"绝不能让一个少数民族、一个地区掉队"[1]。要实现任意区域、任意民族和任意团体的共享，就反映出了共享主体所具备的宽泛性。"共同富裕是中国特色社会主义的本质要求。"[2] 但对于完全的共享来说重点却在于它的内涵，它既要在经济发展方面，又要在其他方面，让人们在各个方面，都可以共享到社会发展的各方面的成果。在此基础上，必须保证所有人都能享有发展的权利、机遇和成果，从而达到人的全面发展。共建共享是指共享的发展模式，只有在共建的基础上才能达到共享的目的，即要让民众扮演国家主人的角色，主动地参加到现代化建设中来，而不是坐享其成，即一起劳动、一起建设，而后一起共享发展的成果。渐进共享强调共享发展的阶段与延续，但并非要达到绝对均衡，而是要允许区域间有一定的合理差异。共享发展观念是一种新的发展方式和观念，它是马克思共享观念在现代社会中的创新发展。

马克思在阐述资本主义社会不能实现"真实共享"的前因后果的同时，

---

[1] 2015 全国两会文件学习读本 [M]. 北京：人民出版社，2015：159.
[2] 习近平谈治国理政：第四卷 [M]. 北京：外文出版社，2022：210.

还对"真实共享发展"进行了宏观而具体的描绘，并在此基础上提出了"真实共享发展""全人类自由"的渴望与期待。为此，他提出了共产主义的宏伟理想。到那时，无论是在物质上还是在精神上，都有着极其丰富的资源，"一切人都有平等的政治和社会地位"①。马克思提出了没有普遍发展的资本主义的原因，其根源与本质在于私有制这一"毒瘤"，并由此导致了一系列的社会问题，引发了一系列的社会动荡与阶级冲突。资本家为了追求自己的利益，从工人那里掠夺了他们的剩余价值，导致劳动者的工资与生活水平之间的差距巨大，致使工人阶级的生活状况困苦不堪，良心泯灭的资本家驱使工人阶级夜以继日地拼命为他们工作，把创造利润当作工人阶级的毕生使命来对待，无情并丧心病狂地压榨工人阶级。面对此种情景，无产阶级也开始对资产阶级给予回应，他们用反抗资产阶级的方式来实现自己的解放，用革命斗争来击败资产阶级，从而在历史上形成一支新的政治势力，并将马克思主义作为其科学指导思想，这也为后来的新发展理念和现代化建设提供了思想基础。

"发展"一词在马克思的思想体系中可以说是亘古不变的话题与主旋律，它也可看作是对共享理念的一种有益的补充，是共享发展思想在新的层次上的又一次质的飞跃性发展。尤其是马克思在共享发展中的主体地位、共享发展的必要性等问题上，对客体和实现的条件作了详尽的论述，它向我们揭示了人类社会发展的普遍规律，对新时代的共享发展思想有着重要的指导作用。

四、为丰富和发展共享发展的理论体系提供了思想支撑

共享发展理念是马克思主义理论的重要内容之一，它建立在马克思主义的基础之上。因此，共享发展概念的产生必然有马克思主义充足的理论

---

① 马克思恩格斯文集：第 9 卷 [M]. 北京：人民出版社，2009：109.

基础。从马克思的思想出发去追寻共享发展的理论根源与本质，把共享发展的概念引入党的指导思想中，使得共享发展的概念更符合马克思主义的特征和要求。以马克思的思想来探讨共享发展的概念，不仅极大地促进了马克思在中国的发展，也把该思想融入到新的时代背景中，还可以为社会主义的发展提供一个新的理论角度，既是对马克思主义的大众化普及与传播，又可以说是对中国式现代化发展道路的创新，特别是对于发展中国特色社会主义新时代的道路、增强民族凝聚力、推动国家的繁荣、增进国民福利等起到了积极的推动作用。

（一）为中国共享发展理论创新提供了逻辑起点

资本主义社会制度之中要获得共同的发展是不可能实现的。"资本主义社会不具备实现共享发展的制度基础，必然导致发展利益的阶级对立。"[①]与之相反，在中国特色社会主义社会之中人们追求的是人的自由和全面发展，其实质是对共享发展的价值观的渴望。中国共产党人以马克思共享发展思想为指导，体现出了广阔的全球视野和时代的气息及高瞻远瞩的战略性思考，对目前中国所面对的各项发展问题作了较深的探讨，并在此基础上，进一步阐述了中国特色的共享发展思想，是对马克思主义共享发展理念的创新与丰富。

党的几代领导人对发展问题的思考，使马克思的共享发展思想得到了进一步的充实和发展，使马克思的共享发展思想在中国得以发展。马克思共享发展理念为我们提供了一个新的视角，也为我们的具体实践提供了全新的参考与借鉴。中国共产党领导下的社会主义制度，以及我们国家所坚持的以公有制、按劳分配为主体的理念，都明显遵循着马克思关于"共赢"等理念的理论逻辑。共同富裕这一理念可以说也是中国特色社会主义的本质特征之一，蕴含着以毛泽东思想为指导的痕迹，在实践中国特色社会主

---

① 胡守勇.共享发展理念的世界历史意义 [J].马克思主义研究，2018(4).

义道路发展的进程中也清晰地对其实质性进行彰显。改革与发展带来的好处和期望是大家所盼的公正的和人民共享的。新时代的共享发展观与马克思共享发展思想具有高度的一致性，都是在坚持并实践以人民为中心，实现公平公正，实现社会共享发展的基本价值。在中国特色社会主义新时代，将以"共享发展"五大发展思想为起点，把"以人民为中心"作为中国共产党发展思想的方向与目标导向。"共享"这一概念，折射出中国共产党在发展问题上的世界观和方法论，当下我国马克思主义"共享"的最高境界不仅充实了马克思主义"发展"的实质要义，而且还为马克思主义理论宝库注入了新的活力，同时也印证了马克思共享发展的科学真理性，有力推动实现马克思主义共享发展的远景目标。

（二）为新时代社会劳动分配理论提供思想借鉴

自改革开放以来，中国人民从站起来走向富起来，贫富差距问题凸显。新时代，党中央对国家发展所发生的新的变化有了准确的把握，并且对此作出了相应的调整，将逐步实现全体人民共同富裕放在了一个更加突出的位置上，同时还采取了强有力的举措来保障和改善民生，带领我们打赢了脱贫攻坚战，使我们达到了全面建设小康社会的目标，这为我们推动共同富裕创造了一个很好的环境。在其他领域，譬如：让所有人共享发展成果，要有更多的、更实际的进步。所以，我国现阶段迫切需要解决的主要问题也就是缩小城市与乡村间、区域间的收入差距，那么对收入与分配体制的改革就势在必行，只有如此才能展现效率与公平。共享发展的核心内容，就是要处理好人民群众最关心的公平正义问题，同时，它也是一个民族发展过程中的效率与公平的体现。效率体现在物质基础上，要大力发展高质量的生产力，要通过财富的分配体现公平。所以要加快我国居民收入分配制度的改革与完善，建立一套多层次、协调发展的制度，对三次分配进行有效的引导，实现居民收入分配的橄榄型优化。与此同时，我们也要加强地区与地区间的协调，努力缩小在各个领域的差异。要想让收入分配制度变得更好，除了要在财富收入上作出努力外，还要在法律、税收、教育、基本服务等领域进行实践，对社会保障体系进行持续改进。马克思共享发展理念，一直都把人民作为社会发展的主体，并将其作为一个整体来看待与解读，其目的就是要让全体社会成员都能共享发展成果，同时要在持续推进生产力发展的同时，对分配体系进行优化，从而逐步将原来的按劳分配方式转变成按需分配的方式。

（三）彰显了共同富裕的中国特色社会主义本质

在以人民为中心并把人民群体放在首要位置的共享发展思想之中，人民共享发展成果带来的获得感、幸福感，把个人与社会相结合，把个人利益与社会利益相融合，也使两者达到最佳的协调发展。共享发展强调机会、利益和权利的共享，确保每一个人都有机会参与到社会中来。"共享发展就要共享国家经济、政治、文化、社会、生态各方面建设成果，全面保障人民在各方面的合法权益。"① 在贯彻共享发展理念的过程中，应当充分发挥广大人民这一群体中所具有的主观能动性和作用，如此一来也能使人民群众感受到自身对共享发展的切身参与感和无上荣光的责任感与使命感。让他们在社会主义现代化建设中能起到积极的作用，这样就能充分发挥他们的积极性和创造性，从而形成一个共同参与、共同建设的良好的外部环境。中国特色社会主义制度建设的一项重要的基本原则也指向了全体人民共同富裕，这就需要国家调整国民收入分配比率，对社会再分配进行合理的调节，面对人们收入与分配不平衡的状态能够极力地去解决，能够使大家获得公平的利益，让所有人都能受益，要在共同富裕的道路上稳步前进。新时代把人民的幸福和民族的伟大复兴结合在一起，这既是国家和民族的宏伟愿望，也反映出了以人民为中心、为人民服务的根本宗旨。马克思的共享发展理念是一种对"共享"和"发展"这两种概念的有机结合。他认为，合理的分配

---

① 习近平谈治国理政：第二卷 [M]. 北京：外文出版社，2017：215.

方法是实现共享发展的重要一环，只有这样才能确保所有人都能得到平等的社会资源。共享发展的概念把实现公平正义作为发展的出发点，它着重指出了共享发展的主体和内容的范围，它是一种包括全体成员在内的、全面的、全方位的社会发展，不是简单地平均享有，而是一个在社会发展的过程中，可以让不同的东西变得更加合理的一种公平的分配和享受的制度。在新的时代，要坚持并完善按劳分配制度，不断完善共享发展的制度，使人民可以平等地享受到发展的机会和权利，既要保证生产力的发展，又要保证平衡分配的公平性。共享发展的问题，主要集中在收入分配上，因此，持续地推动全面深化改革，完善社会保障制度，不仅回答了社会保障公平与正义的时代要求，而且体现了社会主义本质的内涵。

（四）为社会主义现代化建设提供现代理论支撑

"哲学家们只是用不同的方式解释世界，问题在于改变世界。"[①] 这可以说在某种程度上道出了马克思哲学的实践智慧。与此同时，它也指出了旧哲学的哲学家们只是用哲学的空论来解释世界，他们采用了各种不同的方式和方法来对世界进行抽象的说明，然而他们却与社会的实践活动相分离。如果只是简单与直率地解释世界，并不能对现实世界产生什么影响，因此，他们只能在实践中去认识真实世界。马克思认为，费尔巴哈仅仅从宗教与世俗两个层面对其进行了批判，而忽视了对人在社会中所扮演的角色的关注。所以，马克思对人的本质和社会本质的含义进行了讨论，他认为只有在进行了一次全面的革命实践之后，人类才能够将生产力完全解放出来，实现生产资料的公有化，这样，就可以真正解决现实的社会问题，从而使事物的状况发生变化。马克思还认为，在把握了世界以后，哲学变成了一种带有反思和批判性质的学问与艺术，这种学问并不是反对逻辑性和道德性，而是切实地批驳真实的世界及其改变。所以，把马克思共享发

---

① 马克思恩格斯文集：第 1 卷 [M]. 北京：人民出版社，2009：502.

展理念运用到现实生活中去是我们社会主义现代化建设的理论依据。在社会主义现代化的过程中，新的阶段，我们的社会主要矛盾出现了根本的、革命性的转变，新的特点和新的问题，都要求我们有新的发展理念。马克思关于共享发展的思想，在当代又有了新的体现，而共享发展理念正是这一思想在新时期的具体体现。在社会发展的过程中，一系列重大的问题摆在面前，用共享发展来引导社会实践，并在就业、医疗以及其他公共领域的建设方面，都对共享发展进行了出色的阐述。特别是在脱贫攻坚、精准扶贫等民生问题上，把共同富裕当作一项根本性的和长远的任务，争取彻底摆脱贫困，促进社会资源和教育资源的合理分配，减少城乡之间和地区之间的发展差异，让人们在社会主义现代化的进程中实现自己的利益。

（五）科学认识发展不平衡不充分问题的根源

要对发展不平衡不充分的主要原因有科学的认识，在经济社会发展中不断解决好发展不平衡不充分问题。同时，还要解决人民群众对高质量生活需求与发展不平衡不充分的矛盾。这就要求我们把共享发展作为一项重要的理论和实践原则，以不断丰富与健全共享发展理论体系为目标。"我们的需要和享受具有社会性质，所以它们具有相对的性质。"[1] 人们在社交上获得的满足的水平，不应该仅用物质来表示，我们的需求和快乐来自社交。所以，我们用社会的标准来衡量人们的需求和快乐。要考虑人们获得的社会满意度的相对程度。人的需要是随着社会的发展而不断改变的。随着中国特色社会主义的发展，人民的要求越来越高，不仅限于物质的要求，也包括精神的要求、对生活的要求，以及对自身全面发展的要求。但是，现实中的不平衡和不充分，对人民群众对美好生活需要的实现产生了一定的不利影响，对人的全面发展也产生了一定的制约。所以，发展不平衡不充分的问题并不只是目前我国社会发展面临的一个问题，它还与我国人民

---

[1] 马克思恩格斯文集：第 1 卷 [M]. 北京：人民出版社，2009：729.

未来的发展密切相关，是一个迫切需要解决的重大难题。对发展不平衡不充分问题的准确理解，不能孤立地看待与解读这两个问题，而是要把这两个问题看成一个辩证的整体。一方面，不平衡是在水平层面上的问题，不充足是在发展的垂直层面上的问题，前者体现在整个层面上的各环节发展状态的优劣和高低的差异，而后者体现在整个层面和组成整体的各环节在发展的总量和高度上的不足。另一方面，发展失衡常以发展不足为基础，而发展不足又常与发展失衡相伴而生，二者之间相互影响、互相依赖。因此，最终要想解决发展中的不平衡不充分问题，就应该双管齐下，既要促进充分发展，又要考虑到均衡发展，以发展的更加全面来保证发展的更加均衡。

第六章　马克思共享发展思想的现实意义

在中国式现代化发展道路的砥砺前行的进程之中，马克思的共享发展思想将会起到巨大的推动作用。只有全体人民对社会发展带来的好处都能够集体共同享有，才是共享发展的中心之义，把马克思共享发展思想与我国具体实际结合在一起，能够很好地解决我国发展所遇难题和对发展的目的、发展的方向进行质的规定，进而提高人民群众的积极性，促进人们共享发展成果，因此它有着深远的现实意义。总之，马克思共享发展思想的现实意义主要体现在为贯彻落实共享发展理念提供了理论指导，为指导我国深化改革开放和推动共享发展提供方案，为建立健全我国制度体系、促进共享发展奠定思想基础，彰显了马克思共享发展思想的现实意义。

一、为贯彻落实共享发展理念提供了实践指导

始终贯穿着历史唯物主义与辩证唯物主义的马克思主义理论体系，直接体现着马克思的基本观点与方法论。马克思的共享发展思想也反映了这一科学的方法论。描绘的美好社会为实现共享发展提供了现实的着力点，为服务"一带一路"建设、促进我国经济社会高质量发展、全面发展生产力、促进人与社会均衡协调发展提供了思想理论指导。

（一）有利于推动新时代"一带一路"建设

"一带一路"倡议被习近平总书记提出之后，引起了全球各个国家的热议和关注及踊跃的参与，在全世界各个国家都引起强烈反响。那么，关

于"一带一路"的建设对于我国而言可以说是一个崭新的起点，也是我国应对国际挑战和国际收支逆差的重要战略与部署。因此，我国所提倡的"一带一路"符合人类社会的发展潮流，更是与沿途各国人民的发展需要相一致，大家携手共同构建人类命运共同体。我们国家在"走出去"的同时，坚持"引进来"，坚定地捍卫世界的和平与发展。习近平总书记最近几年在国外和全国各地的重要会议上，都反复说过，"共建'一带一路'，应该坚持共商、共建、共享原则"①。要让所有国家都能共享到合作的果实。"一带一路"倡议是我国提出的一项崭新的国际公共产品，具有重要的理论和现实意义。"欢迎各国搭乘中国发展'顺风车'，一起来实现共同发展。"②可见，习近平总书记的一席话观照到全世界，对人类饱含着关切之情，他不仅把目光聚焦在我们单个国家，而且更观照到全世界各个角落的每一个国家，希望大家都受益，展现出大国胸怀和担当的责任。"一带一路"也是中国特色的一部分，它起源于古代丝绸之路，在中国的多边外交中得到了极大的发展，它包含了中国人的包容精神和开放、合作的外交原则。推动世界持久地和平发展是"一带一路"建设的根本，而追求共同发展则是其最终的发展方向。在传统的世界治理模式下，很多发展中国家的发展要求无法得到国际社会的响应，从而导致了它们之间的发展不平衡和不协调。习近平总书记提出，要把"一带一路"推进到一个新的水平，要拓展双方的合作领域，挖掘所有国家的潜能，共同努力，共同破解全球发展中存在的根本问题。并着重指出了该擘画的基本宗旨，"就是要实现共赢共享发展"③，我们既要为自己争取发展利益，又要为其他国家争取更多的利益，使他们也能搭乘我们这趟"发展列车"，与我们共享发展利益，实现发展目标。这一举措的提出，能得到各个国家的热烈响应，原因在于谋求共同发展是各个国家和民族的共同愿望，它与各个国家的发展潮流相一致，尤其是对

---

① 习近平谈治国理政：第一卷 [M]. 北京：外文出版社，2014：316.
② 习近平谈治国理政：第二卷 [M]. 北京：外文出版社，2017：526.
③ 习近平谈治国理政：第二卷 [M]. 北京：外文出版社，2017：546.

于那些既要发展，又要维护其独立性的国家来说，开辟了一条新的发展道路，这也与国际社会实现互利共赢的发展目标和要求相一致。"一带一路"的成功实施，既是共享发展理念在国际上的延伸，也是马克思共享发展理念在当代世界发展的新范型。马克思共享发展思想的深层内涵，对推动"一带一路"建设和实现全球共享发展都具有重要的现实意义。

（二）有利于继续推进经济高质量发展

中国式现代化发展道路对党和国家的发展提出了一个崭新的要求。习近平总书记指出："立足新发展阶段、贯彻新发展理念、构建新发展格局、推动高质量发展。"① 这为开启新征程和实现新奋斗目标创造更丰厚的物质条件与基础。当下我们的奋斗目标仍是共同富裕。共享发展是当代的一种新型发展模式，它与实现共同富裕这个基本目标更加一致，两者是发展途径和发展目的的有机统一，要在实现共享发展的同时达到共同富裕这个终极目标。一个集体，所有的社会成员，以集体的方式有系统地使用生产力；将产品扩大到足以使每个人都满意的程度；终止以某些人为代价的局面，只有从根本上消除了阶级，从根本上消除了私有制，才能使所有人都得到发展。当前阶段，我国的基本国情决定了我国目前的生产力的规模还远远达不到高度发展的需要，然而这不是说我们要结束或放弃共享发展，恰恰相反，是要在持续推进高质量的生产发展的同时坚持实现共享发展，不断累积物质财富，夯实共享发展的物质基础。

跨入新发展阶段之后，社会的主要矛盾也从对物质和文化的追求转向了对美好生活的需要。这让我们有了更多的信心和能力可以更好地实现共同富裕的目标。但是，在新的发展时期，我们的社会发展仍旧存在着不平衡不充分的特点，而且我们的发展还没有完全实现所有的社会成员都能共享社会发展成果的目标。在新的时代背景下，我国应努力解决经济发展中

---

① 习近平谈治国理政：第四卷 [M]. 北京：外文出版社，2022：219.

存在的问题，努力消除城乡、地区间的差异。习近平总书记在讲话中强调，唯有发展，才能使人们的生活更美好。所以，要大力发展生产力，促进经济高质量发展，"发展成果由人民共享"①这才是最终的目标。

（三）有利于联合促进生产力更充分发展

在中国特色社会主义高质量发展新时代和全面建设中国式现代化强国的进程中，仍旧面临众多的挑战，而且发展不平衡不充分的矛盾在社会的总体发展进程中也多方面体现出来，那么，我们站在马克思主义的立场，从唯物史观的角度来看，从生产力和生产关系、经济基础和上层建筑的辩证关系出发，解决发展不充分问题的关键在于生产力，生产力水平的持续提升，不但可以把物质生产的水平提高到一个新的层次，还可以促进政治、文化、社会、生态等方面的发展，从而推动社会的发展更上一层楼。

在马克思的理论框架内，社会如果能够进入高速发展阶段，一定离不开众多因素相互交织的作用，比如人与人之间相互协作配合，作为生产资料的物质方面同样也要相互交织结合在一起，也只有这样才能有效推进社会强有力的发展，不断追求高质量发展的预设指标。"真正的财富就是所有个人的发达的生产力。"②可以说不论是一个人的才能或表现出来的一个人的生产力，都具有一定的局限性。如果想要冲破这种藩篱，个人必须融入集体中去，个体在自由集体劳动中，通过对已有的社会物质条件的有效利用与掌握，能够"充分地发挥个体的种属才能"，这就是一种被放大的"人类生产力"，它是一种比单一个体的简单相加具有更强的"人类生产力"。所以，要解决发展不足问题，就要善用集体的力量，既要持续提升个体的生产率，又要鼓励他们结成有效的集体，这样所形成的活跃的、有效率的集体，就能使自己的"种属力量"得到最大程度的发挥，进而促进整个社

---

① 中共中央宣传部. 习近平总书记系列重要讲话读本：2016 年版 [M]. 北京：学习出版社，2016：136.

② 马克思恩格斯选集：第 2 卷 [M]. 北京：人民出版社，2012：787.

会和所有部门的全面发展。

（四）有利于推动人与社会协同均衡发展

在我国各区域之间、城乡之间，从政治、经济、文化、社会和生态等视角来看，难免会有不平衡状况出现。此外在人们所从事的职业与领域之间同样存在收入不平衡的状况。尤其是我国城乡之间收入不平衡，这也是大家关心的话题之一，在一定程度上制约了中国特色社会主义的发展。造成社会发展不均衡的原因有很多，但最关键的一点是每个人在社会发展进程中所处的位置不同，既有地区之差，也有从事的领域上的差别，所以在发展过程中存在差异性。因此，要从根本上解决我国社会发展失衡问题，必须重视人的全面发展，重视人与社会的协调发展。

马克思提出了"人"这个概念。社会的核心也是以人为中心。有学者认为，"社会发展从最高价值导向上来说，发展的最终目的是人，为了人的自由而全面的发展"[①]。由此可见，人的发展离不开社会发展与之相互配合共进，所以社会发展的问题最终也是人的发展问题，并把人的发展和社会的发展结合起来，作为一个目标追求。每个人都是社会的一部分，都是各种社会事务的参与者，他们分散在不同的区域，为不同的领域服务，他们活跃在不同的群体之中，不仅是社会发展的工具，同时也是社会发展的目标。社会的发展要有利于每一个人的发展，因此，每一个人的发展也自然而然地变成了促进社会发展的一种动力，人的发展越是全面，社会就会得到更加充分和平衡的发展。城乡之间、区域之间以及各个领域间的差异化情况我们直接可视，那么，如何对这些落差进行消除和破解，首要的应是把教育放在首位，因为教育是能够促进人的自由全面发展的主要途径与措施。以科学地整合和分配教育资源为目标，让发展落后地区的教育资源配置得到适当关注与支持，促使落后地区的人民也能得到高质量的教育和

---

① 曾国屏. 现代科学技术与马克思主义哲学创新 [M]. 北京：人民出版社，2011：372.

更好的发展，这样才能从根本上缩小人们在各个地区和各个领域之间以及个体之间的差异，推动发展平衡或缩小发展不平衡。所以，目前，促进人的发展与社会发展的高度统一，是一项非常重要的工作。唯有正确对待人的发展，积极应对人的发展，并且要将人的发展和社会的发展联系起来，从而达到人与社会的和谐发展，只有如此方可在面对社会发展中棘手的均衡问题时有计可施。

二、为我国新时代共享发展提供新的改革方案

我国正处于中国式现代化的新发展阶段，基本实现了共享发展主体的全覆盖。每个人都可以享用到社会改革和发展所带来的益处。然而，仍有必要拓宽公共服务领域，提升公共服务水平，这一切都需要一系列的经济和社会的深入改革和积极改造。生产资料分配中共享发展在很大程度上取决于生产资料的所有权，共享在整个发展中起着举足轻重的作用。那么，在社会的发展过程中，多是以民主制的形式对共享发展进行管理与掌控，社会化劳动进程中共享发展可谓依赖的是一种合理的劳动制度。这两种体系都反映出了人类在社会发展过程中的共同要求，有利于保证共享发展的实现。生活物资分配这一环节的共享发展，在很大程度上取决于现行的社会分配模式。因此，要想推动共享发展一定要坚持公有制的主体地位不动摇，在劳动等制度方面做到以民主制为主，在收入分配上要做到合理化改革和创新。

（一）有利于巩固公有经济的主体地位

确定谁拥有、谁支配和谁获益的生产资料的所有权关系。通过对马克思共享发展思想的研究与分析，可以得出资本主义的私有制是妨碍人们实现共享发展的现实原因，除非消灭私有制，把生产资料所有权变成公有制，使人们能够对生产资料进行共同支配，如此便有机会使人们实现共享发展，

使社会发展获得更好提升。所以，要想实现共享发展最重要的是必须坚持公有制为主体。如果不遵循以公有制为主体，那么也就不会有共享发展了，可见以公有制为主体是实现共享发展的基础和前提。

目前，我们的所有制结构主要是公有制，多种所有制并存，这是由我国的国情、民情和社情等现实情况决定的。如果取消私人经济扩大公共产权，我们无法实现共同发展，而是要从公有制经济自身入手对其进行改革，持续加强和壮大公有制，进而进一步巩固公有制在我国所有制结构中的主体地位，不仅仅是为了保证公共财产是整个社会财产的主要部分，"国有经济控制国民经济命脉，对经济发展起主导作用"[①]。对此分析和概括一下可知，其一，应该持续改进和优化国有资产经营制度，既要强化国有资产的规模，又要强化国有资产的质量。在现代化经济发展的大浪潮中能够认清国有经济的重要性，激活国有经济的原有活力；另外，国有经济的发展与运行在市场中都有很大的影响力，这种影响力也会对行业起到掌控作用，可见这是控制力，所以要对其进行有效的把握与提升。在健全基本经济制度、促进公平竞争的基础上，持续推动国有企业的战略调整。其二，要进一步深化国企改革，增强国企在市场经济环境下的整体竞争能力，进一步扩大国企的规模，使国企对国民经济具有很强的把握能力，使公有制经济在整个社会的经济发展浪潮中起到主导性作用，所以说，公有制经济是社会经济发展中的重中之重，不容小觑，应给予重点关注，并积极扶持和协助公有制经济的发展。其三，要通过"积极发展混合所有制经济"[②]，对非公有资本的投资进行高效吸收，让国有资本得到更好的保护，让国有资本的使用效率和市场竞争力得到提升，同时也提高国家资金的使用效率。所以说公有制经济制度在经济全局发展中占据着重要地位，只有进一步激发国有经济活力，鼓励多种所有制经济共同发展，才能推动社会主义市场经济高质量发展。

---

① 中共中央文献研究室. 十五大以来重要文献选编：上 [M]. 北京：人民出版社，2000：21.
② 中国共产党第十八届中央委员会第三次全体会议文件汇编 [M]. 北京：人民出版社，2013：24.

（二）有利于健全民主制度及劳动制度

共享发展既要实现共享，又要考虑发展，它不仅表现在发展的结果要由人民来共享，还表现在发展的过程要由人民来共享。没有人人积极民主地参与公共事务和公共劳动，人民的政治、经济和文化地位就不可能实现，没有任何领域的人民在各个方面的实践经验，也就更不会有每个人现实的、全面的发展。"国家的事务就是全体人员的事务，全体人员都有权以自己的知识和意志去影响这些事务。"① 无论是国家的事务还是社会的事务，可以说都是我们每一个人的事情，也是所有社会成员的事情，它们都涉及个人的利益，也代表了整个社会的利益。但是，唯有民主制度，它是一种普遍性和特殊性的真实结合，只有在民主的原则基础上，每一个人才可以在社会的各个方面都获得共享的发展。与此同时，在实现共享发展的过程中，更不能离开人民群众共同参加的劳动实践，只有将他们的劳动实践转化为现实，他们才能创造出为人民共享的劳动结果。那么，劳动制度的合理性多是体现在能把社会中的每个人的生产力都凝聚起来，汇聚成一股强大的社会生产力提升生产效率，进而促使人民创造更多的社会发展成果。

民主体制的合理、有效，让民众有机会对社会进行某种程度的参与。《中华人民共和国宪法》作出了庄严的誓言：一切权力归人民所有，民主制度的日臻成型首先要坚持人民当家作主的原则，保证人民有权管理自己的个人事务，对社会公共事业进行管理的权利。鉴于此，应在政治体制方面进行改革创新，对民主协商制度的完善与创新应逐步推进，并进一步改进大家对公共问题的参与方式，使公众的参与范围持续扩大，使公众的参与程度持续提升，使公众的参与成效持续提升，用更加健全的民主体系来促使公众积极、高效地提出自己的意见，确保公众能够依法依规，以直接或间接的方式，对社会公共问题进行共同管理。除此之外，还应该不断完

① 马克思恩格斯全集：第3卷 [M]. 北京：人民出版社，2002：144.

善劳动制度，确保每个人都能享受到自由劳动的权利和机会，同时也要确保人们通过劳动获得生存、享受和发展的权利和机会。劳动既为人之权利，又为人之责任，有必要重点关注一下。不断地进行社会化劳动，既能使个体不断提高自己，又能使社会不断发展。人们根据民主原则、民主制度，以及理性的劳动制度，在政治、经济、文化、社会、生态等方面取得了同等的地位。而且，在所有的地方，所有的工作都是自由的，因此，每个人的愿望和意愿都能得到充分的表达，充分展示个人的体力和智力，促使社会运行的各个方面都可以体现人民的共同利益，与人们的共同意志相一致，要满足人们的共同需要，并推动人们将个人的发展和进步与社会的发展和进步相结合。在全面的经营活动和多方面的劳动活动中，通过实际工作的积累，使个体的整体素质得到提升，从而使每个人都能得到更好的发展。

（三）有利于深化收入分配体制的改革

当共享发展紧紧地嵌入人的生活之时，对社会生产的产品进行消费方面的共享便成了最为直接的体现，也就是对社会发展成果被人民所共享的现实实施，以及对现实的收入分配。在公平、合理的分配过程中，人民所创造的物质生活资料和精神生活资料，将会在公平合理的分配过程中惠及每个社会成员。良好的制度会助增社会有序发展，合理的分配制度同样如此，会提升满足社会中人的生存需要，除此之外，人的自身享受与发展的需求与机会更是与此紧密相连，若将这些因素都完美地考虑进去，那么社会的公平与正义便不仅是一句口号，而是实质性地落实到底了。只有使每个人都能从共享发展成果中得到更多的获得感和幸福感，并以此作为激励因素将人民的力量汇聚起来，从而以更为积极的态度和行动不断推动社会发展进步。但这并不表示"围绕分配问题打转"就可以获得发展，"消费资料的任何一种分配，都不过是生产条件本身分配的结果"[1]。不能将实行生活

---

[1] 马克思恩格斯文集：第 3 卷 [M]. 北京：人民出版社，2009：436.

必需品共享制度等同于"一种不依赖于生产方式的东西"①。必须在现行的生产方式框架下，在现行的实际生产条件下，对其加以贯彻和不断的改革与日臻成型。一方面，应该对分配体制进行改革创新，当前我国经济体制是以公有制经济为主体，多种经济所有制并存的这样一种样态出现，所以必须坚持和完善按劳分配制度，对分配体制进行改革创新要在多元分配模式共存的基础上展开，在追求公正的同时，还必须符合当前的社会发展状况，不能跨越不同的时期，更不能以停滞不前为代价实现公正。另一方面，必须改革和健全分配体制，要在不同的层面上进行协调，在初次分配过程中，应当将劳动要素作为市场评价要素贡献的最重要的一个因素，在此基础上，为实现劳有所获的目标，可提升因付出多而能够多得的工资。除此之外，在再分配过程中，应该持续加大对民生的转移支付的力度，让人民共享教育、医疗、养老、住房等方面的发展成果。因此，再分配要对在第一次分配中由于个人的不同而造成的收入不平衡以及在共享社会发展成果时所产生的不平衡进行弥补。目的是能使分配体制完善与合理，使大家可以更好地共享社会发展的成果，这样才能为社会的发展和进步提供不竭的动力。

三、为落实共享发展理念提供健全的制度保障

迈步在中国式现代化的发展道路上，一切良性体制的建立与完善都为高质量发展铺路架基，而共享发展的目标也是为人的自由全面发展添柴加火。伴随着社会生产力的持续提升，社会财富的持续增长，使整个社会朝向高速发展的状态。尽管如此，不同人群之间仍旧存在贫富之差，而且还在不断扩大，也使社会各阶层间矛盾频出。如果想要改变这种局面，从共享发展的这个维度进行分析，不仅要求我们从创造财富的角度去考虑，同时也要在制度层次上对共享发展进行保证。马克思在共享发展这一思想中

---

① 马克思恩格斯全集：第 25 卷 [M]. 北京：人民出版社，2001：20.

也提出了深邃而高远的见解。要在制度层面上很大程度实现共享发展,必须有一套行之有效的制度安排体现共享发展的意义。当前,我们要做好构建和完善制度体系的工作,这样才能确保所有人都能实现发展的共享。

(一)夯实公有制的市场经济主体地位

在马克思所处的时代,工人阶级生活在最底层,与资本家形成鲜明的对比与反差,马克思下定决心要找出造成这种反差的原因。马克思在这一问题上进行了细致的探讨,把这种差异归因于两个阶层对生产资料的占有的差异。在资本主义社会里,资本家坐拥社会生产所需的生产资料,而工人却是一贫如洗,依靠出卖劳动力艰难地生存,资本家在自己肮脏罪恶的敛财的过程中更是拼命地压榨工人的劳动,为资本家创造更多的剩余价值。这也就给资本家提供了压榨无产阶级工人的时机,肆意并无偿地占有工人们的剩余价值。马克思认为,由于生产资料私有制的存在,推动了资本主义社会中大多数的工人阶级和劳动群众不能分享经济增长,只有极少数资产阶级能够独享经济发展的成果。因此,马克思所设想的一个社会,如果要保持这样一个基本的体制,就必须把它看作一个所有人都享受着生产资料的共同体,才能保证全体成员的共同发展。因此,在某种程度上,生产关系所有制的性质对共享发展的实现起到了决定性的作用。我们国家要使所有人都能得到发展,无论在什么时候,在什么阶段,都必须坚持和强化生产资料的公有制。

第一,维持与巩固以公有制为主体的生产资料所有权,为共享发展奠定了体制基础。"生产资料公有制是实现共享发展的制度保证。"[1] 它既体现了社会主义和资本主义的不同,又体现了社会主义制度的优势。在某种程度上,由于所有制的不同而导致了分配方式的不同,也就意味着在对社会成果的共享上存在着一定的差异。因此,对生产资料公有制的主体地位

---

[1] 胡宇萱,龙方成.共享发展:新时代中国特色社会主义的价值追求 [J].湖南大学学报(社会科学版),2019(3).

进行持续的维护和强化，可以切实保证所有的人民都可以公平地享有社会发展的结果，从而可以切实地缩小贫富差距，减轻社会的矛盾，建立一个和谐的社会。如果抛弃了公有的生产资料，而在本质上却认可了一小部分人拥有社会上的巨大财富的正当性，那么就会导致社会上大多数人的贫穷。近几年来，在非公有制经济迅速发展，为国家和社会发展作出了巨大贡献的同时，在关于到底要不要坚持以公有制为主体的生产资料的问题上也发生了争论。但无论如何都要坚持公有制这个主体的位置，为我们的发展奠定一个牢固的制度基础。

第二，要使国企壮大，这是坚持和巩固以公有制为主导的生产资料所有制的根本保证。我国国有企业作为一支重要的经济主体，对其进行了全面的改革。在新的发展时期要把国企办好，从根本上巩固公有制的主体地位。为此，我们要做好以下工作：其一，坚持党的领导。坚持在国企发展中全面贯彻党的领导，从思想和政治上统筹国有企业，我们必须坚持中国特色的社会主义发展道路，不能偏离这个方向。其二，坚持以科技创新为中心，持续推动国企改革和发展。党的十九届五中全会提出，要想在未来社会取得长足发展，就需要把握技术创新的最前沿，拿出一批标志性的技术成果，实现高效率、高能量、高质量的发展。而国有企业，作为国家经济的核心，更要积极开展科技研发和创新，在整个社会的企业发展中发挥表率作用，引导发展潮流。唯有这样才能进一步巩固公有制的地位，逐渐提升人民共享发展的程度，从而加速所有人迈向共同富裕的脚步。

（二）建立健全公正合理的收入分配制度

马克思曾在《哥达纲领批判》中为今后不同阶段的社会发展提供了一套合理的分配方式，这是他的经典著作。按照马克思的观点，在社会主义初级阶段，因为生产力还没有完全发展起来，所以，它所能够采取的就是按劳分配。在进行了必要的扣减之后，才能对社会发展的成果进行公正的分配，因为人的天生的差别，因此，在现实生活中，分配不均不可避免。

当生产力发展到某种地步，当人们能够实现按需分配时，就意味着人类社会进入了一个高度发达的社会主义。新中国成立以后，为改变贫困落后的状态，迅速发展社会生产力，许多情况下，公平对效率是一种牺牲，因此，"效率优先，公平兼顾"是一种必然趋势。在短短的几十年中，我国的经济得到了长足的发展，社会的财富也得到了快速的增长，人民生活总体上有了较大的改善。但是，在生产力得到了大幅度提升，社会财富得到了持续增长的同时，社会中的贫富差距也在逐步扩大。同时，先富起来的人并没有带领贫穷的人变得富有，因此并没有真正实现全体人民共同富裕的目标。

　　党的十八届三中全会后，从缩小居民收入差距、促进共同富裕的角度出发，党中央多次对"关于收入分配问题"进行讨论，并在全国范围内引起广泛关注。习近平总书记指出："我国经济发展的'蛋糕'不断做大，但分配不公问题比较突出，收入差距、城乡区域公共服务水平差距较大。"[①]意指要让全国人民共同分享改革发展带来的红利与结果，秉持着公平与正义的观点面对不发达的落后地区的发展问题，而且也把它当成了未来一段时期内的一项重大任务。目前，不论从现实状况或制度设计来看，仍有许多问题有待解决。因此，为了更好地分割"蛋糕"，要保证公平的分配，第一，要增加低收入人群收入，提升中低收入人群的家庭收入，我国在走中国式现代化发展道路的进程中，会面临着贫富差距与地区差别的矛盾，那么在这一目标的实施中其最终指向应是共同富裕的理想，为了能够高质量实现该理想，必须会考虑合理地提出一些相应的措施。例如：增加低收入人群的工资，扩大中等收入人群的人数比例，高收入群体的相关指数要进行调节等，并制定一些相应政策予以辅助与配合。第二，要继续完善按照贡献度的分配制度。"按照贡献度参加分配"的原理，是对资本主义私人财产制度的一种扬弃。在资本主义社会中，不工作的资本家得到了大部分的发展，而工作的工人阶级则只能得到最基本的生活来源，他们被排除在发展的体

---

① 习近平谈治国理政：第二卷 [M]. 北京：外文出版社，2017：200.

系之外。所以，在以公有制为基础的社会主义社会中，不仅要继续按照贡献来进行分配，而且要根据生产力的发展状况，要把按照要素来进行分配加以改进，要达到马克思所设想的更高层次，就是要达到按需分配。第三，在分配过程中，应当对弱势群体给予足够的重视，并充分利用好"第一次分配"和"补偿性分配"。第一次分配的公有化是指因为生产资料的公共占有而确定分配方式，从而导致分配的公有化。所有的人都可以在第一次分配中分享自己的劳动成果。在最初分配过程中，补偿分配的共享本质上指的是，在最初分配完成之后，某种程度上对那些属于社会弱势和贫穷的人予以关照。通过补偿的方式来缩小贫富之间的差距，并在此基础上进一步体现分配的公平性。因此，即使在最初的分配完成以后，由于多种原因仍然会造成实际的分配不公。因此，采用补偿形式的分配共享，能够有效地弥补由于第一次分配而带来的不公平，能够让社会主义制度下的分配方式更加公平、公正，让所有人都能够最大限度地享受到社会发展的成果，大家都可以在共享发展的过程中，获得更多的成就感、幸福感。

（三）健全与完善共享发展的保障机制

制度是一国社会稳定发展的关键因素，合理的共享发展制度离不开有效的保障体制。随着国家的发展与社会的进步，一些群体在对发展代价的承受与对发展成果的共享之间存在着不平衡，由此导致我国出现贫富之间的悬殊差距，且有不断拉大的发展态势。社会主要矛盾已经转变为人们对美好生活的渴望和追求，那么，要使所有人都可以享受到社会发展的成果，并且可以去追求更好的生活，就一定要健全和完善共享发展的保障制度。"加紧建设对保障社会公平正义具有重大作用的制度，逐步建立以权利公平、机会公平、规则公平为主要内容的社会公平保障体系，努力营造公平的社会环境，保证人民平等参与、平等发展权利。"[①] 要进一步完善共享发展保

---

① 习近平谈治国理政：第一卷 [M]. 北京：外文出版社，2018：96.

障体系。

第一，要建立和完善发展机遇的保证体系。该机遇是指一个人可以在社会上得到公正、平等的发展，而并不只是一个特定的群体，它更多的是一个属于所有中国人民的、具有普遍性的发展机遇。共享发展机遇对每个人来说都是非常重要的，是确保每个人都可以平等、公正地参与到社会中来，实现自己的生命价值，进而被社会所承认，获取社会发展的结果，以及在各个方面发展自己的能力的必要条件。

第二，要完善和健全发展权共享制度。中国要使所有人都能享受到发展权利，就必须要共享发展权利，必须建立一套保障制度，以确保每个人都享有同样的发展权。发展权利共享意味着，每个人都可以全面地参加到这个过程中来，并且可以公平地分享这个过程带来的好处。譬如，公民的教育、医疗、就业、社会保障、公共服务等发展权利是不容否认的，如果没有这些权利，将会影响到共享发展的目标，并引发一系列问题。此外，人们贫富之间如果落差过大也会容易陷入不同群体相互共享发展成为无法攻克的难题的困境，从某种意义上来说，也是一部分群体发展权利的缺乏。"发展权利贫困的结果，必然是低收入、人力资本不足、无力负担疾病变故、社会关系脆弱、无话语权、不受尊重、被排斥获得新的经济机会等。"① 没有发展权的存在，共享发展就无法在实践中实现，只有拥有发展权才可真正地探讨共享发展。

第三，要建立和健全实现发展成果共享的保证体系。在中国特色社会主义市场经济体系中，坚持以人民为中心也是一种必要的选择，经济高质量发展这种战略措施也是中国特色社会主义市场经济体制不可或缺的必然要求。因此，社会的发展成果被全体社会人民所共同享有也是中国特色社会主义制度之下的为人民大众考虑的科学合理性的制度体现。在生产力持续发展的过程中，社会的主要矛盾也随之改变，人民对分享社会发展成果

---

① 魏志奇.社会主要矛盾变化新要求下共享发展研究[M].北京：人民出版社，2021：194.

的要求和水平也在不断提升。一方面，建立和完善能够让一些贫困人口享受到社会发展的物质成果的需求保证体系，逐步缩小贫富差距，确保人们能得到基本的生活需求，这是目前以及未来一个阶段都要进行的工作。另一方面，要健全和完善确保全体人民都可以满足对美好生活需求的保障制度。它不仅要注重在物质层面上的共享，也要朝着公平、正义、法治、民主等方面的享受发展，要着力解决在实现社会经济发展过程中存在的不均衡、不充分等问题，虽然这是一个漫长的过程。总体而言，加强和完善发展成果的共享与保障制度，就是要逐渐提高对社会发展成果的享受，继续努力实现人类的自由而全面的发展。

四、为推进马克思共享发展思想提供价值坐标

马克思共享发展思想以其卓越的智慧，在人类社会历史性发展进程的微观、宏观双重维度上发挥着巨大的推动作用，既在个体角度充分挖掘每个人的发展潜能，注重维护公平正义回馈民生；又注重调动全社会力量促进社会生产发展，健全制度体系以强化规则意识。

（一）激发个人的潜能以实现全民共享发展

第一，从共享发展的概念上来分析，让人们充分认识到自己是一个"历史缔造者"的主体，让人们感受到自己的付出所带来的收获的获得感，这样就可以将所有的社会成员的积极性和潜力都充分调动起来，真正让每个人的自由发展和所有的社会成员的全面发展得以实现。"全体社会成员人格平等、机会均等意识的努力与分享，从而使整个社会的整体利益最大化。个体能够在总体利益的创造中共享结果，要激发每个人的潜能。"① 共享发展是将个人的发展与群体的发展相联系，是让每一个社会成员都能享受

---

① 王伦光.价值自觉与社会主义核心价值体系建设研究 [M].北京：人民出版社，2017：159.

到同等的机会，使每个人都能获得支配自己的生活的权利与自由，让自己的内心充满了对共同发展的渴望，只有如此才可以激发出每个人储藏于内心的潜能，有效地把这种能量融入到全民共享发展之中，为社会发展作出贡献。

第二，从共享发展的实践过程来看，应该让所有的社会成员都积极地参与到国家建设之中，牢固树立共建共享的理念，建设一个能够推动社会前进发展的强大体系，并将人们的积极性、主动性和创造性都发挥出来。不分年龄，不分性别，不分国籍，不分宗教等等，而要充分发挥每个人的智慧，凝聚起强大合力。让每个人都可以平等地享受到自己的发展成果，让人们的生活富裕水平与经济社会发展水平保持同步，营造人人参与、人人努力、人人享受的发展局面和态势，来调动广大人民群众支持和参与发展的积极性，充分发挥他们无穷的创造力，在整个社会形成一种每个人都能获得成功的良好氛围。共享发展不仅是使人们共享自己的创造成果，也能够通过制度性的安排有效地促进社会的进步发展，那么社会发展的成果由人民大众所共享。例如社会发展中的权利、机会、资源等都能够让人们充分利用，让全体人民拥有更多的获得感、幸福感和舒适度，让人们的幸福更实在，让所有人共同走向中国式现代化发展道路，迎接人类文明新形态的精彩未来。

（二）维护社会的公平正义以共享改革成果

共享发展是一种发展理念，它的重要目标导向是要将经济社会发展成果回馈给全体人民，让所有人都可以享受到它，从而保障和改善民生，从而达到共同富裕的目的。"共享发展理念解决的是社会公平正义问题，让人民群众共享改革发展的成果，是社会主义的本质要求。"[①] 社会主义共同繁荣的本质要求就是共享发展，而共同富裕则是发展道路上的一个重要标

---

① 何爱平，李雪娇，彭硕毅.新时代中国特色社会主义政治经济学的创新发展研究 [M].北京：人民出版社，2018：73.

志。共享发展理念将发展和共享的过程和目标相结合，将物质财富和精神财富相结合，突出了社会主义的公平与正义。如果没有这些，那么也很难实现社会主义的优势，就不可能有社会主义的前途。

中国式现代化建设和人类文明新形态建设的基本目标，是维护社会的公平正义，使社会稳步迈向共同富裕和全面的高质量发展。人创造了历史，它产生于人的生产活动之中，由人的有意识的活动组成，并形成了它自己的内部运作规则。要求社会主义建设要以人民的根本利益为出发点，在社会发展中，共享发展理念要以人民群众为发展主体，让每个人都能共享社会发展的进程，让每个人都能享受到出彩的机遇，让每个人都能在共享发展的过程中得到更多的满足。马克思的共享发展理念，就是站在"人"的角度来阐释和认识"人"的主体性。坚持以人为本，具体包含了两个层面：第一，要强化对公民的素质教育。仁者爱人，人恒爱之，人唯有拥有了仁爱之心，才会愿意与别人共享自己的利益，才会对自然怀有感恩之情。仁爱之心是个体思想道德和价值观的一种表现，所以，加强对公民的道德教育，提升民众的仁爱之心，对于发挥共享发展效能是有利的。第二，人类通过对社会进行良性的改革可使社会快速向前发展，改革的过程中离不开共享发展的思想作理论性的指导与支撑。此时的公平与正义便会发挥强大的引领力与感召力。所以说要注重社会中每个人都能公平、正义地共享发展的资源、结果，也只有这样才能够实现公平、正义的目标。此外，也要面对存在的差距，要清晰地意识到，并不存在绝对的平等，要有轻重缓急，要把事情的主要矛盾抓起来，形成一个侧重点，要做到实事求是，并在现实的基础上制定出一些具体的发展对策。

（三）统筹兼顾各方利益以推进生产力发展

在实现共享发展的过程中，必须不断地充实和发展物质和精神资源，这是实现共同发展的基础和先决条件。"共享发展的前提是应拥有丰富的物质财富与精神财富，需要不同领域、多种行业、多类人群在实践活动中

生产创造。"① 唯有人民群众的生存质量不断提升，人民群众才能放心从事
社会再生产，并在一定程度上遵循社会的公共秩序大力推进共享发展。在
物质与精神资源极度匮乏的年代里，倘若人们无法得到最起码的生存需要，
就无法达到共享的目的，即便达到了，也是一种低水平的共享，这对人的
自由全面的发展是不利的。马克思在评论原始的共产主义时，对这种共享
表示了强烈的异议，共享发展的根本目的是要达到共同的富有，所以要实
现共享发展，首先要达到预设的目标，那么要想达到共享发展势必需要持
续地推进这个目标，共享发展的要义即是如此，共享发展、绿色发展、协
调发展等，归根结底都是以发展为主，共享发展也是向更好发展的转型，
还是社会财富的增长，也可以更好地促进整个社会的共享发展。在发展的
进程中，要实现对发展的统筹考虑，实现共享发展的目标，但这并不代表
追求社会财富的盲目增长。在实现对社会财富增长的过程中，要实现与社
会的和谐共存，让社会成员能够实现彼此间的相互发展、相互促进，营造
一个良好的社会气氛，要重视生态的均衡，不能为了达到社会财富的增长，
而以环境的损害和社会公正的损害为前提，在社会的发展中，要对人民福
祉的提高更加重视。

（四）健全和完善基本法律以加强制度建设

出于维持国家的秩序和避免出现动乱的缘故，会出台一些法律法规来
限制人们的行为。用制度把人们分成了贫穷和富有，然而这种行为是当今
世界所不允许的。然而，因为现实的不公平，所以拥有更多的财富的团体，
在共享发展的过程中，通常可以得到更多的好处。因此，我们可以用一些
制度来保证、来规范共享发展的过程和分配行为，从而保护那些处于劣势
的人群的权益。

由于世界都是以一种独特的方式存在着，所以这两种方法都是独一无

---

① 罗健. 论共享发展的内在张力及合理调适 [J]. 伦理学研究，2018(5).

二的，它们共同组成了一个所有人共同关心的关系。"劳动在一切有劳动能力的社会成员之间分配得越平均，一个社会阶层把劳动的自然必然性从自身上解脱下来并转嫁给另一个社会阶层的可能性越小。"[①] 由于这些纽带的存在，使得整个世界都呈现出一种不平等的状态。因此，新形势下我国经济体制改革面临的一系列实际问题，包括经济体制改革等，都需要通过完善的体制改革来推动。在改革开放的新阶段，要着力解决经济体制改革带来的收入不平衡、收入不平等、教育和医疗资源分布不平衡、就业不平等问题，从而使新的发展思想成为现实，全面实现中国梦。

---

① 马克思恩格斯全集：第 44 卷 [M]. 北京：人民出版社，2001：605.

第七章　马克思共享发展思想的战略设计

共享发展不仅是马克思对现实社会的观照，也是马克思建构未来美好社会的基础。在马克思看来，现实的人只有通过劳动才能实现人的自由全面发展。另外，动力是事物向前发展的基础，也是事物保持旺盛生命力的关键。马克思共享发展思想具有一定的动力支撑，也存在一定的社会基础，推进马克思共享发展思想实践进程需要一系列举措作支撑，也需要一系列制度作保障。

一、马克思共享发展思想的社会基础

马克思共享发展思想不是空中楼阁，而是以客观的现实为依据的。从历史唯物主义的观点来看，必须是以公有制为前提才可以进行共享发展的实践，而且在物质资料方面必须在相当充分的基础上，社会生产力也在不断进步的条件下才可以进行，沿着这个方向持续向前，奔向共同富裕的理想，人的自由而全面的发展才是根本。可以这样说，共享发展是建立在提高社会生产总量的基础上，它包含了对生产资料、生产过程、劳动结果等方面的共享，不然就会变成"不患寡而患不均"的社会发展方式。共享发展的条件是生产力的提升，是物质条件不断满足人民美好生活需要。

（一）生产资料公有制是共享发展的前提

经济基础是决定上层建筑的物质基础，是社会关系发展的决定性因素。生产资料的所有权是一种特殊的经济形态，只有始终坚持生产资料的公有制，工人们才能自由地团结在一起。只有在分配之后，才能使生产资料和全社会的生产力得以充分利用，才能够坚定地走共享发展之路。

第一，劳动人民的生产工具的公有化。只有确立社会主义生产资料的公有制之后，工人与整个社会的生产资料才可以直接联合起来，当二者捆绑在一块儿并肩跨步迈向社会主义生产资料公有制的这条宽广的康庄大路上时，才可以使劳动者强有力地在劳动生产过程中发挥自己的作用，可以对社会的劳动成果进行有效的控制，让劳动者得到与自己的劳动贡献相符的劳动报酬，让自己在社会的发展中得到自我满足，至此也使社会的各部机制有序运转，向着高质量发展的道路滚动前行。"生产资料的全国性的集中将成为由自由平等的生产者的各联合体所构成的社会的全国性的基础。"①由此不难看出社会中只有以生产资料公有制为基础，才可以实现共享发展。

第二，在生产资料的公有制下，拥有权是由全体人员包括广大的劳动者所拥有，"生产资料属于全体劳动者共同所有，生产资料占有的平等"②，却不是直接由工人或由工人构成的生产组织占有。其一，全体人民所有的意思是，为人民整体或集体的身份所有，它的主体是组织起来的人民和通过一定方式授权的机构。人民中的任何一名成员都不能直接拥有这种生产资料的所有权。因为生产资料公有制的本质就是生产资料不能被少数人拥有，不能被特定的阶级、组织、个人所独占，要杜绝其为少数人谋私利，而要从根本上创造条件，使其能为全体人民，绝大多数社会成员、国民、公民，尤其是广大的劳动者谋福利。其二，生产资料是由某一阶级或某一组织所有的，它在本质上是一种特殊的私有财产，而非完全的公有财产。其三，由劳动者构成的生产联合体，通常不是其生产资料的创造者，也不是该生产资料的货币形式的投入者，因此，没有任何法律或其他合法理由能认定其为该生产资料的拥有者。其四，在任何生产单位中，劳动者都是流动的、

---

① 马克思恩格斯文集：第 3 卷 [M]. 北京：人民出版社，2009：233.
② 邵晓秋. 产权正义论 [M]. 北京：人民出版社，2014：130.

变化的和世代更新更替的，因此，任何劳动者都不能因为他们的劳动者身份，而成为他们使用的生产资料的所有者，或是成为其中的一员。

第三，生产资料的公有制，从本质上消除了在私人所有制下，生产资料的产权与工人的劳动权利的矛盾与冲突，从而使得这两种权利的融合更加顺利。"在生产资料公有制基础上通过按劳分配共享生产力高度发展的成果就是共产主义社会第一阶段的共同富裕。"① 因此，在生产资料的公有制条件下，由劳动者构成的生产联盟，尽管他们并不是生产资料的拥有者，但却是使用者和受益者，在法律上拥有某种权利。它的主要含义是：其一，由同一个生产单位的劳动者构成的生产联合体，以某种方式对该生产单位的生产资料进行占有和使用，在生产过程中生产一定的劳动产品，从而对该产品或产品销售后所得到的增值金额拥有一定的收益权，也就是参与分配的权利。其二，在生产过程中发生的有关生产资料的折旧和更新的费用（主要体现在生产过程中的物质成本），一定要从产值中扣除。其三，生产资料归全体人民所有，而不是由生产者和他们所构成的生产联合体所有，因此，在生产资料所产生的利益中，有一部分应当归全体人民所有，而不是只归生产者和他们所构成的生产联合体所有；对全民受益的比例，应当通过立法事先设定一个合理的幅度，或通过明确的、切实可行的决定来实现。总体上讲，在私营企业中，所有人的收入所占比例应低于资本所占比例，而不应等于或高于此比例。其四，在分配工人所创造的利润的时候，要按照按劳分配的原则来进行。其五，不能以所有人的身份参加生产单位的分配，也不能以纳税的名义参加生产单位的分配，这两种方式在法律上的依据，在分配的内容、目的、作用等方面都是不同的。

第四，在生产过程中，生产资料与工人的劳动是相互融合、相互影响的。"劳动过程也就是劳动者按照一定方式使用生产资料的过程，因而只有当劳动者与生产资料结合起来以后，才会有现实的劳动过程。"② 在生产过程

① 陈燕楠. 中国特色社会主义研究：上 [M]. 北京：人民出版社，2014：220.
② 王珏. 必要价值论：第一卷：社会主义经济理论分析 [M]. 北京：人民出版社，1988：72.

中工人之间的社会地位、法律地位是平等的，个人和群体组成的生产集团即使不是生产资料的拥有者，也必然是生产与管理过程中的执行者，即在这个生产单元中，劳动人的拥有者能够并且应该依法享有资本主权，而直接由工人组成的生产集团能够并且应该按照法律享有劳动主权。这就需要，一方面，在生产单位中，由代表所有者意志的国有资本运营机构和其他股东推选的代表拥有所有者权益，并对重要的经营管理事项拥有决策权。在重要的经营管理问题上，由工人阶级政党的党委选出的工作人员和由直接劳动者构成的生产联合体中选出的工作人员，都应该拥有相应的表决权。由于在法律意义上，由工人和工人构成的生产关系是全体民众的一部分，因此，在法律意义上，这两个主体之间并非互相排斥、互相冲突。另外，由于企业的经营活动关系到企业的员工的利益和意愿，因此企业的经营活动必须事先征得员工的同意。由董事会指定或聘任执行机构的主要负责人，并负责其经营管理事务。要从根源上对其经营管理活动进行规范和约束，必须以某种方式进入常设决策机构。另一方面，在生产单位中，由代表所有者意志的国资运营机构选派的代表、其他股东推选出来的代表、代表工人阶级政党意志的党委选派的人员、劳动者组成的生产联合体推选的人员组成监事会，对董事会以及执行机构的工作进行监督，与此同时，每个监事分别对其任命者或选派者负责。其一，在法律上，所有人都以业主的名义参加了生产资料的分配，这是业主对利益的一种享受。这种分配的主要内容为企业所取得的收益，它的目标是提高所有者的权利，提高生产单位的权利，提高整个生产资料公有制所处的位置。这种分配具有一定的功能性，它推广和促进了该单位生产和产品技术研发。它还对该单位增购生产资料，生产规模和生产水平的持续提高起到有利的影响。并对该单位生产环境、生产条件等的持续改善起到积极的促进作用。它对公有制所有者在各个产业部门之间进行投资流转、追加和开拓、创新有很大的帮助。由生产单位的生产者所构成的生产联合体，在技术研发推广、生产的扩大和提高、生产条件的改善等方面，有提出意见的权利，但通常不具有决定的权利。

对于跨单位和跨部门的生产和投资进行调整，则应由公共所有者和其委托的机关来决定。其二，通过调整生产关系来调整生产力。在社会化大生产的进程中社会劳动的劳动分配是不可避免的，并且各行业又是紧密相连的。由于社会主义与资本主义私有制的冲突，尽管有一些国家参与到资本主义世界中来，但许多情况下国家会陷于无政府状况。因为资本主义私人财产的存在，资本主义国家的各个部门之间都会陷入个人利益的冲突和矛盾之中，造成资本主义市场经济的混乱局面，从而造成资本主义社会周期性的经济危机。所以，只有在价值法则的作用下，才能对社会的生产进行调控，在这种情况下，资本主义各国往往会出现经济危机，并以经济危机的方式对其进行强行调控。资本主义之中的生产资料之间的矛盾，以及不同生产领域、不同企业的基本利益冲突，都必须通过实行社会主义生产资料的公有制来解决。在生产过程中，社会、企业、劳动者个人的基本利益能够得到统一，社会生产的各个部门、各地区、各企业都拥有一个相同的社会生产目标，这样就可以使政府对社会的宏观控制和对社会的整体规划得以实施，从而使社会生产的各个部门、各地区、各企业能够实现共享发展。没有了生产资料的公有制，就无法使社会主义的经济共享发展得以完成，最终出现无法避免的贫富两极分化的情况。

简而言之，与资本主义的无穷无尽的竞争相比较，社会主义的共享型发展与资本主义的共享型发展存在着本质上的差别。因为生产资料的私人占有，对劳动者造成了压制和束缚。而生产资料的公共占有，可以让社会成员得到更多的发展。所以，要想实现社会主义社会的共享型发展，就一定要保持社会主义的公有制。

（二）增加社会总产品是共享发展的基础

共享发展的思想，就是要在社会发展中，始终以人民的基本利益为出发点，以人民为中心，让大家共享发展的进程及发展所带来的一切红利及成果，共享的最终理想境界就是实现"共享发展，就是要坚持以人民为中心的发展思想，坚持发展成果由人民共享"①。这样既可以使每个人都能享受到公平正义和社会发展成果的机会，又可以在共享发展的进程中得到更多的物质与心理等方面的满足，从而实现共同富裕。此外，实现共同富裕也一定要提升社会总商品的数量，只有这样才能更好地实现共同富裕，否则共同富裕就会丧失其存在的价值。共享发展需要有某种社会物质依据，如果没有这些依据，它还只是一种以往的平均主义观念的变体，与共享发展的终极目标是相背离的。

第一，对粗陋的政治的共产主义的批判。从马克思关于粗陋共享论的批判可以看到，马克思共享发展思想并不单纯是一种平均主义，它还包括一种以丰厚的物质为前提，并以某种分配方法为工具的发展模式，马克思最早批评了粗陋的共产主义与政治共产主义。粗陋的共产主义把人们的生活视为存在的唯一目标，把一切都放在物质上，以普遍私有财产否定资本主义私有财产，试图通过对资本主义私有财产的划分来实现对所有人的公正。此外，马克思把被分割了的资产阶级的平均权利视为一种对私人所有权的嫉妒，指出这种主义试图用平均权利去单纯地构造一个共产主义的架构，粗陋的共产主义理念与中国"不怕多，怕少"的理念相悖，它与现代社会发展的客观要求相悖，它使人们走向了贫困。由于对私人财产的广泛占有，导致了广泛的私人产权，粗陋的共产主义并没有从根源上对私有制的问题进行彻底的处理。

政治性的共产主义所体现的具有民主或者独立的政治本质，依然是在私人财产的支配下。它是人在生产资料公有制的条件下，对社会财产的充分占有，它是基于对生产力的高度发展和对精神的高要求，它是对人的真实的复归，它是基于生产力的高度发展和对物质生活的高要求，在此条件下，私人财产的劳动异化一定会被消灭，人也能获得自由和充分的发展。在《共产党宣言》中，马克思曾阐述过人的自由全面发展既包含着巨大的物质资

---

① 吴海江. 以人民为中心的发展思想研究 [M]. 北京：人民出版社，2019：116.

源的充实，也包含着巨大的精神资源的充实，而共享发展是建立在人的自由与充分发展之上的，它必须把提升整个社会的生产力当作发展的主要途径与主要目的，这是实现社会的共享发展不可或缺的材料。

第二，是实现共同发展和提高社会生产力之间的联系。马克思共享发展思想，归根结底就是要达到人的自由全面的发展。"共享发展覆盖范围广泛、包含内容丰富，发展目的是人民，发展过程依靠人民，与人的全面自由发展理论一脉相承。"[1]而这两个主要的先决条件，就是在人类社会中，人们的物质生活得到了很大的充实，人们的精神文明得到了很好的提升，这就像是在资本主义社会中，由于它所产生的很强的生产力，才有了社会主义。在自由人联盟中，由于其自身的发展，人们可以根据其自身的特点，进行有组织的共同工作，从而使其具有较强的社会性。共享发展以生产资料的公有制为前提，它的形态要优于资本主义的私有制，因此，它必须持续地提升企业的生产力，从而使社会的整体产出得到增长，这样，就可以更好地完成社会主义社会的共享发展，与此同时，共享发展与社会关系是相互依存的，如果能真正地实施社会的共享发展，那么就可以推动社会的协调发展。

所以，共享发展的先决条件仍然是发展，是基于社会总商品的数量提升的一种共享，它包含了对生产资料、生产过程、劳动结果等方面的共享，不然就会变成"不患寡而患不均"的社会发展方式，那么，这种共享发展属于一种低水平、低层次的共享发展，它与实现人类自由全面发展的最终目标相悖。

（三）生产力提升是实现共享发展的条件

马克思在关于共享发展思想的思考与探索中，通过对共享发展的具体表现的分析，对共享发展的实现方式进行了较为详尽的论述，并提出了共

---

[1] 何爱平，李雪娇，彭硕毅．新时代中国特色社会主义政治经济学的创新发展研究 [M]. 北京：人民出版社，2018：76.

享发展模式。我们可以看到，马克思的共享发展思想的实施，是在人类和整个社会的发展基础上进行的，这不但要求所有人都能主动参与，而且还要求有高度发展的生产效率作为其主要的基础条件，而科学的分配方法则是其共享发展的保证。

第一，全民劳动为共同发展提供了必要条件。直接面对资本主义现实的空想社会主义思想家，对于工人阶级有着深刻的同情心，因而从普通的穷人的角度出发，提出了改变现在的社会，建立一个美好的社会的构想，但是这最后都变成了空洞的幻想，而这一切都是因为他们把工人阶级看作仅仅是一个社会的脆弱阶层，没有认识到工人阶级在社会的历史转型过程中所起到的决定作用。马克思在批评"虚幻"的同时，也为构建"虚幻的社会主义"提供了一种更加现实的、能够在"虚无"中发展的新思路。马克思以历史唯物主义为基础，论述了"历史缔造者"的问题，并明确地表明，无产阶级只能靠自己的革命和奋斗来实现自己的自由。

在社会中，人们的生活和发展都是以参加实际的工作为基础的，也就是说，人们的生活是以生产为基础的。人的社会劳动在资本的掩盖下其实是发生了转变，出现了一种"异化"。劳动者的生产量愈大也就变得愈贫穷。在资本主义社会制度的框架下，资本家增加了对劳动者的压榨，让劳动者失去了享受的权利，劳动者的主动性逐步弥散，劳动者仅仅是雇佣劳动者，而没有了作为社会成员来共享社会财富和发展成果的主体特征。在社会主义生产方式中，每个工人既是社会财富的制造者，又是一个社会财富的共享者，"在人人都必须劳动的条件下，人人也都将同等地、愈益丰富地得到生活资料、享受资料"①。由于人的本质具有社会性，所以人类的行为也就成为一种社会性的行为，社会性的生产并不只是一个人或者一个群体的行为，它还包括了所有的社会成员，要确保所有的社会成员都可以根据公共的规划来参加到社会工作当中，所有的社会成员都可以在参加社会活动

---

① 马克思恩格斯文集：第 1 卷 [M]. 北京：人民出版社，2009：709.

的同时，对生产资料进行管理，以求收益能够公平正义地进行分配。"工作"与"快乐"之间存在着一种渐进式的联系，没有工作的人，如何能真正"快乐"呢？它还揭示出了"共建"与"共享"的深刻联系，揭示了"共建"与"共享"的先决条件与必然性，即要以人劳动为主体，从而达成"共建"，从而在多种形态的社会存在中得以实现。

马克思重视人民的权利与责任的统一性，在分割"蛋糕"之前，首要任务是把"蛋糕"做大，而要把"蛋糕"做大，还必须全人类一起参与进来，不然资源迟早会枯竭，人类连维持生计都做不到，实现资源的共享也只是空谈。马克思认为，要使社会成员的主动性得到充分的调动，使全体人员的创造力得到最大程度的调动，从而使其能够为整个社会和个体的生活提供持续存在的物质材料，这是实现共享发展最基本的条件。所以，所有的社会成员的共同劳动，既是让他们能够实现共享发展的必要条件，又是要让他们能够更好地提高共享发展品质的重要途径。

所有的社会，都是以劳动为唯一的财富来源，因此，劳动成为人类生存的首要条件。"劳动创造了人本身，劳动也创造了特殊属于人类的思维。"[1]可见，人类必须通过参加劳动来获取自身发展的机会，进而促进社会的共同发展。劳动是人类生存与发展最根本的因素，它已经发展到这种地步，因此，从某些方面来说，我们必须说，它造就了人。人是由劳动产生的，而它所产生的结果又是人类社会继续发展的动力。马克思在他的《1844年经济学哲学手稿》中说，人类用自己的劳动制造了人类的全部历史，"社会也是由人生产的。活动和享受，无论是其内容还是存在方式，都是社会的活动和社会的享受"[2]。可见，要实现社会中的享受，就必须让所有人都投入到自己的工作之中。然而，在一个只有下层民众参加劳动的资本主义国家中，资本家可以不劳而获地独享全社会的劳动成果，而那些辛苦工作的工人则得不到自己的劳动成果，因此，共享发展在资本主义国家中必然

---

① 马清健，杨春贵. 辩证唯物主义 [M]. 北京：中共中央党校出版社，1953：69.
② 马克思恩格斯文集：第 1 卷 [M]. 北京：人民出版社，2009：215.

是不可能的。唯有到了共产主义社会，在所有人都参加劳动的情况下，当我们的生产力得到了提升，我们就可以生产出足够多、足够丰富的材料，从而为实现共同发展奠定坚实的材料基础。"在人人都必须劳动的条件下，人人也都将同等地、愈益丰富地得到生活资料、享受资料、发展和表现一切体力和智力所需的资料。"① 共享发展只能在所有人都参加的基础上实现。

第二，社会生产力发展是共享发展的前提。社会经济的发展又需要全社会的共同参与。在《共产党宣言》里马克思说："在自由人联合体中，由全体社会成员共同大力发展生产力，生产出足够充裕的物质产品以满足全体社会成员的发展需要……所有人将可以共同享受大家创造出来的福利。"② 由此我们可以看到，马克思的观点是，在生产力发展到了某种水平之后，就可以生产出大量的、充足的、能够让人们满意的材料，所以，生产力的发展是让所有的社会成员都能够享受发展的先决条件，也只有高度发达的生产力才能够提供充足的产品，来满足人们的多种需求，从而为实现共享发展提供坚实的物质依据。在进一步考察资本主义的过程中，马克思深刻地认识到，生产资料私有制是造成贫富差距的主要原因，而这种差距的尖锐反差将进一步影响到共享发展目标的达成。从这个角度看，马克思清楚地提出了一个观点，即共产主义一定会打败资本主义，并从经济、政治和社会三个层面，详细地阐述了共产主义的全面发展。"如果一个社会还不具备变革的物质因素，说明还没有一定的生产力。"③ 先进的生产力是实现共产主义社会的重要的前提条件之一，拥有这些才可以具备进行社会转型所需要的基本条件。也能够让人民的思想与道德都被解放出来，由此使每一个人都可以获得自由全面发展，逐渐将共产主义推进更高的阶段。那时，每个人都得到了普遍的发展，社会生产力得到了提高，所有的共同

① 马克思恩格斯文集：第 1 卷 [M]. 北京：人民出版社，2009：744.
② 马克思恩格斯文集：第 1 卷 [M]. 北京：人民出版社，2009：723.
③ 马克思恩格斯文集：第 1 卷 [M]. 北京：人民出版社，2009：575.

的财产都得到了满足，这是一个超越了资本主义权力范围的世界，一个社会就可以把"按照自己的能力，按照自己的需要"的方法，写在自己的大旗上。伴随着生产力的迅速发展，伴随着物质财富的持续增长，所有的社会成员都可以更好地享受到社会发展的成果，而且享受的内容可以从低层次的物质需要，提升至更高层次的精神需求，让全社会成员共同参与共建共享，感受到更多的幸福。

　　社会经济发展水平的提高，物质资源的充裕，是推动社会经济发展的根本力量。人类生存的首要历史前提，就是用生产来满足最基本的生活需要，比如吃、喝、穿、住。"即生产物质生活本身……是人们从几千年前直到今天单是为了维持生活就必须每日每时从事的历史活动，是一切历史的基本条件。"① 从人类的发展历程可以看出，没有生产力的发展，就没有任何一种社会形态。一方面，社会生产力的发展给人民生活带来了最基本的物质条件，使得人民群众在满足生活需要的同时，也在不断地寻求着更好的发展。不发展生产力，不大量增加物质资源，就必然导致普遍的贫困；而在极度贫穷中，人们又要为生活所需而进行一场战争，一切旧的、肮脏的事物都要重新出现。换言之，只有当社会生产力达到了一个新的高度，当社会物质资料达到了一个新的水平时，才能满足人民日益增长的物质需求，只有通过这种方式，人们才能更好地认识到自己是如何从资本主义的统治中解放出来的，人民才会自发地联合起来，反对资本主义的剥削和压迫，最后完全消除阶级和阶级对立。只有这样整个社会才可以做到各司其职、按需分配，并保证所有人都能够公平地享受充足的物质生活。另一方面，由于社会生产力的提高，社会关系变得更加丰富多彩，也更加完备，因此，人类对物质利益共享的需求也越来越强烈。伴随着生产力的不断发展，原来的人与人之间、地域之间等的边界逐渐被打破，共享的层次和范围也越来越大，实现了社会资源的共享。

---

① 马克思恩格斯文集：第 1 卷 [M]. 北京：人民出版社，2009：531.

在人类历史发展的过程中，生产力的发展对语言、思想、民生建设、社会发展和人自身的发展起着巨大的推动作用，因而产生了大量的物质资源，这些资源也都为实现共享发展奠定物质基础。"历史过程中的决定性因素归根到底是现实生活的生产和再生产。"① 在马克思的理论框架之内，一切历史向前推动的进程中都未能脱离开经济基础，但是，现实的生产和社会的再生产都是决定因素。"没有蒸汽机和珍妮走锭精纺机就不能消灭奴隶制……当人们还不能使自己的吃喝住穿在质和量的方面得到充分供应的时候，人们就根本不能获得解放。"② 在人类社会中人类的生存是发展的前提基础与条件。资本主义社会里可以说资本主义生产关系对生产力的发展起到了某种推动作用，但是，在资本的积累过程中，由于资本家"私享"剩余财富的本质，以及资本主义社会内部所存在的矛盾，使生产关系逐渐成为生产力发展的枷锁，并以社会化的大生产与资本家的私有财产相对立的形式出现。同时，马克思对这一点也给予了充分的肯定，即资本主义生产力可以促进社会的发展，它利用了大量的机械大工业，为资本主义社会的发展提供了超过其他任何社会的丰富的资源，从而为社会的发展奠定了丰富的物质基础。与此同时，这一点也在一定程度上刺激了工人们的意识，他们需要对生产资料和生活资料进行共享。从这一点就可以看到，在生产力的高度发展之下，它不但能够生产出大量的物质资料，而且客观上也需要让所有的社会成员都能够得到足够的消费，让每一个人都能够有足够的空闲时间，来获取那些从文化中遗留下来的所有有价值的东西，比如科学、艺术、社交方式等；他们不但要得到这些东西，而且要使这些东西从统治阶级的专有财产，成为整个社会的公共财产，使这些东西更好地发展起来。总而言之，生产力的高度发展，使得生产出来的产品，在尽量满足全体人民的基本需求的情况下，为他们创造了一个更好的环境，保证所有的社会成果都能被所有人共享。

① 马克思恩格斯文集：第 10 卷 [M]. 北京：人民出版社，2009：591.
② 马克思恩格斯文集：第 1 卷 [M]. 北京：人民出版社，2009：527.

　　第三，以制度为基础，以实现共同发展为目标。制度是社会公平与公正的基本保证，没有它，社会就不可能进步。马克思认为，资本主义制度不能保证人们对社会发展成果的实际享受，因此，要实现这个目标，就必须废除资本主义私有制，建设共产主义社会，重新构建一套行之有效的制度，包括所有制、分配制度、社会保障制度在内的所有领域，切实保障社会成员的发展和生活需求，这样才能让每一个社会成员对享受社会发展成果的向往得到实现。

　　其一，一定要消灭资本主义私有制，实行社会主义公有制，只有这样才是共享发展的基本保证。从马克思的观点来看，一方面，确立公有制是社会主义社会发展的必然趋势，是实现人类共同富裕的必由之路。另一方面，资本主义虽然促进了社会生产力的快速发展，但是，在资本主义私有制背景之下资本家垄断了所有的生产资料，并垄断了整个社会的财富，劳动者无法享受自己辛辛苦苦的成果。资本主义的私有制被推翻，社会主义的公有制被建立，那么，以公有制为基础的社会主义制度下，社会中的生产资料被大家所共同拥有，这也会使社会的凝聚力得到大幅度的提升，更能有效地聚集起社会发展的力量，让每个人都可以以同等的身份进行生产，从而让社会资本和社会总产品都获得巨大的丰富，让人们的各类需要都能得到充分的满足，使所有人都能分享发展成果。

　　其二，合理、高效的分配机制是实现共享发展的全面保证。马克思在《1857—1858年经济学手稿》的《导言》中指出："分配的结构完全决定于生产的结构。"[1] 他也在《哥达纲领批判》中，对拉萨尔学派"不谈生产关系，只谈平等"这一荒谬观点进行了激烈的批判，此外，马克思在未来社会的构想中对分配原则也有谈及，他认为社会主义社会中两个时期的生产力发展水平是不一样的，因此，按照这两个时期的生产力发展规律，采取的相应的分配方法也是不一样的。在社会主义初期，生产力发展相对落

---

[1] 马克思恩格斯文集：第8卷[M]. 北京：人民出版社，2009：19.

后，导致了经济结构的单一。因此，按照按劳分配的原理，按照马克思的观点，这个时期仍有许多缺陷，无法实现公平公正的分配。这一时期的劳动者，尽管可以在一定程度上共享自己的劳动成果，但是并没有实现对其他领域的共享，只是他们相对于资本主义社会少数人独享的社会发展成果来说有了很大的改善。"只有到了共产主义的高级阶段，社会分工不复存在，脑力劳动和体力劳动之间的差别也被彻底消除……实行各尽所能，按需分配的分配方式。"[①] 每个人都参加了社会劳动，都在竭尽全力为社会创造着财富，他们也将公平地享受到社会各方面的发展成果，社会的发展与个体的发展能够相互融合，每个人都能在和谐的社会里获得自由和全面的发展。

其三，完善的社会保障制度，为实现共同发展提供了强有力的保证。欧洲在经历了一场工业革命之后，大批工人失业。马克思在他的经典作品中，并没有明文规定"社会保障"这个词，但是，他也意识到，要想从资本主义制度下的不平等待遇中解脱出来，就必须把广大无产阶级团结起来，在无产阶级政党的领导下，废除资本主义的私有制，建立社会主义的公有制，进而构建行之有效的社会保障体系，让人们能够在更多的时间里充分享受自己的劳动成果。因此，马克思在讨论"六项扣除"理论时，特别强调了有关社会保障的各类理论，譬如救济、社会风险、社会福利、社会公共管理、社会保险。目的是在共产主义社会中，让所有人都能享受到社会各方面的发展成果，从而达到一个让所有人都能享受到社会各方面的发展成果的更好的社会。在马克思理论视野中可知，一个健全的社会保障制度，不仅可以确保人们在社会发展中共享到社会发展的成果，又能够保证人民在各领域中都可共享所获的丰收硕果和美好生活。不同时代之中所展现的理论与实践的结论都可以看到踪迹，马克思共享发展观的主体、主体范围、价值目标和实现条件都是进行了事先的确定的，并为共享发展的共产主义

---

① 马克思恩格斯文集：第3卷 [M]. 北京：人民出版社，2009：714.

描绘了一幅共享发展的蓝图。虽然马克思对共享发展的论述是在特定的历史条件下进行的，但他所提出的这一思想却有着极高的远见，对新时代的共享发展思想，以及对现实生活中的共享发展，都有着十分重要的理论意义与现实价值。因此从马克思的经典文本中挖掘出共享发展的思想，对于推进共享发展的观念的完善具有重要意义。

第四，公平合理的分配方式共享。要想使发展成为现实，既要依靠生产力，又要依靠资源的合理分配。在此基础上提出了一种"群享"的共享模式，即在低水平的条件下实现共享。马克思对资本主义的经济关系进行了批判，在马克思的理论框架之中，他认为资本主义的生产关系表面上看是工人劳动，资本家付给工资，但其实质上却是由于私有制的社会性导致的独享性、不均等性。在资本主义私有制的大背景下，资本家独占了所有的生产资料，独享了劳动人民所创造的全部社会财富，工人阶级只是给自己创造了贫穷，贫穷的普遍性是工人阶级的现状。马克思认为，资本主义社会中，剩余的价值来源于对劳动者的压榨，"论证了资本主义分配关系是由资本主义生产关系决定的，揭示了资本主义分配关系和生产关系一样都具有历史的暂时性，从而必然要向高级的社会形式过渡"①。从这一点可以看出，资本主义生产关系对资本主义社会的分配模式起着决定性的作用。在资本主义社会中，劳动力作为一种商品，被资本家买来进行生产劳动，可见这也就会形成一种不平等的、不公正的、虚假的分配模式，这就导致了劳动者无法分享与社会共同创造的财富。《哥达纲领批判》首先对按劳分配和按需分配问题进行了初步的探讨，并提出了一些观点，其宗旨是要破除资本主义社会中的不公平分配，并着重指出，在社会主义初级阶段，在生产力尚未发展起来的条件下，人们在分配之时应遵循按劳分配的原则来进行。马克思认为，工人都应该住在"一个集体的、以生产资料公有为基础的社会中"②，社会上的每一个成员在享受生产资源方面应该是公平的。一个劳动者，只

---

① 阮青. 十五部马恩经典著作导读 [M]. 北京：人民出版社，2018：37.
② 马克思恩格斯文集：第 3 卷 [M]. 北京：人民出版社，2009：433.

能通过自己的劳动来获取财富，而在另外一个方面，只有一个人的消费性的物质可以被转换成一个人的财产。这就是指每一个有劳动能力的人都要通过自己的努力来获取一定的工资，从而使其能够参加到生产活动中来。从这一点可以看出，按劳分配并不是一种平均主义，它是一种认识到差异的行为，并尽最大的努力将现有的资源进行合理的分配。

马克思提出的科学的分配观点，可以保证每一个人都能共享到社会进步的结果，马克思还对拉萨尔仅关注了消费而忽视了生产资料分配的观点进行了批评，马克思认为，无论是消费或者是交换，它们都与分配密不可分，他曾说："消费资料的任何一种分配，都不过是生产条件本身分配的结果。"① 如果在生产过程中，公平公正地进行分配必然会对社会的稳定起到积极的保障作用，而且分配不只这些用处，它也直接关乎整个社会成员每个人的利益所在。其一，在分配前，必须"扣除"所有的社会生产要素，也就是"保险资金"，用来保护生产要素的消费，扩大再生产，应付意外事故、天灾等。其二，在进入到个人分配的过程中，把剩余的社会总产品中的一部分，用于满足对消费资料的需求，其中包括学校、卫生保健设施及与之有关的行政费用，并为残障人士建立救济基金，从而确保所有的社会成员都可以共享到社会发展的红利。从对社会总产品的扣除中可以看出，要实现共享发展的一个必要条件是要有一个公正、合理的分配。随着生产力的快速发展、物质资料的极度丰富，到了更先进的共产主义社会，在基本解决了体力劳动与脑力劳动的矛盾、城乡之间的矛盾之后，分配就必须根据每一个人的自由全面发展的需要，采取"各尽所能，按需分配"的办法。马克思在对各种社会形态的分配方法进行分析的基础上，明确指出，要达到共享发展，必须要有一种公平、合理的分配方法。

① 马克思恩格斯文集：第 3 卷 [M]. 北京：人民出版社，2009：436.

二、马克思共享发展思想的推进举措

从唯物辩证法的角度来讲，一切新事物都是从旧事物中脱胎而来，而且，这些东西最后都会被新的东西所替代，然而，新的东西替代旧的东西，不是一朝一夕就能实现的，它是需要在一定时间内的量变积累才能完成的质变。实现共同发展同样需要有能够产生质变的物质要素和先决条件。"一方面还没有一定的生产力，另一方面还没有形成不仅反抗旧社会的个别条件，而且反抗旧的'生活生产'本身、反抗旧社会所依据的'总和活动'的革命群众。"① 在此基础上，推翻维持独自享有的政体和体制，在政治、经济、文化等各个方面进行一系列的渐进式的变化和改革，以求能够达到共享发展的最终目的。

（一）以先进生产力为共享发展的基础

在社会发展的过程中，生产力起着决定性的作用，它的发展和进步可以促进并决定着社会中的生产关系的转变。"生产力对社会发展具有决定性作用，而它又是不断变化发展的。"② 在资本主义生产方式下，生产力以前所未有的速度发展，所产生的物质和精神上的成就也前所未有，从而终结了那种不断地通过奋斗去争取物质生活资料的广泛的极度贫穷状况。然而，这种日益发展的生产力并没有造福于参加其中的每一个人，而只是为社会上数量较少的那部分人，也就是资产阶级服务，并没有持续地促进着社会的文明和进步，反而造成了周期性的消耗和停滞，这样就使得社会中的少数人独享与大部分人贫穷的对比，被无限地推到了极致。当生产力发展到这种地步，它就不再是生产的，而只是毁灭的，即在资本主义的体制

---

① 马克思恩格斯文集：第 1 卷 [M]. 北京：人民出版社，2009：545.
② 郝立新，臧峰宇 . 马克思主义发展史：第一卷：马克思主义的创立（1840—1848）[M]. 北京：人民出版社，2018：418.

中，它不再能给大多数人带来更多的物质和精神上的满足，相反，一方面，持续地造成更多的贫苦、更大的不公、更大的不自由；另一方面，不断地进行着自我的破坏，并产生更多的浪费。在这种情况下，它必须摆脱资本主义生产方式的约束，从资本主义的生产方式中解放出来，摆脱这种矛盾的冲突。因为社会化的劳动已经不只是一小群人，而是社会中的每个人，这一生产模式的变革将与生产力的社会化状况相一致，因此，新的生产模式既可以建立在资本主义已经累积的生产力水平之上，也可以给生产力的发展提供更为富饶的土地，给生产力的发展带来更多的发展机会，使不断获得提升的社会生产力为人类未来的发展提供强有力的保障。

（二）以无产阶级共享发展为中心理念

资本主义社会中国家的权力被资产阶级所垄断，这种垄断建立在其自身的利益之上，并始终表现其意志。"现代的国家政权不过是管理整个资产阶级的共同事务的委员会罢了。"① 一直处于被剥削状态的无产阶级群体的人数也变得越来越多，已接近于社会的全部。在这个世界上，人们都面临着生活上的问题、不公平和不自由、被压制和奴役。但是，资产阶级并不是自愿离开历史的，如果无产阶级要得到共享发展的机遇，就必须通过武力来颠覆资产阶级，来确立自己的政权，才能成为共享发展的主体，才能终止由极少数人垄断的局面，推动全社会共享发展。"工人阶级不能简单地掌握现成的国家机器，并运用它来达到自己的目的。"② 如果工人阶级想要成为主要的发展力量群体，那么，不能只是简单地把资产阶级推翻而已，也不能只是把资产阶级的主导权与无产阶级单纯地进行调换，更不是两者在阶级位置上简单地互换，而是要在这个基础上，把社会上的多数人的利益放在第一位，实行以消灭剥削和压迫、消灭独占和独享为目的的无产阶级专政。借助无产阶级专政的政治权力，无产阶级以主导的身份争取到民主，

---

① 马克思恩格斯文集：第 2 卷 [M]. 北京：人民出版社，2009：33.
② 马克思恩格斯文集：第 3 卷 [M]. 北京：人民出版社，2009：218.

从而获得了对当今社会各种事物进行共同治理的权力，进而对旧的生产关系进行改革，对旧有的分配方式进行调整，把由少数人独享改变成由社会共享的这种分配方式，其目的是能有效促进和实现每个人的共享发展。

（三）以新时代社会改革推进共享发展

在革命胜利以后，没有同时实现共享发展，无产阶级专政只是资本主义向社会主义过渡的中间阶段，马克思认为该阶段工人阶级"必须要经过长期的斗争，必须要经过一系列将把环境和人都加以改造的历史过程"①。财富、法律、道德等各个领域在资本主义社会中都打上了深刻的资产阶级烙印，这些东西在新旧社会的交替中，很自然地就会步入无产阶级专政时期，而无产阶级不可能不经过转化就直接利用这些东西，否则将成为新的资本家、新的剥削阶级。与之相伴而来的还有不变的不平等、不变的独占、不变的阶级对立，以及无产阶级的革命，如果那样这些革命终将卷土重来。所以无产阶级要运用自身所获得的支配地位和所获得的"社会主人"的位置，来对社会的所有方面进行一系列的改革。马克思曾说："对所有权和资产阶级生产关系实行强制性的干涉。"②通过这种方式，资本主义的垄断就会被废除，新的体制必须保证人民享有真实的、同等的权利，并把政府机关转变成一种保护无产阶级的手段，直到把资产阶级转变成一种可以在公共劳动中获得生活的工人为止；在文化上，让教育造福每个人，并将它与物质生产相联系，让每个人都能享受到提升素养、发展个人的权利和方式。这一套改革方案的执行，将在生产资料、社会管理、社会化劳动和消费品等各个方面，促进整个社会朝着共享发展的方向发展，进而使社会生产力得到更多的发展，使社会的物质和精神资源更加丰富和充实，对社会的发展和每个人的发展起到积极的促进作用。

---

① 马克思恩格斯文集：第 3 卷 [M]. 北京：人民出版社，2009：159.
② 马克思恩格斯文集：第 2 卷 [M]. 北京：人民出版社，2009：52.

三、马克思共享发展的制度保障

建立以公有制为基础的分配制度，有利于克服私有制分配方式的弊端，为共享发展提供制度保障。资本主义社会中最根本的矛盾是资本主义生产社会化和资本主义生产资料的个人占有。以生产资料公有制为主体的经济体系，在促进共享发展、维持社会公正等方面具有重要意义。通过建立以公有制为基础的经济制度，有利于消除分配差距、促进社会公平。

（一）以生产资料公有制为基础的经济制度

转变生产资料所有制是马克思共享发展思想的核心内容之一。马克思提出了消除私有制、建立生产资料公有制的观点，这是实现共享发展的根本保证。资产阶级打破了封建所有制关系，实行了适应资本市场竞争的社会制度。如此一来，一定会导致原有生产方式发生转变，生产力也一定会对生产方式提出新的要求，它们之间也难以相互适应，所以也可以说无法为无产阶级开辟新的发展空间。这样旧的生产关系也便成了制约人类社会发展的桎梏。在这样的条件下，无产阶级开始反对资产阶级的生产关系。在此之前除了原始社会以外的其他历史阶段都存在着阶级对立，资本主义把它简化成了两个阶级之间的对立，而资产阶级之所以能长期保持绝对统治地位，最主要的原因就是所有制关系的性质，财富归属于这一阶级。

资本主义的私人所有权以掠夺别人为基础。"现代的资产阶级私有制是建立在阶级对立上面、建立在一些人对另一些人的剥削上面的产品生产和占有的最后而又最完备的表现。"① 就无产阶级而言，重要的任务是要把资产阶级社会的私有制彻底消灭，资本家以对生产资料绝对的占有为基础，利用"等价交换"的雇佣关系，对劳动者进行剥削，这就是资本主义的私

---

① 马克思恩格斯文集：第 2 卷 [M]. 北京：人民出版社，2009：45.

人所有权在经济上的表现。共产主义的目的是消除资本主义的占有性质，将一切资本都变成集体所有的公共财产。无产阶级为了摆脱资本主义的桎梏，要强行干预所有权和生产关系，要完全消灭所有的私有制，要使全部的生产手段和生产资料归于社会集体。所以说，对于无产阶级而言必须要推翻资产阶级并建立一种崭新的社会主义制度，就像马克思说的那样，这种制度之下可以"使每个社会成员都能够完全自由发展全部才能"①。所以，要想彻底消灭私有制，想把它取而代之离不开由全体成员共享的生产资料。马克思的目的是要消除私有制，这一明确目的的确立，也是对资本主义衰退的一种暗示。资本主义的私人制是建立在阶级对立之上的，资本家的残酷压迫和贪得无厌，破坏了他们与劳动者的联系，从而引起了社会的冲突和经济危机，造成了社会的不稳定。资本主义生产关系的滞后，使私人所有制的弥散具有了历史的必然。只要有私有制就有劳动剥削和阶级差别。生产资料的两极化是一种社会现象，它导致了大多数人不能享有社会资源，不能享有财富。在粉碎封建制度的过程中，资产阶级曾经高呼"自由""平等"等口号，已显露出其自身的局限性。所以，要消除旧式的分工，消除资本的私有制，取而代之的是生产资料的公有制，让社会集体拥有并享有生产资料，重建社会所有制的基础。劳动阶级是社会财富的生产主体，也是新社会体制的缔造者。要实现生产资料的所有权形态的改变，就必须要对全体社会成员的共同利益进行保护，以生产为基础，使精神和文化产品得到充实。

（二）由按劳分配转向按需分配的分配制度

机器大生产解放了人类的自身劳动，并且对生产力起到了很大的提升作用，对于社会的财富迅速攀升起到了保驾护航的作用。在社会中财富自身所具有的社会功能又得到了充分的体现。在社会主义制度下，分配作为

① 马克思恩格斯文集：第 1 卷 [M]. 北京：人民出版社，2009：683.

生产后的一个重要步骤，为了达到对资源的合理配置与共享，既可以推动社会生产力和文明的进步，也可以更好地满足人对物质的需求，促进人的全面发展。所以，要使财富得到普遍共享，就要改变分配方法。马克思认为，要确立一种新型的分配模式，使社会主义与资本主义从本质上区别开来，筑牢共同发展的根基。

马克思对资本主义社会中的多种不同的分配模式进行了系统的分析和批判。资本主义体系的本质已经说明了社会如何进行分配。在资本主义的劳资关系之下，遮掩在平等交换之下的，其实是劳动与报酬之间的不相等。工人们因为没有足够的工资来维持他们的生活，所以他们就会继续依附于资本家，这样就形成了一个恶性循环，而雇佣工人们也会慢慢地成为资本家的附庸，也就是他们的私人财产。在它的内容上，资本主义社会依然遵循着原来的分配方式——"劳动及其产品的不平等分配"①。正是这一不公正的收入分配，导致了统治阶层与劳动阶层的矛盾。要使生产关系发生根本性的变化，就必须使生产资料的所有制形式发生变化。由此，马克思认为，私人所有制应当被废止，生产资料应当根据双方的约定进行分配。在"私有"的社会形态下，由于生产资料的所有权，使其在分配中不可避免地偏向于资本主义者。然而，随着生产力的发展，必须要有与之相适应的生产关系和分配方式，如果生产关系和分配方式不能持续地满足生产力的发展，就会产生社会不公平，引发社会矛盾。就像马克思说的，当一个社会达到某个程度的时候，它是要被遗弃的，"让位给较高级的形式"②。这指的是，随着物质性的东西逐渐达到成熟阶段，较高级的生产关系和分配关系也相应形成。马克思说得很清楚，"各尽所能，按需分配"③的分配原则，这既是对共产社会体制的更细致的解释，又是历史唯物主义的一个重要组成部分。然而，这一分配模式并非马克思首创，在他以前，许多思想家早已提

---

① 马克思恩格斯文集：第 1 卷 [M]. 北京：人民出版社，2009：536.
② 马克思恩格斯文集：第 2 卷 [M]. 北京：人民出版社，2009：1000.
③ 马克思恩格斯文集：第 3 卷 [M]. 北京：人民出版社，2009：436.

出"按需分配"的观点。如圣西蒙、欧文等理想化的社会学家，主张根据个体的才能、付出、对社会的贡献来支付工资，但是马克思从根本上改变了这一观点。马克思认为，将来的社会将是一个没有阶级之分、人人平等、人人参与、按需分配的理想的社会。在社会主义的最高形态下，人类的生产力已达到了较高的水平，人类抛弃了一切表象的物欲，而更注重自己的发展。随着生产力的发展和社会财富的充分涌流，社会物质资料能够满足人们的基本需求，与此同时，也为人们提供了更多的自由发展的空间。人们不再把劳动看成是一种维持生活的手段，而是根据自己的兴趣来自由选择工作的类型。但是，要想实现按需分配，不可能一蹴而就，必须首先发展按劳分配，再往前发展。依据马克思所说："只能遵循商品等价交换的原则，实行按劳分配。"[①] 由此，从我国当前的基本国情出发，要坚持按劳分配的原则，在不断发展生产力的同时，努力向社会主义的更高层次发展。

（三）构建公平正义为价值取向的制度体系

公平与正义是一对孪生之词，它们在中国特色社会主义制度之下一直都是被践行与追求的一种状态，而实现公平与正义是共享发展的内在要求与具体表现。在中国特色社会主义事业、中国式现代化发展道路的进程中，最根本的价值追求应该是实现社会公平正义的共同目标。而具有根本性、全局性、稳定性和长期性的制度，则是实现共享发展的基本保障。在我国，要真正落实共享发展的目标，就必须建立一套以公平、公正为价值目标的制度。习近平总书记曾说过："不论处在什么发展水平上，制度都是社会公平正义的重要保证。"[②] 要从根本上解决由于人为原因而导致的不公正和不公平的问题，确保所有人都有平等参与和发展的权利。对因为制度安排不完善而导致的有违公平正义的问题，要尽快加以解决，让我们的制度安排更好地体现出社会主义公平正义的原则，只有在这种状态下，

---

① 马克思恩格斯文集：第 3 卷 [M]. 北京：人民出版社，2009：678.
② 习近平谈治国理政：第一卷 [M]. 北京：外文出版社，2014：97.

我们才能更好地为更多的人服务，"加紧建设对保障社会公平正义具有重大作用的制度，逐步建立以权利公平、机会公平、规则公平为主要内容的社会公平保障体系，努力营造公平的社会环境，保证人民平等参与、平等发展权利"①。党的治国理政总体目标中对共享发展这一实践性课题尤为关注，既把共享发展从内在性进行了详细的阐释，而且还对共享发展的目标加以设定。明确了要以更加有效的制度安排促进共享。这是共享发展从概念到实际的制度安排的基本原则。目前，主要有以下几个方面的工作要做好。

第一，在社会主义的初级阶段，我们要继续保持和加强基本的经济制度。一个国家的经济基础是一个国家的根本。社会主义市场经济条件下必须实行生产资料公有制，"真正的自由和真正的平等只有在公社制度下才可能实现；要向他们表明，这样的制度是正义所要求的"②。该"公社"很明显就是指巴黎公社，而"公社制度"是一种建立在生产资料所有权归国家所有的经济制度。要继续坚持公有制为主体、多种所有制并存的原则，并在两个"毫不动摇"的基础上把国有经济搞活、搞好并发展起来，这是新时期实现公平、公正、共享发展的基本制度保障。要从最基本的角度保障最广大的民众拥有生产资料，就必须加强和发展社会主义公有制，排除劳动与生产资料联姻的所有制障碍。

第二，通过对现代产权制度的改革与健全，为实现平等的富裕搭建一个广阔的社会舞台。在我国财产权的平等，是推动社会经济发展、促进社会和谐的重要前提。目前存在的贫富分化现象，既与不合理的收入分配有着密切的关系，又与财产所有权密切相关。目前，消除贫富悬殊的关键问题，在于对不适合我国国情的产权制度进行改革与健全。在新时期，公有制是一种新的发展理念。它是根据社会生产力的发展状况，不断地变化着的。公有制只有与民众之间存在着物质上的联系，才能保证民众在发展的过程

① 习近平谈治国理政：第一卷 [M]. 北京：外文出版社，2014：96.
② 马克思恩格斯全集：第 3 卷 [M]. 北京：人民出版社，2002：482.

中具有主体地位，实现民众对发展成果的共享。

第三，对现行的农村土地产权体制进行改革。"发展不均衡、不充分"现象在农村表现得尤为明显。因此，必须以土地使用权为中心，进一步推进农村的改革。要给农民一种长久的、安全的土地使用权，就是要在法律上对农民的土地使用权进行界定，要加速农村土地制度的创新，给农民以转让、抵押、入股等处置权。要在保证农户土地使用权的基础上，积极发展农村土地流转市场，让农户因地而活、因地而富，为农民提供一条新的致富之路，使农民从集体中获得利益，在集体中进行分配，将资产折价成股票，并对集体经济组织进行定量，发展农民股份合作社。大力推行股份合作式集体财产权改革，为集体经济的发展寻找一条有效的路径。

第四，要完善收入分配体系，缩小城乡居民收入差距。近几年我国收入分配制度的基本政策是"下拉下限""扩中限"和"上拉上限"。具体来说，就是要对正当收入进行保护，对过高收入进行调控，对不正当收入进行取缔，提高中收入者的比例，提高低收入人群的收入水平。但从改革至今我国在分配领域仍旧存在矛盾，如居民收入的比例不断降低，第一次分配中的比例也不断降低，收入分配秩序不规范，体制不完善，为投机和非法收入的获取提供了机会。上述问题严重制约着共享发展和共同富裕。"坚持按劳分配原则，完善按要素分配的体制机制，促进收入分配更合理、更有序。"[1]我国在鼓励大家坚持奋斗，遵纪守法中鼓励大家创造美好未来和共同富裕，持续推进中低收入群体的发展，并不断提高低收入者的收入水平，继续对过高收入进行调整，对非法收入进行严厉打击。要把经济发展同人民生活水平协调起来，提高劳动生产率，提高人民生活水平。要扩大居民的收入来源，充分发挥政府在调整再分配中的职能，推动基本公共服务高质量发展，缩小收入分配差距。从实践上讲，现在所要解决的问题，就是如何更好地

---

① 中共中央党史和文献研究院. 全面建成小康社会重要文献选编：下 [M]. 北京：人民出版社，2022：991.

实现按劳分配与按生产要素分配的统一。资本、技术、管理等生产要素与劳动要素之间的分配关系，不仅要为利益相关者所认可，也要为国内外市场所认可。这就需要立足于社会主义市场经济的基本原理，对社会主义的分配制度进行更多的完善。

第五，要不断健全和完善社会保障体系，使所有人都能享受到经济发展所带来的裨益。在这一时期，国家的财政支出和财政支持应该转向普及化，让人民群众更加充分地共享到发展带来的裨益。目前，我们国家还处在制度转型阶段，在市场经济的基础上，可谓是适者生存，不适者淘汰，这就要求我们加强对弱者的保障。国家可以用构建并完善的方式来对在市场竞争中的劣势人群进行援助，也可以让劳动者抵御年老、疾病、失业等各种社会风险，从而给那些失去工作的人一个缓冲的余地，一种基本的安全措施。"要全面建成覆盖全民、城乡统筹、权责清晰、保障适度、可持续的多层次社会保障体系。"①加快推进人人参加的整体性的工程，健全城乡一体化社会保障体系，而且还要对这一体系的建设进行不断推进，在人民健康的保障体系方面应健全起来，建立健全失业和工伤保险体系。构建国家社保信息系统、构建社会救助系统、构建社会救助系统、健全低保制度等。要想达到上述目的，就要求有一个以全国决策机构、财务转移支付、社会保障制度、脱贫和减轻贫困等行动方案为基础，此外还必须要利用一些可以利用的市场机制来推动。

① 十九大以来重要文献选编：上 [M]. 北京：中央文献出版社，2019：33.

第八章　马克思共享发展思想在当代中国的创新发展

马克思的共享发展思想在中国经历了理论继承、创造性转化和创新性发展的实践探索。新中国成立后，毛泽东提出的"共同富裕"思想，从新中国发展的实践出发，对其进行了一系列探讨，从而开启了把马克思共享发展思想和中国国情有机融合的先河。邓小平、江泽民、胡锦涛等几代党和国家领导人，既在思想上对共同富裕思想意蕴进行了进一步的充实与发展，又在现实上对其进行了有力的现实支撑。新时代，习近平总书记对我国改革开放至今的发展经验进行总结，促使中国共产党关于共同富裕的思想得到进一步的发展，这是对党关于经济社会发展的最新认识。尤其是对党在共享发展理念的历史进程发挥作用作出了总结，对中国式现代化发展立下了重大的启迪之功。

一、马克思共享发展思想的理论传承

始终坚持以马克思主义为指导，全心全意为人民服务是我们党不变的执政宗旨，从其成立之日开始，始终坚持"以人民为中心"的基本原则和一种新的视角与方式对历史进行回顾与分析。在我们国家，毛泽东、邓小平、江泽民、胡锦涛、习近平的共享发展理念就是建立在马克思共享发展思想基础上的集体智慧的结晶，以此为核心并表现出一脉相承式的特质与理论传承。马克思的共享发展思想被我们党科学地继承下来，正如"两个结合"中的马克思主义与中国具体实际相结合一样，也将马克思共享发展思想与我国的具体实际情况相互结合在一起，并展现出鲜明的中国特点，其中社会主义为前提、中国共产党为领导核心、人民群众为依靠力量、人的自由全面发展为目标。

（一）坚持社会主义制度为前提

马克思的理论是一门有关如何实现人们的自由解放的科学。把无产者从奴隶与镇压中解放出来，在物质与精神上公平地共享经济与社会发展的成果，推动人的全面与解放，马克思该学说的基本任务就是要解决这个问题。"完成这一解放世界的事业，是现代无产阶级的历史使命。"[①] "马克思主义，另一个词叫共产主义。"[②] 由此我们可知，在马克思共享发展思想的理论传承方面它的核心主轴都与马克思主义紧扣，没有脱轨之意。如若脱离了社会主义制度去盲目地实践与应用，那么马克思共享发展思想可以说就是一种空洞的幻想。反之，假如没有马克思主义的话，社会主义将失去灵魂，将走向错误的道路。换句话说，社会主义制度是以广大民众的利益和解放为目的的一种道路选择。因此，作为马克思世界所蕴含的一个中心价值目标，其实现的必要条件和依据也应是科学的社会主义。社会生产力的发展只是使社会资源的共享有了可能，而不一定就有实际的成果。最显著的一个实例就是，一个资本主义国家虽然可以制造出丰富的物资，但由于它对生产资料的私人占有，久而久之就会造成"贫者愈穷，富者愈富"的两极分化。因此，要想真正做到共享，就一定要做到内容和形式、手段和目的相结合，既要确保社会主义这一体制条件，又要促进经济和社会发展。

社会主义是共同富裕的基本途径。毛泽东提出共享只能在社会主义社会中进行。在资本主义社会，尽管它能够产生发展，但是它的发展只是一小部分的发展，它的发展是基于对大多数民众的残忍的掠夺。在我国，通过对生产要素的集体所有，建立起了消除社会财富分配不平等的体制机制。社会主义是把实现所有人的共同福利作为自己的努力方向，而为了实现共

---

① 马克思恩格斯文集：第 3 卷 [M]. 北京：人民出版社，2009：566.
② 邓小平文选：第三卷 [M]. 北京：人民出版社，1993：173.

同的繁荣，社会发展带来的红利也会被社会所有成员所共享。正像毛泽东
所说："这种共同富裕，是有把握的，不是什么今天不晓得明天的事。"①
由此我们应该看得出这就是"以人民为中心"的思想，它能够最大限度地
激发与催生人的参与性，进而为我们的共同繁荣打下坚实的物质基础。所
以，共享一定要以社会主义为基础，如果没有社会主义，共享就会丧失体
制基础。邓小平领导中国进行了历史性的改革和对外开放，但是他一直认
为"坚持四项基本原则，其中最重要的一条是坚持社会主义制度"②。在如
何通过体制来达到共同富裕方面，他的看法与毛泽东不谋而合。他仔细分
析认为"只有社会主义，才能有凝聚力，才能解决大家的困难，才能避免
两极分化，逐步实现共同富裕"③。社会主义的经济是建立在公有制之上的，
因此，社会生产的最终指向不是剥削，而是能够满足更多人的物质和精神
双重需求。因此，在这一特征的指导下，我们才能构建出一个具有普遍意
义的社会理念。与之相反，在私有制的前提下资本主义总是不能从资本家
以追求利益为目标地对其进行的盘剥和掠夺中解脱出来。正因为如此，邓
小平才坚持认为，中国的土地永远都是属于中国的。"坚持社会主义，不
走资本主义的邪路。"④"就必须始终坚持我们已经建立并正在不断完善的
社会主义制度及其所决定的基本原则。"⑤"改革开放以来我们取得一切成
绩和进步的根本原因，归结起来就是：开辟了中国特色社会主义道路，形
成了中国特色社会主义理论体系。"⑥走适合自己的改革开放之路，和坚持
自己的理论与体制，也便是坚持中国特色社会主义，在这条路上所坚持的
基本原则是科学社会主义，此外还依据时代所体现的中国特色的性质。所
以在新时代背景下要继续为中国特色社会主义的发展而奋斗，为达到我们

① 毛泽东文集：第 6 卷 [M]. 北京：人民出版社，1999：496.
② 邓小平文选：第三卷 [M]. 北京：人民出版社，1993：149.
③ 邓小平文选：第三卷 [M]. 北京：人民出版社，1993：357.
④ 邓小平文选：第三卷 [M]. 北京：人民出版社，1993：123.
⑤ 江泽民文选：第三卷 [M]. 北京：人民出版社，2006：220.
⑥ 胡锦涛文选：第三卷 [M]. 北京：人民出版社，2016：156.

的共同富裕和民族复兴而奋斗。"只有高举中国特色社会主义伟大旗帜……在新中国成立 100 年时建成富强民主文明和谐的社会主义现代化国家,赢得中国人民和中华民族更加幸福美好的未来。"①

(二)坚持中国共产党为领导核心

从社会形式来看,只有在社会主义社会中才能让更多的工人阶级和最广大的民众当家作主,以公有制为主的生产资料的经济体制,从经济基础上保证了人民的权益。依据唯物史观来看,由于经济的基本性质对上层建筑起着决定性的影响,因此,必须有能够反映大多数人的利益的政治制度,必须有能够反映大多数人的利益的政党。中国共产党作为一个无产阶级的政党,其自身的阶级地位和自身的先进地位,使其具有了管理国家的正当性。党若不能以自己的名义为自己争取到一个稳固的政权,自然也就不可能为更多的民众提供共同的财富。所以,在推进共享发展、推进共同富裕的社会主义建设的过程中,只有在党的领导下才能使共享发展理念得到充分的落实。

党的政策是坚持中国特色社会主义的政治体制,在此过程中还坚持树立以马克思主义为指导的思想。我们考察毛泽东对共同富裕的最初探索可见,他的这一思想是源自其所处的高度集权的计划经济与几近完全的公有制的经济体制,并在推动"社会公正与民生幸福"的进程中得到了充分的体现。然而实际情况下的中国共产党所处的主导位置和领导权威完全不需要被人去刻意凸显,因为它有自己的强大的运行逻辑。毫无疑问,毛泽东对中国共产党的重要性有清晰的认识。新的伟大的社会主义的伟大胜利,必须建立在中国共产党的领导之下。"建设一个'全国范围的、广大群众性的、思想上政治上组织上完全巩固的布尔什维克化的中国共产党'"。②如此艰难的工作,没有哪个党派能够完成。如果没有中国共产党作为整个

---

① 习近平谈治国理政:第一卷 [M]. 北京:外文出版社,2014:7.
② 毛泽东选集:第二卷 [M]. 北京:人民出版社,1991:613.

中国的领导核心，没有这个中坚力量，就走不通中国的社会主义之路。1978 年以后，随着我国经济结构的不断变化和我国开始进入到了新的阶段，邓小平更加关注在我国的社会主义事业中，如何保持共产党的执政地位。"没有党的领导，就没有现代中国的一切。"① 我们是来拯救穷人与贫民的，"要对世界上五分之一的人负责，要发展经济，使他们生活得更好"②。在邓小平理论的指引下，党在中国特色社会主义事业中，带领人民进行了一场伟大的社会实践，也取得了巨大的成功。让中国变得强大，只有社会主义才能实现共同富裕，可见共享发展这一理念只有在中国共产党的领导下，才能够把理想变为现实。江泽民认为应使我国人民团结起来，发挥出全体人民的智慧和能量，这是对中国特色社会主义的有益补充。"没有中国共产党的统一领导是不可设想的。"③ 中国特色社会主义最大的特点就是中国共产党的领导。只有在党的领导下，才能够有力地保证社会生产力的迅速发展，我国才有可能实现中国特色社会主义现代化。胡锦涛强调党对中国特色社会主义的英明领导，无论何时都应坚持党的领导，发挥好党的全面性作用。习近平总书记进一步强调了在新的时代背景下党的领导作用的重要性，并指出"党的领导是中国特色社会主义制度的最大优势，是实现经济社会持续健康发展的根本政治保证"④。"党政军民学，东西南北中，党是领导一切的。"⑤ 此外，在市场经济体制中，党的领导是推动社会主义市场经济体制改革的根本保证，同时也是对社会主义市场经济体制进行改革的需要。所以只有坚持党的领导才能够展现出中国特色社会主义制度的优势，也只有坚持党的领导才能够彰显出中国特色社会主义制度的本质特征。所以说它直接关系到我们的利益和幸福。要完成伟大而艰难的历史任务，要克服前方的各种风险和挑战，归根结底要依靠党的领导把好舵和掌握好航向。

① 邓小平文选：第二卷 [M]. 北京：人民出版社，1994：266.
② 邓小平文选：第三卷 [M]. 北京：人民出版社，1993：326.
③ 江泽民文选：第二卷 [M]. 北京：人民出版社，2006：262.
④ 十八大以来重要文献选编：中 [M]. 北京：中央文献出版社，2016：790.
⑤ 习近平谈治国理政：第二卷 [M]. 北京：外文出版社，2017：21.

历史和实践充分证明，坚持中国共产党领导是中国式现代化最鲜明的特征和最突出的优势。"中国共产党是中国特色社会主义事业的领导核心，党的领导确保国家治理现代化沿着正确的方向道路前进。"①我国已经走上了中国特色的社会主义现代化道路，但社会阶层、经济利益和思想观念也呈现出了复杂化和多元化的趋势，要在这种世象之纷繁复杂的形势下，实现民族经济和社会的共享发展，就必须充分发挥党的政治、组织和宣传优势，将所有的力量汇聚到共享的大潮中，坚持在党的领导下将点点星光汇聚成满天繁星，把共享的具体举措落实到各个环节和各个领域里面。

（三）坚持人民群众的主体地位

对于共享发展而言，它的出发点是为人民群众服务，那么，它背后所依靠的力量恰恰也不能脱离人民群众，反倒是要依靠人民群众才能够真正实现共享发展，也只有广大人民拥有强大的力量和翻身的本领。纵观人类社会历史的长河，人民是自己创造历史的，其既以生产力的创造来促进生产关系的变化，又以个人的历史选择来实现整个社会的发展。历史运动是群众性的运动，它的发展必然会带动群众性的发展。以共享发展的方式，不断提升共同富裕的实现程度，从而让每一个社会成员都能享受到同样的幸福。要达到这一目的，首先需要创造大量的物质和精神资源，其次需要建立以人民利益为中心的社会生产关系，这两件大事都要靠最广大的民众去做。"任务要依靠群众去完成，经验要依靠群众去积累，新事物要依靠群众去创造，困难也要依靠群众才能克服。"②领导人民奔小康、谋共享的进程中，党一直将马克思主义的群众观点贯穿其中，坚持以人民群众作为强有力的后盾。

中国共产党一直以来都坚持要把自己的优势发挥到最大，那么，党的最大优势也是区别于其他政党的一大法宝便是坚持走群众路线。纵观历史，

① 任仲文.抓落实就是讲政治 讲政治就要抓落实[M].北京：人民日报出版社，2020：51.
② 中共中央文献研究室.新时期党的建设文献选编[M].北京：人民出版社，1991：487.

党无论是在任何问题的认识方面还是在组织上和工作方式上始终坚持贯彻着群众路线的方针与政策。群众路线是党取得新民主主义革命和社会主义建设胜利的重大武器之一。正像毛泽东所说："群众路线，就是一切为了群众，一切依靠群众，从群众中来，到群众中去。"① 简单而朴实的话，无不彰显着以人民为中心的理念和价值取向，无论是从以人民为中心的历史地位的考察，还是对以人民为中心的理论发展的探究与认识，只有牢牢把握住人民群众的主体性力量，才可以做人类社会发展的主宰者，否则只能是不切实际的幻想。另外，人民群众关于物质享受的程度可以说是衡量个人幸福与否的一个参考标准。实现共同富裕，实现人民共享发展成果，其价值取向都是人民，而这一目标的实践客体又是人民。新中国成立后，毛泽东对全国人民的共同富裕同样关注度较高，对社会生产力的发展给予了较大关心，他把两个要素看作是生产力。一个是人，另一个就是由人所制造的物质，"一切物质因素只有通过人的因素，才能加以开发利用"②。因此，在生产力方面而言，人是决定性的要素，人们能够团结在一起，向着所有能够使自己的能力得到充分利用的地区和领域前进，向着生产的纵深和宽度前进，使全体人民的利益不断增加。邓小平对毛泽东提出的共同富裕理念进行了进一步的完善，他将共同富裕的理念视为"以人民为中心"的基本动力。他认为要使人民大众获得自由而全面的发展，就要使自己的社会地位得到提高。实现共同富裕，建设小康社会，这是一项长期而艰难的战略性工作，它与每个社会人员的切身利益息息相关，因此，邓小平一直将实现该目标的希望放置在人民群众积极性的提高上面，他曾说过："人民群众的觉悟性、积极性、创造性愈是发展，工人阶级的事业就愈是发展。"③ 没有广大群众自觉和主动的参与，也很难搞出什么成果来。江泽民曾说应把广大人民群众的热情和创造力都调动起来，才能够使各项事业一帆风顺。

---

① 中共中央党校教务部.毛泽东著作选读：上册 [M]. 北京：中共中央党校出版社，1986：10.

② 毛泽东文集：第 7 卷 [M]. 北京：人民出版社，1999：34.

③ 邓小平文选：第 1 卷 [M]. 北京：人民出版社，1994：217.

胡锦涛进一步提出了"以人为本"是发展的起点。"推动科学发展，必须紧紧依靠人民群众，做到谋划发展思路向人民群众问计，查找发展中的问题听人民群众意见，改进发展措施向人民群众请教，落实发展任务靠人民群众努力，衡量发展成效由人民群众评判。"① 人们所掌握的一切知识与实践的一切进步与发展，一切创新与累积，不是凭空出现的，是依靠亿万人民大众的聪明才智创造而来，更脱离不开人民的辛苦劳动和辛勤付出的汗水和耕耘。"人民群众是我们力量的源泉。"② 人类文明新形态不仅是我国人民的梦想，也是全世界人民的梦想，而我国中国式现代化发展道路的开辟与进取离不开中国人民每个人的努力与奋斗。所以要实现共同富裕，更离不开社会的共享发展，就一定要始终坚守由人民群众来决定的历史唯物主义，在实际工作中紧密地把人民群众团结起来，并从他们身上吸取力量和智慧，只有这样我们的路线、方针、政策才能够切实地符合广大群众的利益，也更利于中国式现代化发展道路能够披荆斩棘、行稳致远，实现国家所设定的中国梦，益于中华民族伟大复兴的这艘巨轮劈波斩浪、勇毅前行。

（四）以人的自由全面发展为目标

中国共产党是在马克思主义指导下，以建设社会主义和共产主义制度为终极目标，以促进人的自由和全面发展为最高追求的工人阶级的政党。中国共产党的共享发展理念，一直是这一理念的重要表现。资本主义发展的基本目的，就是要追求利润的最大程度，从而达到对劳动工人的利益掠夺。社会主义的发展不是以人的需求为目标的，而是以人的解放、人的自由和全面发展为目标的。共同富裕、共享发展，其中的"共同""共享"，体现了我国发展理念对人自身发展的高度重视，体现了对以人为本的高度重视。

人类的自由全面发展是一项长期而艰巨的任务。中国共产党当前的发

---

① 胡锦涛文选：第三卷 [M]. 北京：中央文献出版社，2016：99.
② 习近平谈治国理政 [M]. 北京：外文出版社，2014：5.

展成就，还远远达不到这一目的，但"不积跬步，无以至千里"。党关于共享的理论与实践，一直都是将共享作为其价值取向，推动人们从物质上获得解放，并继续激发人们的精神潜能，为人的自由全面发展提供物质、精神上的依据。马克思认为，既要将人从被自然所支配的状态中解放出来，使人真正地成为自然之主，又要解放人类，让人类脱离等级社会的束缚，而变成社会的主宰。毛泽东也曾说过："与争取自由、争取平等的人们站在一起，为中国人民的自由解放而斗争，让自由的阳光洒遍中国大地。"[①]中国人民在新民主主义、社会主义的斗争中，得到了实现人的自由全面发展、实现民族独立、实现民族解放的政治条件。接着，毛泽东又把共同富裕作为一个实践的主题。首先，要从生产力的高度来提高人们的物质生活水平；其次，要从生产关系的高度来把握公平和公正，尤其是在分配的高度来看，这是社会主义的最高要求，也是保证和实现人们自由发展的一个基本条件。他对共同富裕的"共同"这一价值取向的关注，是马克思关于人的自由全面发展的深刻反思，也是对人类生存与发展的深刻反思。邓小平将共同富裕提高到了社会主义的实质的层面。在他看来，生产力的高度发展是人类能够获得自我发展的物质先决条件，因此，要达到共同富裕的目的，就必须不断解放、发展生产力。在人的发展过程中，生产力的进步和人的自由全面发展之间存在着密切的联系。要使人得到充分的自由与发展，就必须消灭剥削和两极分化。邓小平关于共同富裕的"生产力标准"的论述，不仅是对"社会主义是什么""如何建设社会主义"等基本理论问题有了一个全新的认识，而且是不同历史时期对"人"和"物"发展进行理性思考的结果。"推进人的全面发展，同推进经济、文化的发展和改善人民物质文化生活，是互为前提和基础的。"[②]从这句话中我们不难分析得出，可以说实现共同富裕与实现人的自由全面发展是相互的前提与基础，人的全面发展对社会的物质和精神财富的创造都是有益的，从而更好地提高人们的

---

① 毛泽东文集：第 4 卷 [M]. 北京：人民出版社，1996：211.
② 江泽民文选：第三卷 [M]. 北京：人民出版社，2006：295.

生活质量，推动人们的综合发展。因此，江泽民才会说，要使中国特色社会主义更上一层楼，要以人的全面发展为中心，在满足人民的实际物质和文化需要的前提下，还必须不断地提升人们的综合素质。既是党对社会主义本质认识的一个新的阶段，还可以说是马克思主义思想的又一次升华和扩展。以胡锦涛同志为主要代表的中国共产党人对中国共产党的发展思想进行了全面、系统的提炼，并在此基础上进一步深化和完善了中国共产党的发展思想。科学发展观的首要要义就是发展，它一直坚持着生产力对社会发展的决定性作用，其目标是要不断夯实人的自由全面发展不可或缺的物质财富基础。坚持以人为中心，以人的自由全面发展为核心，发展目标不能仅仅为了"物"，而是为了"人"。胡锦涛曾说："我们提出树立和落实科学发展观，就是要以实现人的全面发展为目标，让发展的成果惠及全体人民……"[1] 可见，推动人的全面发展这一具体内容将其作为以经济发展、社会财富增加的目的，以满足人们对物质、文化、生活的需求为前提。习近平首次将共享发展这一理念引入到"十三五"规划中，其目的是落实以人为本的发展理念，以实现以人为本的发展目标，以实现公平的权利、公平的机会、公平的规则，推动人的自由全面发展，为了贯彻以人为本的方针。中国特色社会主义已经进入了一个新的时代，社会主要矛盾发生了转变，可见，党和国家更多地关注人的需求的发展与满足。由于主要矛盾的改变，所以必须把重点放在落实以人民为中心的发展理念上，同时，要让更多人更公平地共享改革发展成果，使所有人民在共同发展中得到更大的满足。习近平总书记曾说："全体人民，不断促进人的全面发展，朝着实现全体人民共同富裕不断迈进。"[2] 以人的自由全面发展为其价值追求，使得中国共产党在带领人们不断提升共同富裕水平、共享发展水平时，始终保持着生产力标准和群众利益标准的一致、物的准则和人的准则的一致、规律和目标的一致。

---

[1] 胡锦涛文选：第二卷 [M]. 北京：人民出版社，2016：188.
[2] 习近平 . 在纪念马克思诞辰 200 周年大会上的讲话 [M]. 北京：人民出版社，2018：20.

二、中国共产党共享发展思想理论创新

一个政党要完成自己的使命任务，实现政治理想，就必须有自己的思想依据和行动方向。科学理论是指导伟大实践的有效方法。一个党只有在先进的理论指导下，才能发挥出先进的战斗力量。要保证理论的科学性、先进性，就必须进行理论的创新，使理论能够在新的实践、新的时代背景下，始终能够跟上时代的步伐。否则，政党将会在千变万化的现实中失去回应新的诉求、解决新的问题的思考能力和理论勇气。中国共产党的理论是用马克思主义作为自己的理论指引的，然而，马克思主义思想也是随时代变化而不断向前发展的，可以说它既是科学的方法论，又是开放性的科学体系。"它提供的不是现成的教条，而是进一步研究的出发点和供这种研究使用的方法。"[1]因此，这是我们党的一大课题，就是怎样将马克思主义的观点、立场和方法同中国的具体情况联系起来，从而使我们的国家机构和体系能够顺利地运行。从毛泽东第一次提出"共同富裕"的概念，到邓小平、江泽民、胡锦涛的持续发展和完善，中国共产党的共享发展思想，在习近平的共享思想的指导下，经历了由"理想化"走向"理性化"、"物"向"人"的转向、思想上由"片面性"过渡到"全面性"的升华。

（一）共享发展由理想化向理性化的目标转化

从实质上对共享发展进行探究可以细分为两个层次：一是共享层面，二是发展层面。理论上这两个方面是相辅相成的。发展是共享的物质先决条件，此外共享是发展的最终目的，共享也是发展的必由之路。但是，从实际操作来看，两者又有相对冲突。因为，在一定的历史条件和社会阶段与经济制度之下，效率的提高和公平的增长之间的关系是不协调的，并且，

---

① 马克思恩格斯全集：第 39 卷 [M]. 北京：人民出版社，1974：406.

当社会资源有限时，无论是倾向于共享多一点，还是倾向于发展多一点，都存在着机会成本。要实现共享，必须强调公平，要发展，必须强调效率，因此，共享与发展从其实质来看，其实就是一种公平与效率的平衡。所以，关于如何推动共享发展、如何实现共享发展，存在着一个何者为先、何者为重的选择，其核心是：如何在复杂多变的现实环境中，正确认识自己的发展实际、发展阶段，并在理想与现实之间找到一个公平与效率的平衡。"所谓'社会主义'不是一种一成不变的东西，而应当和任何其他社会制度一样，把它看成是经常变化和改革的社会。"① 对于任何事情的认知和理解都不能被困囿与局限，这正是马克思所要强调的，还要根据实践的深入而不断地进行修改、更新和深化。中国共产党人就怎样掌握公平与效率之间的平衡，实现共享发展这一问题进行了长期而艰苦的探索，尽管过程中出现了一些错误和波折，但这些成绩才是最有意义的。对共享发展这一理念有了更加科学和深刻的理解，这就是新时代中国特色社会主义。共享发展倡导的实践思维由理想化转向了理性化。

在毛泽东心目中，始终以实现工人群众的自由和解放为自己的最高政治目标，而这正是他对马克思主义的信念和对社会主义道路的执着追求。因此，他十分关注民众的地位与权益，力图建立一个人人平等的正义社会。但是，在共享和发展这两个话题上，他的理解和实践仍有不足。毛泽东的主观愿望是要在最短的时间内将社会主义国家的生产力提升到最大程度，要在最短的时间内让所有的人都达到共享发展的理想状态。他认为社会主义制度的优越性、先进程度，将极大地促进生产力的发展。但是，马克思经典作家们对中国社会主义实际的认识存在着一定的偏差。所以，当我们的社会主义改造一结束，仓促地打出"奔向共产主义"的标语，企图在短时间内完成从社会主义向共产主义的过渡。在深刻地认识到社会主义的历史进程还很漫长的时候，却高估了国家当时所处的历史阶段，提出了一些

---

① 马克思恩格斯文集：第 10 卷 [M]. 北京：人民出版社，2009：588.

不现实的任务、方针和政策，造成了非常严重的结果。同时，毛泽东坚持"公平第一"的主张，认为效率就是公平，效率再差也要以保障公平为首要条件，但效率必须为公平服务。就大局而言这一点是正确的，然而，就中国的特殊情况来看这种观点的说服力较弱，仅把目光投向了"一大二公""人民公社""一平二调"等生产关系的层次。因此，概括起来可知，毛泽东提出的目标是非常高和紧迫的，但是在赶超阶段，大跃进式的发展不但没有推动生产力发展，相反还产生了负面影响；落实到共享这一层面未能深入地理解共享和社会公平都是建立在"物"的基础上的，它是发展的生产力的保证，这在中国是不存在的。关于公平与效率的关系，可见更注重的是公平，因此，相对来说如若效率被压抑，负面的后果是没有足够的活力、没有足够的动力、没有足够的社会商品、没有足够的物质资源。所以，共享的内容和目标都被极大地局限，最终的后果是，虽然得到了一种形式上的公平，但是在实际中，社会的共享程度很低，人们无法从公平的主观价值中得到切实的好处，这种公平和共享是没有实际意义的。可见，由于时代的原因，毛泽东对共享发展的认识和实践都是"理想化"的，这就导致了一个尴尬的局面。共同富裕的内涵在于，我们不仅要把"蛋糕"做大，还要把"蛋糕"分好，避免因分配不公出现两极分化，维护社会的公平正义。

邓小平是改革开放事业的总设计师，既有政治眼光，又有行动勇气。邓小平的发展思想有别于过去的任何时期，即把生产力作为衡量一国是否成功的基本尺度。在共享发展的过程之中可谓首先提到的必定是发展，如果没有发展只谈共享又有何价值可言？人们在社会中生存首先必须要解决最基本的生活问题，比如吃穿住行这些都离不开物质生产，因此必须要认真进行物质生产的活动来为人们提供生活资料。那么，在提升物质生产的过程中对生产力的重视正是整个进程中十分重要的一点，可以说提升生产力的效率是对问题根源最好的解释与回应。倘若一个社会没有科学发展的生产方式作为基础，那么它所维系的理念价值便会丧失其对人的教育作用。因此，我们应该把发展社会生产力作为一项重要的工作来对待。"贫穷不是社会主义，发展太慢也不是社会主义。"① 由此可得知，贫困并不等于社会主义，从而将社会生产力的解放与发展提高到了社会主义本质的理论高度。在社会主义初级阶段要把发展放在第一位。用"三个有利于"来衡量每一项工作的得失，对于共同富裕的展望在当时的社会背景之下所提出的策略是允许一部分人先富起来，通过先富带动后富的这一举措去进行。由此可见，江泽民、胡锦涛等人坚持走中国特色社会主义之路，同时也把我国的社会发展不断推向新的高峰。"发展是党执政兴国的第一要务。"② 江泽民所提出的发展是我们党执政兴国的首要任务的科学论断，必须牢牢把握住发展的主旋律。胡锦涛在实际工作中提出以发展为核心并以人为本的科学发展观，无论是从生产方式上还是发展的内容方面都有了推进与创新，以及新的要求、新的定位。改革开放以来，经过几十年的高速发展，我们国家无论是在综合国力还是在经济总量方面都已经取得了显著的成绩，同时也极大地提高了人民的总体生活标准，尤其是在共同富裕方面这一点体现得更为明显。

在兼顾公平与效率的情况下，应以效率为先。"以效率为先"是优先发展的必然选择。新中国成立初期，生产力并未得到很大提高，其主要原因之一在于对效率这一基础性作用的忽视。生产力低下，制约着我们解决许多问题的能力，一个国家的发展必须要有一个更高的效率，使"手头东西多了，我们在处理各种矛盾和问题时就立于主动地位"③。尽管邓小平从来没有说过什么"效率优先"，但是我们一直都是按照这个原则发展的。江泽民在党的十四大中第一次把建设社会主义市场经济的目标模型提了出来，紧随其后，胡锦涛又进一步推进了社会主义市场经济的改革，而且还把人才、资本、技术、信息和管理等这些优势都在市场中充分发挥出来，

① 邓小平文选：第三卷 [M]. 北京：人民出版社，1993：255.
② 冯颜利. 科学发展与社会和谐基础理论问题研究：马克思主义哲学出场学研究 [M]. 北京：人民出版社，2012：125.
③ 邓小平文选：第三卷 [M]. 北京：人民出版社，1993：377.

既使经济得到了迅速发展，生产力也因此得到解放。"我们的分配政策，既要有利于善于经营的企业和诚实劳动的个人先富起来，合理拉开收入差距，又要防止贫富悬殊，坚持共同富裕的方向，在促进效率提高的前提下体现社会公平。"[1]另外，从党的十四届三中全会开始国家在发展经济的同时也特别强调了效率和公平的基本要求。党的十六大对此作了更加清晰的阐述，在发展社会主义市场经济的过程中，要注重效率和公平。"效益第一"的分配政策，从总体上激励了全体人民的自力与奋斗的内生动力，提高了个人财富的绝对值。但是，因为个人的能力和区域的差异，再加上制度的不完善、机会的不平等，一些人在改革开放的浪潮中，更多的是感觉到社会资源的不平等，是个体之间的不平等，产生了一种失落感和挫折感。

其实，贫富差距问题不能过早地解决。因为太早了会对效率产生不利的影响，还会对解决这一问题的物质条件产生不利的影响。但是，如果解决该问题过晚也难以保证公平的实现，如果公平都无法实现，那么对社会的发展会起到桎梏的后果。在发展与效率之间邓小平对共享与公平非常重视，"如果仅仅是少数人富有，那就会落到资本主义去了"[2]。中国经济发展再创新高之际就必须要思考这个问题。即在发展中要同时兼顾发展与落后的差异。如果只有一小部分人富裕起来，那么它将走向资本主义。在江泽民的领导下，逐渐从"效益"转向"公正"。"一次分配中应注重效率，二次分配中要注重公平。"[3]胡锦涛认为，重视社会公正对国家的收入分配进行合理的调整，并采取有效的措施，消除区域间和社会上一些人的收入差异，使所有人都能达到共同富裕。胡锦涛在2005年2月参加省级领导干部培训班的讲话中提出，要在推动发展的过程中，坚持维护社会公平，并逐渐形成以权利、机会、规则和分配为核心的社会公平保护制度。2006年10月召开的党的十六届六中全会中，更加注重公平再次被提及，但从事实

---

① 十三大以来重要文献选编：上 [M]. 北京：人民出版社，1991：32.

② 中共中央文献研究室. 邓小平思想年编：1975—1997[M]. 北京：中央文献出版社，2011：716.

③ 樊勇. 贫富论：唯物史观视角 [M]. 北京：人民出版社，2006：202.

中我们可以看到，由于市场经济体制自身的不足，再加上经济社会发展的历史惯性，我国的贫富差距仍在不断扩大，这对我国的发展水平和全民共享的公平性和普惠性都造成了很大的影响。

习近平总书记在对改革开放历程进行深入剖析的基础上，提出了共享发展的新思想，它是新时代中国特色社会主义思想之中以人民为中心的一个缩影，它也是再一次为中国特色的新时代而奋斗作出的一种适时回应。一种观念之所以能够在一定程度上引导人们，其深层的原因就在于这种观念背后遮蔽着一种"迫不得已"的社会需求与压力。习近平总书记之所以能够提出共享发展的概念，一是由于目前中国已有了既注重发展又注重公平的物质基础；二是由于目前中国的贫富差距越来越大，人们要求公平和公正的声音越来越大，这就要求用新的发展理念来回应。所以共享发展的核心要旨是以人民为中心，把公平与正义作为价值尺度来追求共同富裕这一目标，坚持发展为了人民，发展依靠人民，要让人民共享发展成果。那么，落实到具体的实践方面既要考虑全民共享，又要顾及全面共享，还应从共建共享的角度出发，观照渐进式共享的模式。2015 年 10 月 29 日，习近平总书记在党的十八届五中全会第二次全体会议上强调："发展是基础，经济不发展，一切都无从谈起"。然而，目前的发展要有一个前提，那就是以共享为目的的发展，是以提升人民群众幸福感、获得感为宗旨的发展，而不是为发展而发展。为此，应将共享注入发展的内部价值之中，使共享与发展合乎情理。共享的发展理念，把共享和发展有机地结合起来，使我们党的共享观念由理想化走向理性化，由绝对地强调公平和共享转变为"全面强调效率和发展"，转变为公平和效率的兼顾，从而达到共享的目的。从哲学角度来看，这一理论的创新是两点论与侧重点论在方法论上的统一。

（二）共享发展由关注物向关注人的本质转变

党的工作都是为了使广大民众得到最大程度的自由和发展。但在各个历史时期，由于受到基本国情、历史条件和认识水平等方面的影响和限制，中国共产党确定的社会主义发展的本质目标也具有各自的历史特征。从上述特征演变的轨迹，我们可以看到党的共享发展理念由强调"物"向强调"人"的转变，这一转变不仅反映了人类社会发展的必然性，而且反映了中国共产党人对发展规律的日益深刻的理解与把握。新中国成立以后，我们党在怎样开展社会主义建设问题上还处在一个探索阶段。发展是什么，如何发展，这些基本的理论性问题都没有完全搞清楚。毛泽东第一次把共同富裕的理念提出来，但是，由于当时社会生产力水平的限制，共同富裕的目标仍然只是被当作一个总的、长远的发展方向。实际上毛泽东最关心的是工业化，特别是重工业的发展。解放战争胜利前夜，毛泽东指出，中国人民和他们的政府，在取得了新民主主义革命胜利以后，要用几年的时间，通过具体的措施，逐渐地把重、轻工业建设起来，中国由农业大国转向工业大国这一个历史性的路标，也标志着中国在发展道路上一直在稳步前进。"建设社会主义，原来要求是工业现代化、农业现代化、科学文化现代化，现在要加上国防现代化。"[①] 从以上三个方面可以看到，它们的发展都是直接指向"物"的，尽管"物"是为了"人"而存在，但是，在某些情况下，"物"的发展不一定有利于"人"。这个抉择，在那时，固然是落后的国家进行社会主义建设的必要之举，但是它也带来了一定的负面效应。例如：过分重视重工业，致使农、轻两个行业的发展严重滞后，国民经济的比重不平衡；片面追求高速化、规模化，忽略了经济利益，从而导致了资源的浪费。这些行为都忽略了对人民群众实际生活的改善与提升，在某种程度上还挤占、挤压了个人发展的资源与空间。

党的十一届三中全会之后，我国开始了改革和开放的新时期。邓小平以和平与发展为主线，对发展问题进行了研究。他曾经提出，要把党的工作重心进行调整，把阶级斗争为中心向经济建设转向，在生产力方面他提出要进行解放和发展，并使党的工作重点加以突显出来。由此可见，邓小

---

① 毛泽东文集：第 8 卷 [M]. 北京：人民出版社，1999：116.

平对毛泽东的共同富裕理念进行了系统的继承和发展。同时，又提出建设"富强民主文明"的社会主义。富裕和强大是一个全面反映现代化的物质内涵的指标；民主化体现了邓小平关于中国现代化问题的理解，已经从物质的层次跃迁到了制度的层次；文明，从现代化的视角来看，就是"人"的现代化，这一点反映了邓小平关于"人"的发展的思想。江泽民、胡锦涛按照我们党的基本路线以发展为主线，不断地把中国特色社会主义建设作为奋斗目标。但是，在实现共享发展这一目的的过程中，又都根据特定的实际情况与时代环境的变迁，逐步从"物"走向"人"。全面建成小康社会的新的历史任务，是江泽民在党的十五大报告中正式提出的，是以实现人的发展为目的，而不是以物质生产力为主要目的，党的十六大报告对此作了进一步的说明。"要在本世纪头二十年，集中力量，全面建设惠及十几亿人口的更高水平的小康社会，使经济更加发展、民主更加健全、科教更加进步、文化更加繁荣、社会更加和谐、人民生活更加殷实。"[1] 按照胡锦涛关于科学发展观的观点，虽然其首要目标是发展，但是它也确立了"以人为本"的理念，以人为本是实现共享发展的必由之路。胡锦涛提出，要以"富强，民主，文明，和谐"为目标，以"和谐的社会主义为目标"为指导。上述论述，反映出中国共产党在发展观念上由"物"逐步转向"人"，由注重发展自身逐步走向注重人自身的公平与正义问题。

我国经济发展已步入新的阶段，发展也迎来了新的挑战与任务。必须要有新的思路和新的政策。但是，在思想、政策上的新变化并不必然发生，这一变化的条件是必须要有一个统一的认识和进一步的认识。为此，在中国特色社会主义新时代的这一个重要时期，始终秉持着"以人民为中心"的共享发展思想，对探索中国式现代化的道路，建设人类命运共同体，将会有更大的帮助。曾经，我们的发展重点是国内生产总值，难免会出现或多或少的唯"物"而非唯"人"的弊端，如存在官僚主义以及政绩工程等，

---

[1] 十六大以来重要文献选编：上 [M]. 北京：人民出版社，2005：759.

这也使得我们的发展只注重经济增长的速度，而忽视了人们的获得感。这一发展观既不能满足人的需要，也不能调动人的积极性，从长期看，这样的发展是一种病态的、不能持久的发展，从本质上讲，它是一种"以数据为中心"的功利化。因此，以人为本的发展思想，是以人的全面发展为目的的。具体体现在以下几个方面：坚持社会公平正义，保护人民的平等参与权与发展权，不断推进改革，使发展成果为更多的人带来利益，提升人创造美好生活的能力，对人类全面的真正需要的满足，从而达到人的自由全面发展的目的。习近平总书记指出："多推有利于促进社会公平正义的改革，多推有利于增强人民群众获得感的改革，多推有利于调动广大干部群众积极性的改革。"① 从国家层面看，我们党确立了一个现代化建设的目标，就是富强民主文明和谐，在党的领导下对此进行不断创新与发展。对人文关怀和人本价值的侧重强调得更加突出。"人是一切事物的标尺"这一观点是由古代希腊哲人普洛泰戈拉首先提出的。"人"是人的主体。我们不能因为一堆美丽的数字就去解放生产力，去发展经济，而要让人们的生活得到真正的满足，让人们的生活得到改善。但是，在某些情况下，由于没有将发展的结果转化为民众的实实在在的福利，这种发展就不能被称为发展，只能被称为在经济层次上"增长"。因此，在面对现实问题的时候，我们经常会忘了发展的基本目的是为人，是为了最广大的人民群众，这是由于我们在思想上没有从本质上理解发展的内涵，自然无法在实际操作中把握住发展。"人就是人的世界，就是国家，社会。"② 在理解和实践共享发展观方面，我们都要以人为中心、以人为驱使、以人为目标，将我们的社会主义现代化事业从注重"物"转向注重"人"，不要再一味地追求国内生产总值的增长，而是要让自身的发展与经济发展同步，与社会发展协调一致，重视经济与社会事业的共同发展，重视经济社会发展成果的共享。

① 习近平谈治国理政：第二卷 [M]. 北京：外文出版社，2017：103.
② 马克思恩格斯文集：第 1 卷 [M]. 北京：人民出版社，2009：3.

（三）共享发展由片面性向全面性的视角转向

人的生存是建立在生产力发展并创造物质基础之上的。因此"人类为了生存，必然向大自然摄取食物、能源、水等生活资料"①。在整个人类社会发展的进程中，推动社会前进的主要动力首先应该是生产力的进步，也只有生产力的进步才能大力提高物质生产总量，创造更多的劳动产品。然而，如果只关注到生产力发展，未看到生产关系与上层建筑，二者也会随之改变，是不全面的。因为只有生产关系和上层建筑也随之发生了变化，才会推动整个社会的进步。人类的需求首先是物质需求，当人们的需求达到了某种程度之后，就会上升到制度的层次，跃迁到精神的层次。因此，什么是"人民的共享"，这最终取决于社会生产力的发展水平。随着社会生产力水平的提高，共享的内涵也会越来越丰富、共享的领域将更广、共享的需求将更高，也使共享从片面性向全面性转变。

社会的生存状态决定着社会的认识，发展状态决定着社会的共享状态。新中国成立初期，因为自身的产业基础薄弱，社会主义建设的经验不足，再加上"左"的错误影响，生产力的解放与发展并未有大的进展，社会主义社会的生产力还处于一个比较低下的状态，社会主义的发展还以经济发展为主。所以，毛泽东最初提出的共同富裕的理念，客观上来看既是在经济上，又是在物质上，并没有更多可以共享更高层次的东西。加之新中国成立后，由于当时情势所迫，只能效仿苏联，将重心放在重工业上，而民众的需求较多的轻工业生产却严重不足，加上政府财政上的高储蓄、高投资、低消费，使得能用在民众身上的生产资料有限，人民生活水平减低。"1978年全国全民所有制单位的职工平均工资水平只比1957年增加7元；1978年居民平均消费水平为175元，只比1957年增加44%（按可比价格计算），其中农民增加34.5%，非农业居民增加68.6%。"② 因此，在毛泽东时代，

---

① 吕静.马克思主义经典解读 [M].北京：人民日报出版社，2010：231.
② 孙洪敏.当代中国马克思主义理论研究 [M].北京：人民出版社，2011：42.

共享受到了生产力的限制，共享的对象仅限于物质层面，共享的内容也不丰富，在一定程度上，大部分人都处在一种普遍贫穷的状况下。

邓小平在社会主义建设中，从毛泽东的实践中吸取了经验和教训，他牢牢地把握了生产力这个人类社会进步的决定性要素，并在实践中不断地运用各种方法来实现对社会主义生产力的解放与发展。邓小平深刻认识到，人民只有在有了足够的食物，有了充足的物质条件后，才有更多的精力和闲暇去思索、去追求更高层次的产品。如艺术、自由意识、政治权利等，这是一种上层建筑，也是一种促进人民共享的内涵由"单面"走向"多面"和"全面"的努力。就此邓小平提出了一个很明确的观点："一句话，就是搞现代化建设。能否实现四个现代化，决定着我们国家的命运、民族的命运。"[①]经济社会发展取得了新的成绩，人们的生活水平也有了很大的提升，这时，邓小平就展现出了一位杰出的政治家所具有的高瞻远瞩。"一个真正的马克思主义政党在执政以后，一定要致力于发展生产力，并在这个基础上逐步提高人民的生活水平。"[②]而后又对中国社会发展的内涵作出了新的界定，即要实现物质文明建设和精神文明建设并重，这也反映了邓小平关于共同富裕的思想，既对物质文明建设的高度重视，又对全国人民的科学文化水平的提高给予关注，而且对人民的文化生活的丰富发展也提出了全新的要求，在此基础上提升社会主义精神文明建设。邓小平认为，只有加强这些才能够对物质文明建设有所裨益，反之则会阻碍精神文明建设。所以他说："我们要在建设高度物质文明的同时，提高全民族的科学文化水平，发展高尚的丰富多彩的文化生活，建设高度的社会主义精神文明。"[③]由此可见，应该坚持两个方面的原则，不能只有一个。江泽民始终坚持"发展是我们党执政的首要任务"这一科学观点，坚持以发展为中心，持续推动社会主义市场经济体制的改革，持续激发经济发展的活力与动力，

① 邓小平文选：第二卷 [M]. 北京：人民出版社，1994：162.
② 邓小平文选：第三卷 [M]. 北京：人民出版社，1993：28.
③ 邓小平文选：第二卷 [M]. 北京：人民出版社，1994：208.

但在发展的内涵上，他考虑到了更为广泛的内涵。江泽民提出了"全面建成小康社会"这一总体战略思路，并把发展的内涵从经济方面拓展到了科学技术的发展、文化的繁荣、民主的完善、人民的幸福、社会和谐等方面，不仅要实现经济发展，而且要实现政治上的民主、法治，"人民的政治、经济、文化权利得到充分的尊重和保护"。文化方面，"形成比较完善的现代国民教育体系、科技和文化创新体系、全民健身和医疗卫生体系"①。社会要"改善生态环境""人与自然和谐相处"。在经济、政治、社会、文化、生态等方面也都应注重整体发力和全面发展，在重视物质文明的同时，还要注意精神文明的协调发展，以实现人的自由全面发展为目标。党的十六大报告第一次将"政治文明"确定为现代化的目标，这反映了我们党对社会主义发展规律有了新的认识，这是我们党在理论创新方面的重大进展。

胡锦涛通过对我国经济社会发展实践的总结和对世界经济社会发展的借鉴，形成了一套具有中国自身特点的科学发展观。也就是说，要始终以人民为中心，要始终保持着整体的、协调的、可持续的发展。这就要求把经济、政治、文化、社会建设统一起来，在中国特色社会主义的总体布局之下使现代化建设的每一个环节和每一个方面都能得到很好的配合。发展是什么？"如果单纯扩大数量，单纯追求速度，而不重视质量和效益，不重视经济、政治和文化的协调发展，不重视人和自然的和谐，就会出现增长失调、从而最终制约发展的局面。"②胡锦涛关于科学发展观这一指导思想的含义就是要把数量和质量结合起来，速度和效益结合起来，要在经济、政治、文化、社会、生态等各方面实现社会的全面发展。胡锦涛在党的十八大的时候，就已经明确了"五位一体"的概念，并且把"生态文明"这一概念写进了党章，进行了详细的论述。由此可以看出，党的发展理论和实践的与时俱进，在根本上对人民的共享内涵进行了丰富和扩展，加快

① 中共中央文献研究室. 江泽民思想年编（1989—2008）[M]. 北京：中央文献出版社，2010：619.
② 胡锦涛文选：第二卷 [M]. 北京：人民出版社，2016：105.

了共享维度从片面到全面的转变。

共享发展思想必须要从理论上明确，共享可谓一种全面的共享，因此每一个领域都应该包括，比如经济、政治、文化、社会、生态，都要充分保护人民的各种合法权益。"我们要坚持以经济建设为中心、以科学发展为主题、以造福人民为根本目的，不断解放和发展社会生产力，全面推进经济建设、政治建设、文化建设、社会建设、生态文明建设，不断开拓生产发展、生活富裕、生态良好的文明发展道路，为实现全体人民共同富裕而不懈努力。"[①] 当下，我国的社会主要矛盾已经发生了变化。人民群众对政治生活中的民主和法治有较高的需求，对参政议政有较高的期待；人们在文化层面上对艺术创作提出了更高层次的要求，对艺术创作的自我意识和精神进行了更多的追求；在社会层面上，对公平和公正提出了更高的要求，希望通过社会竞争，实现权利和利益的平等、机会和规则的平等；从生态文明的角度看，要有一方碧空白云、青山绿水，要有一方净土。随着生产力的发展，人们的要求内涵日益丰富，要求的水平也日益提高，人们的要求水平也在不断向更高的层次迈进，倒逼着发展的逻辑，使我们党在中国特色社会主义建设中，逐步从单纯的追求物欲转向关注人的整体需要，可见它与马克思所追求的人的自由全面发展一脉相承，把人的需求视为最高目标，这也正是共享发展思想诞生的现实依据，也就是在这种主观和客观因素相互促进的过程中，共享也从经济共享向政治、文化、社会和生态等多维度的共享进行拓展，更是从物质的共享跃迁到精神共享的层面，它还是一种权利共享与机会共享的又一次全新的升华。

三、新时代共享发展的中国式实践策略

习近平总书记关于共享发展思想的基本内涵主要是所有人都能共享，

---

① 中共中央文献研究室. 十八大以来重要文献选编：中 [M]. 北京：中央文献出版社，2016：82.

全面共享。在共享的参与主体上实现共建共享，在共享的步骤上实现逐步共享。"使全体人民在共建共享发展中有更多获得感，增强发展动力，增进人民团结，朝着共同富裕方向稳步前进。"①在共享发展的道路上必须按照习近平总书记所说的细致地进行开拓，无论是社会的公共服务和供给方面以及教育质量等方面，还是人民的生活质量的提高和创业就业等方面，缩小人均收入差距，保障社会各方面的体系以求社会公平的良序发展。此外在实现共享发展的主体方面，要坚持"人人共享"，在发展的内涵方面，要求发展的一切成果为全体人民所共有，这是一种全面的共享；在推动共享发展的进程中，始终坚持"共管"和"渐进式"的方针，这就是"持续发展"和"进程化"的具体表现。

（一）共享主体范畴实现全民共享

共享发展思想认为，发展的结果应该为全社会的全体成员所共享，没有人会被排除在享有成果的门外，共享发展的价值就在于此。在中国特色社会主义制度的国家内共享也是制度所特有的根本性要求所在，既体现着"共"和"享"两个字的共同追求，又是"为所有人谋福利""为全社会谋福利"。共享发展理念指出，发展的目的在于为人民服务，其成果应当让人民享有，全体人民共同分享。

发展是以造福于人为本。"发展的最终目的是为了人民。"②在资本主义发展的早期阶段，虽然产生了大量的社会财富，但大多数是由资产阶级和财阀控制的，而无产阶级由于对生产资料没有控制权，被拒之门外，无法进入共享成果的大门。我国与资本主义国家的区别在于，中国的国情决定了必须坚持以公有制为主体的社会主义市场经济体制。人民有权享有自己的幸福生活。我们党的宗旨和工作路线就决定了我们必须坚持"以人民为中心"的思想。中国共产党在一百多年的历史长河中，坚持全心全意为

---

① 中共中央宣传部.习近平总书记系列重要讲话读本：2016年版 [M].北京：学习出版社，2016：136.
② 习近平.在联合国成立70周年系列峰会上的讲话 [M].北京：人民出版社，2015：3.

人民服务，坚持一切为了群众、一切依靠群众，在工作中坚持党的基本路线。在党的坚强领导下，与全国各族人民共同铸牢中华民族共同体意识，凝心聚力应对我国社会发展中的任何挑战。例如，公共设施不断完善和越来越健全的社会福利保障体系，越来越便利的交通设施，越来越高质量的教育，让所有的人都能无时无刻享用到这一切。这表明发展的宗旨是为每一个公民服务的。中国特色社会主义新时代，每一个中国人都有机会照亮自己的生活，都有机会实现自己的理想，都有机会和自己的祖国一起发展。而今我们国家所提的"中国梦"能否成为现实，是衡量"每个人"能否成为现实的一个重要尺度。要把每个理想都变成现实，就要坚持共享发展。要在体制上作出更加有效的安排，以实现公平与公正。"十三五"规划明确提出，让每个人都能得到自己想要的东西，在这个发展的进程中大家要齐心协力不断向共同富裕迈进。共同富裕不仅指少数人的"富"，而且指的是广大人民群众的"富"。尽管有少数人，在改革开放初期，靠自身的努力和政府的扶持，先一步达到了小康水平，但是，我们还是希望他们能给后来者一些经验和启发，并作出表率和示范，引领贫穷人群走向小康。因为环境和个人差异等原因，后富的人并没有变得富有，所以他们不能满足于现在的状况，那么也会发挥个人主观能动性，积极奋斗努力学习并在政府的帮助和指导下，不断提高自己的生活条件，从而达到一种具有普遍性的富裕生活。

　　发展的目的就是为了社会中所有成员都能共享社会发展的成果。正如习近平总书记曾说："发展为了人民、发展依靠人民、发展成果由人民共享，促进亚太全体人民共同富裕。"[①] 把人民放在首位是共享发展的核心理念，它强调共享发展的享受主体是最广大的人民，它所涵盖的范围是广泛的，而绝对不单指少部分人。我国发展到现在所获得的成就也绝非某一个群体或部分人所享有，而是由全国各民族人民所共同拥有，由我国全体人民所

① 习近平. 在亚太经合组织第二十九次领导人非正式会议上的讲话 [M]. 北京：人民出版社，2022：11.

共享。这一主体思想体现了社会主义的本质，也体现了历史和人民赋予的使命。要实现全民共享，就是要把社会主义建设创造出来的财富公之于众，让所有人都能从改革和发展中获益。我们谈论改革开放，谈论社会主义市场经济体制，谈论物质文明和精神文明建设，而这些能否取得成功，都是以人民有没有从中得到实惠，以及大家能否在共享共建的过程中享受到社会发展红利为衡量标准。实现中国式现代化离不开农村的发力，而在全国农村的发展也不是平衡的，仍存在不平衡发展状况，仍有落后地区，只要社会发展中存在对其他地区不够重视的状况，造成区域发展不平衡，社会财富分配差距过大，就不能称为共同富裕，也不能称为全面小康。因此，要实现全面小康，就不能缺少任何一个民族。只要这种状况还在我国存在一天，我们就一天没有享受到改革和发展的成果。"2014 年年底，全国有14 个集中连片特殊困难地区、592 个国家扶贫开发工作重点县、12.8 万个贫困村、2948.5 万个贫困户，中西部贫困人口规模仍然较大，贵州、云南、河南、广西、湖南、四川六省区贫困人口均超过 500 万；西藏、甘肃、新疆、贵州、云南五省区贫困发生率超过 15%；全国重点县和片区县的贫困发生率平均达到 22.1%。"① 党和国家在改革开放以后也做了大量的工作，通过区域建设、扶贫政策、社会保障救济体系的建立，促进了经济及其他方面的快速发展，帮助许多人摆脱了贫困的束缚，但仍有很多人生活在贫穷之中，只要有贫困人口，就一定要注意改善这部分人口的生活条件。共享发展概念的提出和推广，就是对这个目的的响应，它着重指出，在社会主义建设过程中，不能把每个人都抛在后面，在社会主义建设过程中所产生的物质财富，要考虑到每个人，让每个人都得到充分的享受，这就是社会主义发展为人民性的实质。

人民共享不等于消除差别。全民共享应该是一种有差别的共享。"渐进共享意味着全民共享要考虑到不同主体长期形成的实际差异和主观能动

---

① 马建堂. 中国精准脱贫攻坚十讲 [M]. 北京：人民出版社，2016：26.

性的不同发挥，因为共享依赖于主观能动的差异性。"① 共享发展理念强调
的是，所有人都可以享受到这些成果，但这并不意味着，每个人都是按照
同等的比例获得社会主义建设的成果，在共享这些成果的过程中，要将平
等与差异相结合。共享指的是人们对财富和资源的共享，但并不是完全相
同的，而是根据社会的分工和个人的不同而有区别的。在任何一个社会中
没有两个人是完全一致的，一个人的智力和身体的强弱与所处的环境的不
同，都会导致人与人之间的不同。这些不同可以从以下几个方面反映出来：
在获得知识方面的差异，他们对社会主义建设事业的贡献不同，对自身个
人的认识以及对社会的认识都有差异，所以也致使人与人之间在社会中所
处的地位有较大差异。那么，面临着社会结构上的差异，对社会财富进行
分配，共享社会主义发展成果的同时，要保证每个人的获得感，而不能提
倡平均主义和"大锅饭"。只有正向承认相互间的差异化才能激发人们的
积极性，从而推动社会主义的发展。我们容许差别，我们提倡多劳多得，
我们要靠自己的努力来获取更多的物质和社会的好处。一方面，要制定激
励制度来维持社会的活力。我们必须要清楚，社会的差别不能太大，太大
的差别会影响到社会的公平和稳定，会影响到一些人的生产和生活，会使
一些人感到失望，甚至会引发一些社会问题。另一方面，要建立更加完善
的社会保障和救助制度，拓宽社会福利制度的覆盖面，打好精准脱贫的攻
坚战，并在这些方面努力缩小社会差距。其主要内容包括减少城乡之间的差
异、减少行业与群体之间的收入差异等。让每个人都能享受到改革和发展成
果，为实现共同繁荣而共同努力。通过制度和政策的倾斜，保证弱势群体在
生产和生活中的积极性和权益，让他们能够在制度的保护之下，享有更多的
机会。更关键的是，要让资源和机会得到充分的利用，坚决打击一切对信息、
机会和资源进行垄断的行为。

---

① 魏志奇 . 社会主要矛盾变化新要求下共享发展研究 [M]. 北京：人民出版社，2021：38.

（二）共享内容层面实现全面共享

从发展的角度来看，我们还要清楚地认识到人所享受到的发展成果并不只是一个方面，它是物质成果与精神成果的结合体，包括衣食住行等各种生产资料和消费资料。就发展层面而言，共享的内容包含了存在的、发展的、能实现的三个方面。也可以说共享的内容具有全面性。

要满足人们各方面的需求。"共享发展更加突出满足人民的发展权利需要和发展机会需要。"① 全面共享强调的是让人们共享更加全面、丰富的社会发展成果，能够满足人们更多的需求。其中包含经济、政治、社会、文化和生态等方面的需求。习近平总书记提出了共享发展的概念，具有丰富的内涵，即使人们能够得到更多、更全面的好处，不仅能够得到最基本的生活资源，还能够得到发展资源和自我实现资源。由于人们的需要是多元化的，因此，共享的内容也是多元化的，除了物质财富的需求，人们还需要政治权利，需要文化教育，需要社会机会，需要绿色生活。达到共同发展的目的，就是要保证各族人民在所有的领域都能得到平等的资源和机遇。我们的党和政府所做的一切工作，就是要从各个方面来满足人民的需要，决不能以人均国内生产总值指标来衡量社会发展与人民幸福。马克思和马斯洛都认为人的需求是全面的。马克思把人的生存需要、发展需要与自身的满足看成是一个完整的问题，并对其进行了阐释。马斯洛曾将人的需求分成若干层次，从他的思想之中我们可以看到他所强调的重点分别是物质、安全、社交以及尊严等方面的需求，由此也可以看到人类的需求是非常丰富的。处在新时代中国特色社会主义这一大背景之下，我国也正在实践着中国式现代化发展道路，人们的需求越来越多样化，对休闲、旅游、洁净空气、受教育和选举权的要求大大提高，因此，共享发展应该以这些需求为基础来满足广大民众的需求，实现每个人全面的发展。可以说，在水平

---

① 魏志奇.社会主要矛盾变化新要求下共享发展研究 [M].北京：人民出版社，2021：193.

和垂直两个层面上，全面共享对共享内容的广度和深度进行了阐释。在水平层面上，各个方面的好处都应该尽量让人们享受到，不能让某一方享受到特权，而另外一方却什么也得不到。在垂直层面上，每一个人或每一阶级，都会伴随着自己的境况发生变化，他们应该逐渐地获得更高层次的利益，不能对生存、发展和自我实现等更高层次的利益设置阻碍，既要不断地充实共享的内涵，也要持续地提高人民共享成果的能力。

要加强对发展成果共享的制度建设。"社会保障是保障和改善民生、维护社会公平、增进人民福祉的基本制度保障，是促进经济社会发展、实现广大人民群众共享改革发展成果的重要制度安排。"① 那么，从体制上来看，要有保证人民获得财富的权利和能力。要让所有人都能享受到社会主义的进步，就必须有强大的制度作保证。人的发展都应以人为中心。无论是对社会中的个体，抑或是社会的群体而言，都不可能只是一个单位的延伸和继续，而是一个不断扩大的过程。发展也是一样，发展是一项全面的工作，再加上人类需求的多元化，人们的共享也应是全面的。从发展的各个层面来看，所谓的全面共享，就是在经济、物质财富、政治权利、文化教育、绿色生态等各方面都要实现共享。尽管共享物质与经济发展成果是最根本和最核心的，但这不能把共享发展全都概括进来，人们在满足基本的物质生活后，经济和物质方面的满足会被更高层面的发展或更高需求的精神满足所取代。我们应该构建和完善能够保证人们获得和共享成果的体制，维护共享成果的权利，并且在体制的保证下，激励人们参与社会发展，提高他们共享成果的能力。事实表明，在人们的权利意识不断增强和社会生活日益多样化的情况下，人们在政治权利和精神权利上的需要已经达到了和物质利益相同的程度，甚至超过了物质利益。从发展规划上讲，共享型发展是全面的，而且是重点领域，例如教育。习近平在联合国教育大会的发言中说："中国将坚定实施科教兴国战略，始终把教育摆在优先发展

---

① 习近平谈治国理政：第四卷 [M]. 北京：外文出版社，2022：341.

的战略位置，不断扩大投入……努力让十三亿人民享有更好更公平的教育。"①共享本身的含义不局限在一种范畴之内，我们对它的审视更应该是多维度多视角去进行，可以从经济上对它进行分析，也可从政治层面去讨论，此外还可以从文化的角度去定位它，社会和生态等方面都需要进行思考。各个建设都要在均衡推进的同时又要保持彼此的平衡。在制度层面上，要主动地解决人民群众最关注的问题，要努力解决好住房和就业问题，在子女的教育问题上要积极寻求解决办法，在解决社会保障等重要的实践问题上要下功夫，争取更好的结果。我们要从整体上完善共享发展的制度来鼓舞和保护人民，最大限度地发挥他们的主动性、创造力，推动社会发展水平不断提升、人民生活幸福指数不断提升。"加快推进住房保障和供应体系建设，是满足群众基本住房需求、实现全体人民住有所居目标的重要任务，是促进社会公平正义、保证人民群众共享改革发展成果的必然要求。"②习近平总书记的这一番话语，使我们的幸福感油然而生。那么，在前进的道路中要保证每向前迈进一步的发展都符合人们的实际需要，要实现发展和共享是一个同步的进程，在制定政策时，要使政策能够为人民带来益处。当计划被提出来时，它的实施和改进都会有助于提高人们的生活水平。

（三）共享路径方面实现共建共享

要想实现共享发展必须要让所有的人都能承担起自己的责任和义务，每个人都是享受着社会主义发展成果的人，对于共享来说，它则是以共同创造为前提和基础来进行的，同时资源共享又承担着共建的前期条件，而且共建能够推动资源共享。共享发展理念认为，所有成员有资格和权利享有一切发展成果，与此同时，它还强调，要创造出一种新的发展成果，必

---

① 中共中央文献研究室.习近平关于全面深化改革论述摘编 [M].北京：中央文献出版社，2014：94.
② 中共中央文献研究室.习近平关于全面建成小康社会论述摘编 [M].北京：中央文献出版社，2016：133.

须要有共同体成员的积极参与。具体来说，共享发展理念要求每一名成员都应该投入到发展的工作中，要在党和政府的领导下，发挥自身的创造性，创造出更多更好的产品，能够使更多人对所创造出的产品共享与合理分配。共享发展中主体确定好后，要将人民的力量和积极性都集中起来，从而创造出更多的社会财富，提高人民的获得感。

第一，要把所有人的力量都集中起来，为发展而奋斗。"共享发展必须要时刻依靠人民力量，调动人民热情，维护人民利益，使人民在共建共享中实现共同发展。"[1]凝聚全中国的一切力量，扩大社会主义发展成果，打牢共享发展的根基。从共享的角度来看，社会主义社会中要把所有人的创造性和积极性都调动起来，才能把中国特色的社会主义事业有序而有效地推进下去，才能取得更大的成就。共建即能共享，而共享又要依托于共建，两者在本质上存在着高度的一致性。共建共享是中国特色社会主义在新时代的最大特点，也是反映人民对国家主权的一种方法，同时也是一种责任感和使命感的表现，有付出才有收获，不劳则无获，它蕴含着社会公正和生产效率的结合。要想达到共同富裕，就一定要坚持共建共享的原则。为了达到这一目的，我们要提高公众的参与性，发挥他们的民主精神，集合他们的智慧，倾听他们的声音，将他们的积极性和创造性发挥到极致，要形成每个人都有份、都有责任、都有机会共享发展成果的良好局面。共享离不开共建，共建是共享的前提和基础，只有持续地、长久地坚持共建，共享的动力才会更加持久。共享发展是一项伟大的事业，它需要我们每个人都为之奋斗，马克思所说的"人民是历史的缔造者和推动者"，这一点就明确地说明了人民是推动社会发展的最直接的力量。新时代，尤其是社会主义初期，受科技和生产力发展程度的制约，更要把全体社会成员的力量集中起来，让每个人都加入到社会主义的伟大事业中来，群策群力拧成一股绳，才能够发挥出更大的作用。习近平总书记曾说："给农村发展注

---

[1] 杨宏伟,王彦涛,张新平.贯彻落实五大发展理念[M].北京:人民出版社,2017:234.

入新的动力,让广大农民平等参与改革发展进程、共同享受改革发展成果。"①
要充分调动农民的劳动积极性,增强他们的信心,尊重他们的劳动能力和
对社会的热情,这样不仅可以创造更多的生产力,还可以让每一位成员感
受到身为中华民族一分子的归属感与荣誉感。无论是其他民主党派成员,
还是在国外的华侨,只要忠诚和拥护中国共产党和社会主义国家,都将成
为我们国家和人民的一股强大的力量。所以,我们需要构建更加合理的机
制和渠道,将一切有志参与到社会主义建设中来的优秀人才都吸纳进来,
从而凝聚成一股强大的力量不断推进社会主义建设,推进共享发展的理念
落地生根。

　　第二,激发所有人参与到发展中来的热情。共建共享是实现共享发展
的途径和方法。它还是一种有效地促进所有人参与共享发展的机制。"建
立共享发展的参与机制,一方面,要调动人民参与实现共享发展的积极性,
另一方面,要努力搭建人人参与、人人尽力的共享发展平台。"② 我们立足
在中国式现代化的道路上,各方面都需要大家齐心协力共建共享来迎接人
类文明新形态的曙光,人们应该积极投身于共同发展的事业之中。人民群
众不但具有强大的力量,也拥有着无穷无尽的智慧。实现中国梦,实现民
族复兴,离不开广大人民群众的共同努力。我们要善于把一切社会主义事
业的建设者团结起来,调动他们的生产热情,激发他们的创造力,推动共
建共享。要搞好共建共享,就是要团结广大人民群众。众志成城,众人拾
柴火焰高,我们要相信群众、联系群众、团结群众,让群众成为我们社会
主义发展的胜利者。更好地把广大人民群众团结在自己的身边,在党的领
导之下发挥出党的执政优势,带领人民在奔向中国式现代化发展的道路上
大步向前,朝着中华民族伟大复兴这一伟大愿景出发,也使中国这艘复兴
号巨轮劈波斩浪、踔厉奋进、胜利前行。一方面,在建设过程中要充分尊

---

① 中共中央党史和文献研究院.习近平关于"三农"工作论述摘编 [M].北京:中央文献出版社,
2019:32.
② 杨宏伟,王彦涛,张新平.贯彻落实五大发展理念 [M].北京:人民出版社,2017:245.

重各方的权利和付出。参与社会发展不仅是一个人的义务，更是一个人的权利。每个人都有通过自己的努力来实现这一目的的权利，无论你受过多少教育，只要你勤勉工作，用合法的手段去创造财富，把自己的工作做好，就是为发展社会主义建设作出了自己的贡献。随着经济、社会的进步，人民的文化素质和创造力在不断提升，要尊重人民的创造力，对待知识和人才要保持尊重的态度，鼓励人才与人民创新创业，把每个人的潜能激发出来，实现人们创造性转化，最大限度地激发人们对社会财富的创造力。另一方面，要实现共建共享，也要把群众的积极性和主动性都发挥出来。我们已步入社会发展的新时期，各方面的发展都已取得重大成就，要想再一次实现大的突破绝非易事，要取得更大更有意义的突破，我们面临着前所未有的机遇与挑战。所以一定要把握住"以人民为中心"的基本原则，把人民的主体地位放在首位，并将民主集中制在治国理政全过程中贯彻下去，发动人民群众集智聚力，调动广大群众的工作积极性，倾听广大群众的意见和建议。要信任广大群众、尊重大众，使每一位社会成员都能积极投身于社会主义建设之中，这样才能让大家都能参与进来，发挥出最大的热情和得到最大的回报。

所以，要相信人民群众。人民是自己命运的掌控者，也是改变自己命运和实现自己梦想的主要力量，随着信息、知识和教育的不断发展，人们的认知程度也在不断提高。在此背景下，当广大民众意识到社会主义建设和共享发展的重要意义时，他们会自觉地运用自己独特的聪明才智，为社会的发展作出自己的贡献。所以，我们应该敢于信任人民，赋予人民更大的自主权，通过自身的努力，把共享发展这一理念推向前进。

（四）共享过程维度实现渐进共享

实现中国特色社会主义的目标是一个漫长的历程，而实现共享发展的目标也是一个循序渐进的进程。尽管中国在经济发展和社会发展方面已经有了长足的进步，但这些方面仍然存在着许多不足之处。共享发展的不均衡和不充分突出了共享发展的难度，只有正确认识当前面临的问题和实际情况，才能确定共享发展的方向，才能真正实现共享。与此同时，我们也要增强信心多措并举稳步推进共享发展。

第一，要根据我国的实际情况，对开发模式进行科学的规划，制定出适合我国实际情况的发展战略，这样才能达到共享发展的目的。"共享发展不可能一蹴而就，在实现的过程中不能急于求成，必须要立足国情和经济社会的实际状况有条不紊地推进。"①共享发展思想是一种全新的发展思想，它为中国今后的发展指明了方向。与其他发展方式相同，它也是一个"以人为本"为目标的持续发展过程，它突出了以人为本的发展内涵。要达到这个目的必须要有坚韧不拔的毅力，并为这一长期的工作做好充分的准备。共享发展必然经历一个由低到高、由不平衡到平衡的过程。我们不能盲目地采取行动，而是要有一个全面、正确的判断，把共享发展作为一个有机体系来看待。就目前的社会发展水平而言，我们还处于而且在相当长的一段时间内将处在生产力水平和社会生活水平仍然很低的社会主义初级阶段。从长远的利益来进行审视，目前，我国社会的主要矛盾已经发生了变化，也就是人们对更高层次的生活需求与不均衡、不充分的发展相矛盾。就世界范围而言，我们的国家还是发展中国家，在很长一段时间内还将受到发达国家和西方资本主义国家的双重压力。而且当前全球性的金融危机、区域性的矛盾、区域性的战争以及对全球的和平环境造成的冲击依然存在。尽管我国的社会和经济环境已经有了很大的改善，但仍存在粗放式的发展方式，企业尤其是国企的自主创新能力不强，一些产业出现了产能过剩；我国城市与农村地区之间的发展不均衡，环境问题依然十分严重，在未来的几年里，还会有一些亟待解决的问题。要想实现社会发展，就必须要解决上述问题，而这是一项漫长而艰巨的工作。

第二，要稳扎稳打，稳步推进发展速度。"面对中国经济发展进入新常态、世界经济发展进入转型期、世界科技发展酝酿新突破的发展格局，我们要

---

① 任保平 . 新时代中国特色社会主义政治经济学的创新 [M]. 北京：人民出版社，2018：140.

坚持以经济建设为中心，坚持以新发展理念引领经济发展新常态。"① 可以说经济发展是一个国家发展的命脉和基础，我们国家的经济发展，已经进入到了一个追求又好又快的高质量发展阶段，也可谓新常态，因此必须要不断调整自己的发展观念，不断增强自己的学习能力，不断提升自己的认知水平。同时，我们也要做好从现有阶段向更高阶段过渡的准备。现在只是迈出了有意义的一步，在一些方面，还有相当多的问题，我们还没有搞清楚，因此，我们必须要保持一种清醒的态度，要根据形势而谋，挖掘出好的办法，不断推动改革。为实现共同发展而不断努力，一步一步地向前走，稳步向前持之以恒。一方面，要始终保持一种乐观的态度，积极主动地去做事情，要主动地去面对和回应人民群众的诉求，要坚持先富带后富的方针，实施精准扶贫，让有需求的人都能脱贫致富。打破人为设定的产业垄断和区域障碍，积极推动扩大公共服务的覆盖面和社会福利，要努力解决资源配置不平衡、资源配置不合理的问题。另一方面，要坚定立场并稳步向前推进。发展伴随着机会，但也伴随着风险。在发展的过程中，应该对多种客观条件以及自然所能承受的程度进行全面的考量，既要充分调动人们的积极性和创造力，也要兼顾量力而行与勇于突破相结合，既要稳扎稳打，又要大胆创新，确保发展的速度既快又稳。稳扎稳打、有序地推动各项工作，取得小的成功，我们要坚持下去，争取获得更大的成就，才能更好地促进经济社会发展和人们生活质量的提升。发展的持续性一定会促进人们的积极性与热情的提高。除此之外，在逐步实现共享的过程中，要更好地扮演好政府的服务角色，从宣传走向舆论导向，从创建结果走向分享，都要以一种开放的姿态展示，不仅要让人们对共享发展有坚定的信心，也要让人们认识到共享发展的艰难险阻与惊涛骇浪。在让人们加入共享的宏伟蓝图的同时，也要让人们体会到发展的艰辛，充分发掘和利用人们的创造性和开拓进取精神，使共享逐渐变成共享发展思想的一个整体。

---

① 习近平谈治国理政：第二卷 [M]. 北京：外文出版社，2017：38.

参考文献

一、马克思主义经典著作、党的文献类

[1] 马克思恩格斯文集：第 1—10 卷 [M]. 北京：人民出版社，2009.

[2] 马克思恩格斯全集：第 28 卷 [M]. 北京：人民出版社，2018.

[3] 马克思恩格斯全集：第 25 卷 [M]. 北京：人民出版社，2001.

[4] 马克思恩格斯全集：第 44 卷 [M]. 北京：人民出版社，2001.

[5] 马克思恩格斯全集：第 31 卷 [M]. 北京：人民出版社，1998.

[6] 马克思恩格斯全集：第 32 卷 [M]. 北京：人民出版社，1998.

[7] 马克思恩格斯全集：第 42 卷 [M]. 北京：人民出版社，1979.

[8] 马克思恩格斯全集：第 39 卷 [M]. 北京：人民出版社，1974.

[9] 马克思恩格斯全集：第 16 卷 [M]. 北京：人民出版社，1964.

[10] 马克思恩格斯全集：第 19 卷 [M]. 北京：人民出版社，1963.

[11] 马克思恩格斯全集：第 48 卷 [M]. 北京：人民出版社，1957.

[12] 列宁全集：第 35 卷 [M]. 北京：人民出版社，2017.

[13] 列宁全集：第 7 卷 [M]. 北京：人民出版社，1986.

[14] 毛泽东文集：第 6 卷 [M]. 北京：人民出版社，1999.

[15] 毛泽东文集：第 7 卷 [M]. 北京：人民出版社，1999.

[16] 毛泽东文集：第 8 卷 [M]. 北京：人民出版社，1999.

[17] 毛泽东文集：第 4 卷 [M]. 北京：人民出版社，1996.

[18] 毛泽东选集：第二卷 [M]. 北京：人民出版社，1991.

[19] 邓小平文选：第二卷 [M]. 北京：人民出版社，1994.

[20] 邓小平文选：第一卷 [M]. 北京：人民出版社，1994.

[21] 习近平谈治国理政：第四卷 [M]. 北京：外文出版社，2022.

[22] 习近平谈治国理政：第一卷 [M]. 北京：外文出版社，2018.

[23] 习近平谈治国理政：第二卷 [M]. 北京：外文出版社，2017.

[24] 习近平谈治国理政：第三卷 [M]. 北京：外文出版社，2020.

[25] 习近平谈治国理政 [M]. 北京：外文出版社，2014.

[26] 习近平 . 高举中国特色社会主义伟大旗帜　为全面建设社会主义现代化国家而团结奋斗：在中国共产党第二十次全国代表大会上的报告 [M]. 北京：人民出版社，2022.

[27] 习近平 . 在亚太经合组织第二十九次领导人非正式会议上的讲话 [M]. 北京：人民出版社，2022.

[28] 中共中央宣传部，国家发展和改革委员会 . 习近平经济思想学习纲要 [M]. 北京：人民出版社，2022.

[29] 中国共产党第二十次全国代表大会文件汇编 [M]. 北京：人民出版社，2022.

[30] 习近平 . 在全国脱贫攻坚总结表彰大会上的讲话 [M]. 北京：人民出版社，2021.

[31] 中共中央宣传部 . 习近平外交思想学习纲要 [M]. 北京：人民出版社，2021.

[32] 习近平新时代中国特色社会主义思想学习论丛：第三辑 [M]. 北京：中央文献出版社，2020.

[33] 中共中央党校（国家行政学院）. 习近平新时代中国特色社会主义思想基本问题 [M]. 北京：中共中央党校出版社，2020.

[34] 中共中央宣传部 . 习近平新时代中国特色社会主义思想学习纲要 [M]. 北京：学习出版社，2019.

[35] 中共中央党史和文献研究院 . 习近平关于"三农"工作论述摘编 [M]. 北京：中央文献出版社，2019.

[36] 中共中央文献研究室 . 十九大以来重要文献选编：上 [M]. 北京：中央文献出版社，2019.

[37] 习近平关于"不忘初心、牢记使命"论述摘编 [M]. 北京：中央文献出版社，2019.

[38] 中共中央文献研究室 . 习近平扶贫论述摘编 [M]. 北京：中央文献出版社，2018.

[39] 习近平 . 在纪念马克思诞辰 200 周年大会上的讲话 [M]. 北京：人民出版社，2018.

[40] 习近平 . 论坚持推动构建人类命运共同体 [M]. 北京：中央文献出版社，2018.

[41] 十八大以来重要文献选编：下 [M]. 北京：中央文献出版社，2018.

[42] 习近平 . 决胜全面建成小康社会夺取新时代中国特色社会主义伟大胜利 [M]. 北京：人民出版社，2017.

[43] 中共中央文献研究室 . 习近平关于社会主义经济建设论述摘编 [M]. 北京：中央文献出版社，2017.

[44] 中共中央党史和文献研究院 . 习近平关于总体国家安全观论述摘编 [M]. 北京：中央文献出版社，2018.

[45] 中共中央文献研究室 . 习近平关于社会主义生态文明建设论述摘编 [M]. 北京：中央文献出版社，2017.

[46] 中共中央文献研究室 . 习近平关于全面建成小康社会论述摘编 [M]. 北京：中央文献出版社，2016.

[47] 中共中央文献研究室 . 十八大以来重要文献选编：中 [M]. 北京：中央文献出版社，2016.

[48] 中共中央宣传部 . 习近平总书记系列重要讲话读本：2016 年版 [M]. 北京：学习出版社，2016.

[49] 胡锦涛文选：第三卷 [M]. 北京：人民出版社，2016.

[50] 胡锦涛文选：第二卷 [M]. 北京：人民出版社，2016.

[51] 中共中央关于制定国民经济和社会发展第十三个五年规划的建议辅导读本 [M]. 北京：人民出版社，2015.

[52] 中国共产党第十八届中央委员会第五次全体会议文件汇编 [M]. 北京：人民出版社，2015.

[53] 中共中央纪律检查委员会，中共中央文献研究室 . 习近平关于党风廉政建设和反腐败斗争论述摘编 [M]. 北京：中央文献出版社，2015.

[54] 习近平 . 在联合国成立 70 周年系列峰会上的讲话 [M]. 北京：人民出版社，2015.

[55]2015 全国两会文件学习读本 [M]. 北京：人民出版社，2015.

[56] 中共中央文献研究室 . 十八大以来重要文献选编：上 [M]. 北京：中央文献出版社，2014.

[57] 中共中央文献研究室 . 习近平关于全面深化改革论述摘编 [M]. 北京: 中央文献出版社，2014.

[58] 中共中央关于全面深化改革若干重大问题的决定 [M]. 北京：人民出版社，2013.

[59] 人民日报理论部 . 深入学习习近平同志重要论述 [M]. 北京：人民出版社，2013.

[60] 中国共产党第十八届中央委员会第三次全体会议文件汇编 [M]. 北京：人民出版社，2013.

[61] 中国共产党第十八次全国代表大会文件汇编 [M]. 北京: 人民出版社，2012.

[62] 中共中央文献研究室 . 邓小平思想年编：1975—1997[M]. 北京：中央文献出版社，2011.

[63] 中共中央文献研究室 . 十六大以来重要文献选编：中 [M] 北京：中央文献出版社，2006.

[64] 江泽民文选：第三卷 [M]. 北京：人民出版社，2006.

[65] 江泽民文选：第二卷 [M]. 北京：人民出版社，2006.

[66]《新华月报》编：十六大以来重要文献选编：上 [M]. 北京：人民出版社，2005.

[67] 中共中央文献研究室 . 十五大以来重要文献选编：上 [M]. 北京：人民出版社，2000.

[68] 中共中央文献研究室 . 新时期党的建设文献选编 [M]. 北京：人民出版社，1991.

[69] 中共中央文献研究室 . 十三大以来重要文献选编：上 [M]. 北京：人民出版社，1991.

二、中文文献

（一）国内著作

[1] 孙海洋 . 坚持辩证思维 [M]. 北京：人民出版社，2022.

[2] 都岩 . 坚持系统思维 [M]. 北京：人民出版社，2022.

[3] 陈家付 . 基于公平正义的共享发展研究 [M]. 济南：山东大学出版社，2021.

[4] 魏志奇 . 社会主要矛盾变化新要求下共享发展研究 [M]. 北京：人民出版社，2021.

[5] 周世兴 . 文本、语境与意涵：马克思艺术生产理论新诠 [M]. 北京：人民出版社，2021.

[6] 周莉莉 . 保尔·拉法格的社会主义思想及其当代价值 [M]. 北京：人民出版社，2021.

[7] 靳书君 . 马克思主义经典著作重要术语中国化渊流考释 [M]. 北京：人民出版社，2021.

[8] 王治东，陈学明 . 美好生活论 [M]. 北京：人民出版社，2020.

[9] 姜正君 . 马克思的国家观及其当代价值 [M]. 北京：人民出版社，2020.

[10] 李培林 . 坚持以人民为中心的发展理念 [M]. 北京：中国社会科学出

版社，2019.

[11] 刘同舫 . 马克思人类解放思想史 [M]. 北京：人民出版社，2019.

[12] 曹洪涛 . 共享发展理念与社会工程建构 [M]. 北京：社会科学文献出版社，2019.

[13] 蓝春娣 . 马克思正义思想历史轨迹研究 [M]. 北京：人民出版社，2019.

[14] 刘孝菊 . 马克思恩格斯幸福社会理论及现实意义 [M]. 杭州：浙江大学出版社，2019.

[15] 刘斌 . 民生视域下共享发展理念研究 [M]. 北京：人民出版社，2019.

[16] 冯俊 . 学习新思想 [M]. 北京：人民出版社，2019.

[17] 邓纯东 . 共享发展思想研究 [M]. 北京：人民日报出版社，2018.

[18] 柳礼泉 . 马克思主义与共享发展研究 [M]. 长沙：湖南大学出版社，2018.

[19] 徐俊峰 . 共享发展背景下社会主义公平正义问题研究 [M]. 上海：同济大学出版社，2018.

[20] 王桂枝 . 共同富裕实现机制研究 [M]. 北京：社会科学文献出版社，2018.

[21] 阮青 . 十五部马恩经典著作导读 [M]. 北京：人民出版社，2018.

[22] 郝立新，臧峰宇 . 马克思主义发展史：第一卷：马克思主义的创立（1840—1848）[M]. 北京：人民出版社，2018.

[23] 任保平 . 新时代中国特色社会主义政治经济学的创新 [M]. 北京：人民出版社，2018.

[24] 欧阳辉 . 走近卡尔·马克思 [M]. 北京：外语教学与研究出版社，2018.

[25] 何爱平，李雪娇，彭硕毅 . 新时代中国特色社会主义政治经济学的创新发展研究 [M]. 北京：人民出版社，2018.

[26] 于昆 . 共享发展研究新发展理念研究丛书 [M]. 北京：高等教育出版社，2017.

[27] 孙壮志 . 全面建成小康社会，共享民生发展 [M]. 北京：社会科学文献出版社，2017.

[28] 邵彦敏 . 共享发展理念 [M]. 长春：吉林大学出版社，2017.

[29] 郝国庆 . 共享发展的县域之路：以荆县为例 [M]. 北京：人民出版社，2017.

[30] 贡森，苏杨，等 . 民生为向：推进包容性增长的社会政策 [M]. 北京：社会科学文献出版社，2017.

[31] 杨健燕，张宝锋，等 . 河南共享发展：现实与未来 [M]. 北京：社会科学文献出版社，2017.

[32] 刘卓红，关锋 . 历史唯物主义创新与当代中国 [M]. 北京：人民出版社，2017.

[33] 复旦大学当代国外马克思主义研究中心 . 当代国外马克思主义评论（15）[M]. 北京：人民出版社，2017.

[34] 杨宏伟，王彦涛，张新平 . 贯彻落实五大发展理念 [M]. 北京：人民出版社，2017.

[35] 王伦光 . 价值自觉与社会主义核心价值体系建设研究 [M]. 北京：人民出版社，2017.

[36] 王庆五 . 共享发展 [M]. 南京：江苏人民出版社，2016.

[37] 胡鞍钢等 . 中国新理念：五大发展 [M]. 杭州：浙江人民出版社，2016.

[38] 苗瑞丹 . 文化发展成果共享研究 [M]. 北京：中国社会科学出版社，2016.

[39] 周建明 . 共享发展共同富裕 [M]. 上海：上海人民出版社，2016.

[40] 姜涌 . 分配正义及其劳动基础 [M]. 济南：山东大学出版社，2016.

[41] 吴晓明 . 马克思早期思想的逻辑发展 [M]. 上海：上海人民出版社，

2016.

[42] 薛俊强 . 走向自由之路：马克思"自由人的联合体"思想的当代阐释 [M]. 北京：知识产权出版社，2016.

[43] 胡寅寅 . 走向"真正的共同体"——马克思共同体思想的致思逻辑研究 [M]. 哈尔滨：哈尔滨工程大学出版社，2016.

[44] 杨静 . 通往共享之路：马克思"社会共同需要"思想的当代运用和阐释 [M]. 北京：经济科学出版社，2016.

[45] 吕健 . 共享发展的社会主义政治经济学 [M]. 上海：复旦大学出版社，2016.

[46] 梁树发，郝立新 . 马克思主义哲学史研究：2014—2015[M]. 北京：人民出版社，2016.

[47] 中华人民共和国国务院新闻办公室 . 发展权：中国的理念、实践与贡献 [M]. 北京：人民出版社，2016.

[48] 马建堂 . 中国精准脱贫攻坚十讲 [M]. 北京：人民出版社，2016.

[49] 人民日报社理论部 . 五大发展理念解读 [M]. 北京：人民出版社，2015.

[50] 路得知 . 让资本走向共享 [M]. 北京：华夏出版社，2015.

[51] 彭坤 . 马克思恩格斯民生思想及其当代发展 [M]. 沈阳：东北大学出版社，2015.

[52] 尹奎杰 . 马克思权利观研究 [M]. 长春：东北师范大学出版社，2015.

[53] 何玲玲 . 马克思人的发展与社会发展关系理论研究 [M]. 北京：人民出版社，2014.

[54] 刘月岭 . 马克思制度伦理思想研究 [M]. 北京：中国政法大学出版社，2014.

[55] 郑杭生，胡宝荣等 . 包容共享：社会管理的精神内核 [M]. 北京：北京中国人民大学出版社，2014.

[56] 高九江，韩琳. 延安时期马克思主义中国化研究 [M]. 北京：人民出版社，2014.

[57] 胡映兰. 改革开放以来中国共产党社会建设的理论与实践 [M]. 北京：人民出版社，2014.

[58] 吴育林. 当代中国价值问题与价值重构 [M]. 北京：人民出版社，2014.

[59] 邵晓秋. 产权正义论 [M]. 北京：人民出版社，2014.

[60] 王莹. 人际关系和谐的社会视阈 [M]. 北京：人民出版社，2014.

[61] 许俊. 中国人的精气神：社会主义核心价值观国民读本 [M]. 北京：人民出版社，2014.

[62] 冯梦龙. 东周列国志 [M]. 北京：华夏出版社，2013.

[63] 卢德之. 走向共享：面向未来的思考与追求 [M]. 北京：北京出版社，2013.

[64] 袁贵仁. 马克思主义人学理论研究 [M]. 北京：北京师范大学出版社，2012.

[65] 吴玉军. 非确定性与现代人的生存 [M]. 北京：人民出版社，2011.

[66] 曾国屏. 现代科学技术与马克思主义哲学创新 [M]. 北京：人民出版社，2011.

[67] 万俊人. 马克思与正义理论 [M]. 北京：中国人民大学出版社，2010.

[68] 顾海良. 马克思主义发展史 [M]. 北京：中国人民大学出版社，2009.

[69] 中国发展研究基金会. 建立全民共享的发展型社会福利体系 [M]. 北京：中国发展出版社，2009.

[70] 杨伯峻. 论语 [M]. 北京：中华书局，2009.

（二）国外著作

[1]［法］卢梭. 社会契约论 [M]. 李平沤译. 北京：商务印书馆，2017.

[2]［美］迈克尔·哈特，［意］安东尼奥·奈格里.大同世界[M].王行坤译，北京：中国人民大学出版社，2016.

[3]［英］亚当·斯密.国富论[M].郭大力，王亚楠译.北京：商务印书馆，2015.

[4]［法］托马斯·皮凯蒂.21世纪资本论[M].巴曙松等译.北京：中信出版社，2014.

[5]［英］柯亨.拯救正义和平等[M].陈伟译.上海：复旦大学出版社，2014.

[6]［英］庇古.福利经济学[M].金镝译.北京：华夏出版社，2013.

[7]［古希腊］柏拉图.理想国[M].王扬译.北京：华夏出版社，2012.

[8]［英］G.A·科恩.为什么不要社会主义[M].段忠桥译.北京：人民出版社，2011.

[9]［法］圣西门.圣西门选集：第3卷[M].董果良，赵鸣远译.北京：商务印书馆，2011.

[10]［英］戴维·麦克莱伦.马克思传[M].王珍译.北京：中国人民大学出版社，2010.

[11]［美］罗尔斯.正义论[M].何怀宏，何包钢，廖申白译.北京：中国社会科学出版社，2009.

[12]［美］约翰·肯尼斯·加尔布雷思.美好社会：人类议程[M].王中宏，陈志宏，李毅译.南京：江苏人民出版社，2009.

[13]［英］托马斯·莫尔.乌托邦[M].戴镏龄译.北京：商务印书馆，2008.

（三）期刊

[1] 李晓燕，苏智，刘志慧.共享发展：马克思主义理论视角下的新型城镇化动力研究[J].农村经济，2022(10).

[2] 宫维明.马克思恩格斯社会共享思想及其当代价值[J].理论视野，2022(9).

[3] 陈浩辉，邓捷．马克思主义人学思想视域下的共享发展理念 [J]. 中学政治教学参考，2022(4).

[4] 张馨，胡大平．马克思主义视角下的城市共享发展研究 [J]. 南通大学学报（社会科学版），2022(2).

[5] 吴宁．共同富裕与共享发展 [J]. 广西社会科学，2022(1).

[6] 杨大凤．新时代共享理念与马克思主义经济学的融合、创新与发展 [J]. 中学政治教学参考，2021(29).

[7] 徐俊峰．自由劳动：马克思建构"共享发展"思想的内涵要旨 [J]. 马克思主义理论学科研究，2021(12).

[8] 朱品儒，韩璞庚．共享发展与共同富裕的马克思主义蕴涵及其在当代中国的继承创新 [J]. 学术论坛，2021(4).

[9] 颜军．主体前提·历史根基·实践形态：马克思澄明共享意涵的三重进路 [J]. 青海社会科学，2021(3).

[10] 罗健．论共享发展对马克思有关论述的丰富与深化 [J]. 理论探索，2021(2).

[11] 马俊峰，王斌．马克思共享思想的逻辑构境及其当代价值 [J]. 学习论坛，2020(6).

[12] 项久雨，潘一坡．论马克思主义对共享的根本解答 [J]. 马克思主义与现实，2020(4).

[13] 刘旭雯．马克思世界历史思想与共享发展理念 [J]. 河南大学学报（社会科学版），2020(3).

[14] 胡运海，胡绪明．新发展理念与中国道路的逻辑关联 [J]. 上海理工大学学报（社会科学版），2020(3).

[15] 颜军．马克思恩格斯共享发展思想及其当代价值：以《共产党宣言》为研究中心 [J]. 理论学刊，2020(1).

[16] 曹嘉伟．基于马克思主义公正观的共享发展理念 [J]. 人民论坛，2019(25).

[17] 段伟伟．共享发展：马克思主义公平正义观的时代体现 [J]．人民论坛，2019(9)．

[18] 王临霞，韩秋红．深刻把握马克思主义共享思想与社会主义核心价值观的内在逻辑 [J]．思想理论教育导刊，2019(6)．

[19] 王木森，唐鸣．马克思主义共享理论视角下的乡村振兴战略：逻辑与进路 [J]．新疆师范大学学报（哲学社会科学版），2019(5)．

[20] 王临霞．马克思主义经典作家关于共享思想的制度意蕴及当代价值 [J]．思想政治教育研究，2019(4)．

[21] 彭富明．从理念到实践：马克思共享思想的当代发展实践 [J]．思想政治教育研究，2019(4)．

[22] 胡宇萱，龙方成．共享发展：新时代中国特色社会主义的价值追求 [J]．湖南大学学报（社会科学版），2019(3)．

[23] 廖萍萍，李建建．马克思合作思想视角下的共享经济研究 [J]．东南学术，2019(2)．

[24] 杨云霞，庄季乔．马克思共享发展思想在中国劳动关系中的实践 [J]．西安财经学院学报，2019(1)．

[25] 王萍，王慧洁．马克思经济共享思想对当前供给侧改革的启示 [J]．河海大学学报（哲学社会科学版），2019(1)．

[26] 常庆欣，张旭，谢文心．共享经济的实质：基于马克思主义政治经济学视角的分析 [J]．马克思主义研究，2018(12)．

[27] 张玉明，王越凤．共享经济与新时代马克思所有制理论的融合、创新与发展 [J]．现代财经（天津财经大学学报），2018(10)．

[28] 林宇晖，刘爱莲．论马克思恩格斯共享思想的遮蔽与解蔽——关于《共产党宣言》中的若干共享问题解析 [J]．湖北社会科学，2018(9)．

[29] 邹升平．从马克思劳动异化学说到共享发展理念 [J]．经济纵横，2018(7)．

[30] 罗健．论共享发展的内在张力及合理调适 [J]．伦理学研究，2018(5)．

[31] 王军旗，吴昊. 马克思共享思想的理论价值和时代意义 [J]. 贵州省党校学报，2018(4).

[32] 张魁，宋严. 马克思共享发展理念原典探究及当代启示 [J]. 思想政治教育研究，2018(3).

[33] 王丽英. 共享发展的制度属性及现实启示：基于《1844 年经济学哲学手稿》经济正义观的分析 [J]. 当代经济研究，2018(3).

[34] 王文臣. 论马克思劳动批判理论与"共享"发展理念的双重统一及其意义 [J]. 东岳论丛，2018(1).

[35] 周文，陈翔云. 公共资源的马克思主义经济学研究：基于"共同性"和"共享资源"的视角 [J]. 政治经济学评论，2018(1).

[36] 刘洋. 马克思共享思想的伦理特质 [J]. 伦理学研究，2018(1).

[37] 刘军. 马克思主义公平理论与当代中国的共享发展 [J]. 人民论坛，2017(20).

[38] 韩英丽. 共享发展对马克思主义公平理论的继承与超越 [J]. 人民论坛，2017(16).

[39] 周建超. 马克思主义经典作家共享发展思想探析 [J]. 求索，2017(12).

[40] 糜海波. 马克思的共享发展思想与现实启示 [J]. 求索，2017(12).

[41] 徐春利. 共享发展：马克思公平思想的现实体现 [J]. 人民论坛，2017(8).

[42] 徐俊峰. 马克思共享发展思想的理论意蕴与实现路径研究 [J]. 理论月刊，2017(7).

[43] 刘洋. 超越"群享"与"私享"：马克思的共享思想及其当代价值 [J]. 教学与研究，2017(7).

[44] 胡立法. 共享发展理念的马克思主义政治经济学论纲 [J]. 思想理论教育导刊，2017(6).

[45] 范迎春. 共享发展：马克思社会学说的当代表达 [J]. 河南社会科学，

2017(6).

[46] 傅红冬. 马克思主义共享发展理念的时空转换 [J]. 学海，2017(5).

[47] 吴镇聪. 共享发展：马克思社会保障思想在当代中国的新发展 [J]. 西安财经学院学报，2017(5).

[48] 柳礼泉，汤素娥. 马克思主义共享发展思想的历史演进与当代创新 [J]. 马克思主义研究，2017(5).

[49] 刘学坤. 论马克思恩格斯的共享观 [J]. 江苏社会科学，2017(5).

[50] 徐国超. 马克思"共享理念"的三重维度：以哈特和奈格里为视角 [J]. 重庆邮电大学学报（社会科学版），2017(5).

[51] 蒋永穆，张鹏. 马克思经济学共享发展思想：缘起、关键、途径与愿景 [J]. 当代经济研究，2017(4).

[52] 侯耀文，周玉清. 马克思主义人学视域下的共享发展理念 [J]. 改革与战略，2017(4).

[53] 张志兵，陈春萍. 马克思财富共享伦理思想及当代价值 [J]. 湘潭大学学报（哲学社会科学版），2017(4).

[54] 易培强. 共享发展与马克思主义理论创新 [J]. 当代经济研究，2017(3).

[55] 王文峰，杨谦. 马克思公平正义观视阈下我国共享发展研究 [J]. 广西社会科学，2017(2).

[56] 洪谊雅，林怀艺. 马克思主义经典作家共享发展理念的当代价值 [J]. 科学社会主义，2017(1).

[57] 王华华. 马克思讲过"共享发展"吗？：兼评马克思主义中国化研究中的两种倾向 [J]. 社会主义研究，2017(1).

[58] 谢伟光. 从马克思主义平等观看共享发展 [J]. 红旗文稿，2016(15).

[59] 吴静. 从马克思主义哲学史角度透视共享发展理念 [J]. 哲学研究，2016(12).

[60] 李腾凯. 马克思共享观的三重"实践逻辑"进路 [J]. 湖北社会科学，

2016(8).

[61] 董振华 . 共享发展理念的马克思主义世界观方法论探析 [J]. 哲学研究，2016(6).

[62] 邵彦敏，赫名超 . 马克思关于共享发展思想的理论逻辑 [J]. 理论学刊，2016(6).

[63] 徐俊峰，葛扬 . 马克思社会共享思想及其当代价值 [J]. 学习与实践，2016(6).

[64] 田鹏颖，田书为 . 共享发展是中国马克思主义政治经济学的核心命题 [J]. 黑龙江社会科学，2016(3).

[65] 苗瑞丹 . 论马克思恩格斯发展成果由人民共享思想及其现实启示 [J]. 求实，2013(7).

[66] 张福平，张云平 . 共创共享：马克思主义大众化传播的模式选择 [J]. 郑州大学学报（哲学社会科学版），2010(1).

[67] 陈进华 . 马克思主义视阈下的财富共享 [J]. 马克思主义研究，2008(3).

[68] 郝孚逸 . 马克思、恩格斯关于共建、共享思想的早期特征 [J]. 湖北社会科学，2007(1).

（四）报纸

[1] 周翱 . 共享发展机遇　共创美好未来 [N]. 人民日报，2022-12-12(003).

[2] 马菲 . 始终与各国共享发展机遇 [N]. 人民日报，2022-12-02(003).

[3] 邱超奕 . 中国与世界共享发展机遇 [N]. 人民日报，2022-11-07(009).

[4] 王珂 . 共享发展机遇共创美好未来 [N]. 人民日报，2022-11-07(004).

[5] 于宏建 . 共享发展成果互鉴发展经验 [N]. 人民日报，2022-09-14(003).

[6] 程是颉 . 让人民共享发展成果 [N]. 人民日报，2022-08-28(003).

[7] 沈小晓 . 与各国民众共享发展红利 [N]. 人民日报，2022-08-10(003).

[8] 易舒冉 . 让全体人民共享发展成果 [N]. 人民日报，2022-06-19(002).

[9] 颜欢 . 促进贸易合作共享发展机遇 [N]. 人民日报，2022–05–19(002).

[10] 姜宣 . 与各国共享发展机遇 [N]. 人民日报，2022–04–01(003).

[11] 曲颂 . 共享发展机遇实现互利共赢 [N]. 人民日报，2022–03–05(005).

[12] 徐隽 . 共享发展人民更幸福 [N]. 人民日报，2022–03–04(009).

[13] 杨迅 . 与各国共享发展机遇和成果 [N]. 人民日报，2021–12–22(003).

[14] 高云才 . 推动农业合作共享发展成果 [N]. 人民日报，2021–11–25(006).

[15] 庞革平 . 共享发展新机遇共建命运共同体 [N]. 人民日报，2021–09–09(015).

[16] 俞懿春 . 提高开放水平共享发展机遇 [N]. 人民日报，2021–09–07(003).

[17] 王新萍 . 共享发展机遇加强互利合作 [N]. 人民日报，2021–07–19(017).

[18] 周翰博 . 让越来越多的国家共享发展红利 [N]. 人民日报，2021–07–12(017).

[19] 暨佩娟 . 释放合作潜力共享发展机遇 [N]. 人民日报，2021–07–10(003).

[20] 李红梅 . 共享发展增强人民获得感 [N]. 人民日报，2021–03–04(010).

[21] 季芳 . 共享发展成果共创美好未来 [N]. 人民日报，2021–02–03(012).

三、外文文献

（一）著作

[1] Black CE. Comparative Modernization[M]. New York: The Free Press,

1976.

[2] Bell D, The Coming of Post-Industrial Society: A Venture in Social Forecasting[M]. New York: Basic Books, 1973.

[3] Martin L. Weitzman, The Share Economy: Conquering Stagflation[M]. MA: Harvard University Press, 1984.

[4] Michael J. Sandel, Justice: What's the Right Thing to do? [M]. New York: Farrar, Straus and Giroux, 2009.

[5] Spohn C. How do judges decide? The search for fairness and justice in punishment[M]. Sage, 2009.

[6] John King Fairbank, The Great Chinese Revolution(1800—1985) [M]. World Affairs Press, 1999.

（二）期刊

[1] Podger. Trade governance of the belt and road initiative[J]. China Economic Journal, 2019(12).

[2] Anastas Vangeli. China's Engagement with the Sixteen Countries of Central, East and Southeast Europe under the Belt and Road Initiative[J]. China & World Economy, 2017(25).

[3] Thuy T. Do, China's Rise and the "Chinese Dream" in International Relations Theory[J]. Global Change, Peace & Security, Jun., 2015.

[4] George Marian Stefan. European Welfare State in a Historical Perspective. A Critical Review[J]. European Journal of Interdisciplinary Studies, 2015(7).

[5] Jonathan Sullivan. Country Focus: China[J]. Political Insight, 2014(5).

后 记

　　回想本人步入学术道路之时心怀憧憬，怀抱理想。可以说历时三年之久的奔波，终于此稿将要付梓，回望来时路，真可谓感慨万分。自 2021 年 1 月 11 日就职于辽宁师范大学马克思主义学院以来，着手开始了本书稿的撰写工作。书稿付梓之际，回想起在辽宁师范大学这几年的往事种种，不禁感慨颇多。忆起初入辽宁师范大学马克思主义学院进行面试之时，学校及学院领导对我的接纳使我心生触动、感念颇多。作为马院的一分子，我一直坚守初心，投身培育社会主义时代新人的伟大事业中。脑中也会常想起恩师在我博士毕业之际的嘱托，家师对我讲，辽师大是你未来的家，奋发图强把工作做好，为辽师大争光。马克思的智慧思想在我一直以来的学习、科研、工作与生活中起到滋养的作用，我把对马克思主义的理解视为一种修行，这是一条使我在学习、生活和工作中能够保持坚定与平静的修行之路。

　　历经了十几年科研方面的积累、沉淀、思考，在此基础上再经过三年的写作透悟，《马克思共享发展思想与当代实践研究》书稿终于以书面形式，将本人对这十三年来所形成的关于马克思共享发展思想的理解表达出来，这既是对自身学术思想、学术领域的一个总结与奠基，又是对自身学术涵养、专业知识的一个展示与提升。

　　老师的职责是传授知识与解惑，饮其流者怀其源，学其成时念吾师，他们在我的人生图册上描摹出浓厚的笔墨，尤其是博士导师徐晓风教授。家师为人谦和、治学严谨、信念坚定、关心学生，是他教会了我怎样为人治学，怎样求真求知，教我怎样为人师表、学做真人。每当我感到迷茫与困惑之时，家师总能在最短的时间内找到我，为我提供最好的帮助。

辽宁师范大学西山湖校区尽管校园面积不算宽阔，但每至放学之时，在人群中，在学子的脸庞上，总能显现欢声笑语。三年来的执教之路与这条小路也是相伴相随的，它见证了我的成长，也见证了我对马克思主义的无悔追求。辽师大工作三年，时间匆匆一晃而过，但这段岁月将永远闪耀于内心的星河。

感谢该领域的诸多专家和学者，他们深邃的思想启迪了我。感谢为本书写作提出指导意见的各位师长，感谢辽宁师范大学马克思主义学院各位领导和老师，在本书写作过程中给予的大力支持。在撰写此书时，参考了许多专家学者的著作，对此我致以衷心的感谢。另外，感谢这三年来我指导的学生，高吉瑞、台合语、张子怡、罗新汭、刘雅婷、吴龙、韦钦泽、鲁怡麟、生舒宁、陈湘、庄妍、古丽尼沙·木拉提江、蓝松、张树涵、雷雪娇、马韵智、罗成枭。师生三年缘，也可说是一辈子的师生情，在你们身上我看到新一代青年人的求知、热情、勇气。在交流学业与生活的时候，我们亦师亦友，感谢你们为我提出的有益补充与温馨关怀，也祝你们在未来的路上万事顺遂，越来越好。愿你们以勤奋为桨，去遨游知识的海洋。

感谢责任编辑王晓筱老师对本书的辛苦付出，我知道每一个字都浸润着您辛勤的汗水，再次衷心说声谢谢您。其一，因您的初审和对本书的编辑加工整理、校对、标记确认、付印样的通读工作，才能够使该书的内容更完善，体例更严谨，材料更准确，语言文字更通达，逻辑更严密。其二，感谢您对本书在编辑、设计、排版、校对、印刷等出版环节方面的质量监督。

感谢我的家人给予的支持与陪伴。让我永远怀有学术的热情与未来的憧憬。此外，还要感谢我的妻子对我事业全力以赴地支持，是妻子替我承担了大量家庭琐事，才能让我有更多的时间醉心于科研。面对点点成绩，我也更加明白，未来还有更远的路要走。学术之路漫漫亦灿灿，我将永葆初心，脚踏实地前行。

2023 年 11 月 28 日　于大连